U0632301

中华经典名著

全本全注全译丛书

陈晓芬　徐儒宗◎译注

论语
大学
中庸

中華書局

图书在版编目(CIP)数据

论语·大学·中庸/陈晓芬,徐儒宗译注.—2版.—北京:中华书局,2015.2(2025.4重印)
(中华经典名著全本全注全译丛书)
ISBN 978-7-101-10724-1

Ⅰ.论… Ⅱ.①陈…②徐… Ⅲ.①儒家②《论语》-译文③《大学》-译文④《中庸》-译文 Ⅳ.B222

中国版本图书馆CIP数据核字(2015)第025755号

书　　名	论语·大学·中庸
译 注 者	陈晓芬　徐儒宗
丛 书 名	中华经典名著全本全注全译丛书
责任编辑	王守青
装帧设计	毛　淳
责任印制	管　斌
出版发行	中华书局 (北京市丰台区太平桥西里38号　100073) http://www.zhbc.com.cn E-mail:zhbc@zhbc.com.cn
印　　刷	北京盛通印刷股份有限公司
版　　次	2011年3月第1版 2015年2月第2版 2025年4月第29次印刷
规　　格	开本/880×1230毫米　1/32 印张11⅝　字数200千字
印　　数	617001-657000册
国际书号	ISBN 978-7-101-10724-1
定　　价	30.00元

目　录

论语

论　语

陈晓芬　译注

前言

《论语》用言谈的原态方式记录了孔子的思想，成为我们了解和研究孔子思想最基本也是最可靠的文献。孔子是儒学的创立者，《论语》自然也是了解和研究儒学理论的重要文献。随着一代代学人的演绎发展，儒学理论不仅越来越丰富，而且还发生着重要演变，虽则如此，孔子的原创理论始终是儒学的主干，体现在《论语》中的思想特质也始终是儒学理论品貌的核心构成。历经漫长的封建时代，儒学作为社会主流思想，一方面在政治上产生了重要作用，另一方面也全面渗入各个领域，对我们的民族文化与民族精神发生了无可估量的影响。稍加检视即可看到，经长期积淀而形成的传统认识，包括人格目标、价值取向、思维方式、处世形态等各个范畴，儒学的印痕无处不在，而且，其影响的深入程度，是难以用简单的语言表述的。这说明，了解和研究儒学，不只是单纯的理论问题，还是一个关及全面审视和把握我们民族文化传统的问题。孔子曾被奉为至高无上的圣人，孔学相应地成为圭臬信条，孔子也曾被五四运动的浪潮所淹没，孔学遭到严厉抨击，在历史的长河中，孔学的命运数次起落，这种情况的产生，固然有时代背景的作用，但也从一个侧面反映了孔子思想的复杂构成。今天，当我们以改革开放的政策，大踏步地走向世界的时候，我们需要以更理性的态度，重新解读孔子思想，重新解读我们的传统思想文化，抵排糟粕，张皇精华，坚持发扬中华民族的优秀传统，唯有如此，我们才能自豪地置身于世界之林。

无疑，儒学存在着先天的局限。孔子在特定的历史背景下所表现出来的政治理想的保守性，决定了他整个理论体系不可避免地存在着缺陷。在政治上，儒学几乎成为汉武帝以后每个皇帝的御用法宝，尤其经过后世儒者的理论发展，对于稳固封建统治的社会结构，儒学起到了其他任何学说无可取代的作用。从等序严明的社会结构，到相应的社会观念和意识形态，儒学构成一个自制度到思想的严密体系。政治状态必定影响到人格形态，孔子思想的成熟性，也体现为其理论自身的完备周全，他在提出政治理想的同时，还充分表述了与之一致的人格理想。认同等级秩序、约束自我以服从封建统治，成为孔子构建的人格理想的内核；合于中庸、本分内敛，则成为其人格形态的主要特征。这种人格类型的不足，已经被人们普遍认知。显然，在社会进入到现代化的今天，认清儒学的历史局限对我们发生的影响，是使我们更好地健全自我的重要一环。

然而，儒学的理论品格也闪烁着眩目的光彩。尤其是未羼入后儒思想的孔子原态理论，如果厘剔其特定的政治内涵和相关观念，那就有许多宝贵的要素，是我们应该珍惜并且传扬的。孔子思想的一个重要基点是对人的认识，他从血缘亲情出发，认定人天然懂得爱，并认定人能够以其知性，进而把爱延伸到相处的社会群体之中。这就是他大力倡导的仁爱。人正是在实施仁爱的过程中获得尊敬，并最大程度地实现自我价值。孔子是把人格的尊严与社会群体的和谐相处作为一体加以认识的。孔子的认识在一定程度上揭示了人的社会特性，而且把人类社会的和谐有序作为追求的目标，充分突现了人类质性的优越。

孔子的可贵，还在于把社会理想的追求与社会成员的自律结合起来，对于各个社会层面的个体都提出了严格的行为要求。他强调每个社会成员都应自觉地担起社会责任，主张以小我服从社会大局，为安国安民而尽心尽力。他极力提倡通过学习来加强自我修养，使每个社会成员懂得处世规范，从内在素养到外在形表都透现出文明的光泽。可以看出，孔子的这些主张，是社会稳定发展的基本保障，其意义已经超越了时代的限制。而他倡导的对父母需孝、对长者应尊等关系准则，实应视作符合人类共性的普遍道德规范，事实上也得到了现代社会的广泛认同。孔子坚持追求理想人格，把价值意义建立在崇高的美德之上，同时又把价值的追求作为精神的享受，使人生的意义在快乐的过程中得到体现。孔子热爱民族文化，满腔热忱地讴歌发扬民族传统文化，并竭尽心力，为保存民族文化做出了卓越的贡献。孔子重视教育，重视对人的培养，并通过一系列具体的教学原则，使自己的主张得到有效的传播。这一切共同构成了孔子思想，它对于当今社会的巨大的价值和意义，是不言而喻的。

《论语》是博大精深的，虽然它呈现为零散的语录体形式，但孔子的思想脉络却贯通其中。从对现状的批判，到提出目标清晰的政治理想，从人类本质的思考，到人生行为规范的制定，从治政措施到文明教化，从求学态度到认识方式，再加上从思想主干上孳生出的各个分支，孔子完整的理论体系，以及孔子思想的完备结构，在《论语》中都得到了充分展现。这就像奠定了坚固的基石，使得儒学有可能在后来的两千余年历史中，成为屹立于中国思想文化领域中心的大厦。

《论语》又是浅近生动的。亲切的交谈口吻，具体的对话环境，还时有人物音容笑貌的记叙，这使得孔子和他的弟子们绘声绘影地跃现于文字中。在《论语》中，孔子的思想与他的形象直接联系在一起，我们不仅能读到孔子的理论，也读到了孔子的个性和孔子的人格。孔子强烈的忧患意识，高度的社会责任感，高昂的用世热情，执着的理想追求，组合成积极向上的人生精神，留给后人的是生命的无限活力，是人生的厚重意义，是效力于社会的价值追求。性格鲜明的孔子形象，使孔子理论产生出直观的效果。可以这么说，阅读《论语》，是思想的启悟，但也会获得文学的享受；阅读《论语》需要思索，但也会受到情志的感动和激励。

《论语》在汉代有三个传本，分别是《齐论语》、《鲁论语》和发现于孔子旧宅壁中的《古论语》，这几个《论语》传本的篇目数及章句文字皆有所不同。西汉后期，安昌侯张禹合《齐论语》、《鲁论语》二书重新修订，形成了一个新的《论语》改编本，当时称为《张侯论》，这个本子受到广泛重视，诸多儒者为之作注。流传至今的《论语》基本上是张禹的这个本子。

本书正文以中华书局1990年出版的程树德《论语集释》为底本，个别字参照《十三经注疏》影印本作了改正。本书章节的划分依据中华书局1980年出版的杨伯峻《论语译注》。

陈晓芬

学而篇第一

【题解】

《论语》各篇的题目都取自首章第一二句的两字或三字，故篇题本身没有意义。《论语》是语录体裁，从学术角度看，全书编排显然缺乏整体性的建构，各章内容互有交叠，没有必然的逻辑联系。但是，这也并不表示绝对的杂乱无章，部分篇章的内容比较集中，又多少见出编集者的用心。

本篇共十六章。作为全书的首篇，从总体看，所涉及的内容比较广泛，也比较重大，其中包括孝、仁、礼、政、学习等一系列论题，可以说，以下各篇进一步展开的论述内容在首篇都得到了一定程度的展露。孔子思想体系的中心部分是仁与礼，孔子对这两个问题有丰富的论述，提出了明确的主张。这里由有若所说的"孝弟也者，其为仁之本"以及"礼之用，和为贵"等观点，表达了仁与礼的特征和效能，这就是以血缘亲情为社会关系的基础，由此维系社会秩序，形成一种既有严格等序又和谐融洽的理想化社会状态。这是对孔子思考走向的初步显示。

子曰①："学而时习之，不亦说乎②？有朋自远方来③，不亦乐乎？人不知而不愠，不亦君子乎？"

【注释】

①子:《论语》中“子曰”的“子”皆指孔子。

②说:同“悦”,高兴,喜悦。

③朋:在同一师门受学者,这里指志同道合的朋友。

【译文】

孔子说:“学习中时时加以温习,不是很愉悦吗?有朋友从远方来,不是很快乐吗?别人虽不了解我,但我不怨恨,这不正是君子吗?”

有子曰[①]:“其为人也孝弟[②],而好犯上者,鲜矣;不好犯上,而好作乱者,未之有也。君子务本,本立而道生。孝弟也者,其为仁之本与!”

【注释】

①有子:孔子的学生,姓有,名若。

②弟:同“悌”,敬顺兄长。

【译文】

有子说:“一个人孝顺父母,敬爱兄长,却喜欢触犯在上位的人,这种人是很少的;不喜欢犯上却喜欢作乱,这种人是不会有的。君子行事致力于根本,确立了根本,道也就产生了。孝悌就是仁道的根本吧!”

子曰:“巧言令色,鲜矣仁!”

【译文】

孔子说:“花言巧语,容色伪善,这样的人很少有仁德。”

曾子曰[①]:“吾日三省吾身[②]:为人谋而不忠乎?与朋友

交而不信乎？传不习乎[3]？”

【注释】

①曾子：孔子学生，名参，字子舆。

②三：泛指多次。省：反省检查。

③传：传授，指老师传授的学业。

【译文】

曾子说：“我每天数次自我反省：为别人办事是否尽心尽力了？与朋友交往是否真诚守信了？对老师传授的学业是否认真复习了？”

子曰：“道千乘之国[1]，敬事而信[2]，节用而爱人，使民以时[3]。”

【注释】

①道：治理。乘：古代以四匹马拉的兵车。

②敬事：指严肃的治事态度。

③时：这里指农时。

【译文】

孔子说：“治理一个具有千辆兵车的国家，要严肃治事并有诚信，要节约财用并爱护人民，要根据农时来使用民力。”

子曰：“弟子入则孝[1]，出则弟，谨而信，泛爱众而亲仁。行有余力，则以学文。”

【注释】

①弟子：指年少者。

【译文】

孔子说："一个年轻人，在家要孝顺父母，出门要敬顺兄长，谨慎而有信用，泛爱众人而亲近仁者。能做到这些尚有余力，那就去学习文章典籍。"

子夏曰[①]："贤贤易色[②]；事父母，能竭其力；事君，能致其身[③]；与朋友交，言而有信。虽曰未学，吾必谓之学矣。"

【注释】

①子夏：孔子学生，姓卜，名商，字子夏。

②贤贤：尊崇贤者。易：改变。色：女色，这里指好色之心。或说"贤贤易色"专指对妻子应重品德而轻姿色。

③致：奉献。

【译文】

子夏说："尊崇贤者而改变喜好女色之心，侍奉父母能尽心竭力，事奉君上能不惜性命，与朋友交往中说话有诚信。这样的人即使没有经过学习，我也一定说他学习过了。"

子曰："君子不重则不威[①]，学则不固。主忠信。无友不如己者[②]。过，则勿惮改。"

【注释】

①重：庄重。

②不如己：指道德品性不同于己者。

【译文】

孔子说："君子如果不庄重就不会有威严，他即使学习了也不会牢固。为人要以忠信为主。不要与不同于自己的人交友。有了过失，就不要害怕改正。”

曾子曰：“慎终追远[①]，民德归厚矣。”

【注释】

①终：老死寿终，这里指父母去世。追远：追念死亡久远者，这里指祭祀远祖。

【译文】

曾子说：“能谨慎办理父母的丧事，追念死亡已久的远祖，这样就能使百姓的德性趋归敦厚。”

子禽问于子贡曰[①]：“夫子至于是邦也[②]，必闻其政[③]。求之与？抑与之与？”子贡曰：“夫子温、良、恭、俭、让以得之。夫子之求之也，其诸异乎人之求之与[④]？”

【注释】

①子禽：陈亢，字子禽。子贡：孔子学生，姓端木，名赐，字子贡。

②夫子：古代对男子的敬称，这里指孔子。

③闻：听见，知悉。

④其诸：语气词，表示推测。

【译文】

子禽向子贡问道：“夫子每到一个国家，必定获知这个国家的政事。是他自己求得的呢，还是别人主动提供予他的？”子贡说：“夫子是以温和、善良、恭敬、节俭、谦让的德行而得知国家政事的。夫子求得政事的方式，应是不同于别人求取的方式吧？”

子曰："父在，观其志[①]；父没[②]，观其行；三年无改于父之道，可谓孝矣。"

【注释】

①其：指儿子。

②没：通"殁"，死。

【译文】

孔子说："父亲在世时，观察儿子的志向；父亲去世后，观察儿子的行为；他能三年不改变父亲生前的行事之道，可说是尽孝了。"

有子曰："礼之用，和为贵[①]。先王之道，斯为美，小大由之。有所不行，知和而和，不以礼节之[②]，亦不可行也。"

【注释】

①和：和谐，协调。

②节：节制。

【译文】

有子说："礼的运用，以和谐为可贵。过去圣明君王的治政之道，美好的地方就在这里，无论小事大事都这样来实行。但是，如遇行不通的时候，只是为了和谐而求和谐，而不用礼加以节制，那也是不可行的。"

有子曰："信近于义，言可复也[①]。恭近于礼，远耻辱也。因不失其亲[②]，亦可宗也[③]。"

【注释】

①复：实践，履行。

②因：依靠，凭藉。旧注或以“因”通“姻”，全句意为缔结婚姻择其可亲之人。

③宗：尊敬。

【译文】

有子说：“所定的信约必须合于道义，这才是能够履行的。态度恭敬应合于礼，这才能远离耻辱。所依靠的都是可亲之人，这也就可尊敬了。”

子曰：“君子食无求饱，居无求安，敏于事而慎于言，就有道而正焉，可谓好学也已。”

【译文】

孔子说：“君子饮食不求饱足，居住不求安适，行事勤敏而言语谨慎，能到有道的人那里辨正是非，这可说是好学的了。”

子贡曰：“贫而无谄，富而无骄，何如？”子曰：“可也。未若贫而乐[①]，富而好礼者也。”

子贡曰：“《诗》云：‘如切如磋，如琢如磨[②]。’其斯之谓与？”子曰：“赐也，始可与言《诗》已矣，告诸往而知来者。”

【注释】

①未若贫而乐：一本“乐”下有“道”字。

②“如切如磋”两句：语见《诗经·卫风·淇奥》。切、磋、琢、磨，指对骨器、玉器等器物的不同加工方式，比喻在道德学问上的磨砺研修。切，切断。磋，锉平。琢，雕刻。磨，磨光。

【译文】

子贡说："贫困而不对人阿谀奉承，富贵而不骄傲自大，这怎么样？"孔子说："这样也可以了。但还不如贫困而乐道，富贵而好礼的人。"

子贡说："《诗经》中说：'如切如磋，如琢如磨。'大概就是说明这个道理吧？"孔子说："赐啊，现在可以与你谈论《诗经》了，因为告诉你这一层意思，你能进一步领会到那一层意思了。"

子曰："不患人之不己知，患不知人也。"

【译文】

孔子说："不担忧别人不了解我，担忧的是我不了解别人。"

为政篇第二

【题解】

本篇共二十四章，所论内容比较广泛。这里记录了孔子提出的为政以德的原则，使道德与政治联为一体，这正是孔子政治思想的基本特征。孔子所说的德是伦理道德，是处理人与人之间关系的准则，其最重要的表现是孝悌，同时也包括人与人相处的其他各项要求，如忠、信、敬等等。这样的道德规范体系与他的政治理想是一致的，他提出以德治政是逻辑的必然。根据这一原则，首先要求统治者自身遵循道德规范，同时也要求统治者把道德教化作为治政的重心。从本篇关于孝悌、修身、为人处世等内容的言论中，可看到孔子对如何达到道德要求的具体阐述。此外，本篇记述了孔子对《诗经》所下的断语“思无邪”，这对后人解读《诗经》产生了巨大影响，尤其汉、宋儒者，常以之为据而对《诗经》进行狭隘的道德解说。由于表达的简洁，学者对《论语》中不少章节的理解颇有争议，第16章关于“异端”的涵义，第21章孔子之言的产生时间及具体所指等，就存在较多异说。

子曰：“为政以德，譬如北辰居其所而众星共之①。”

【注释】

①北辰：指北极星。共：同“拱”，环绕。

【译文】

孔子说："以德治政，当政者就会像北极星一样安居其位，而众星都环绕着它。"

子曰："诗三百[①]，一言以蔽之[②]，曰：'思无邪[③]。'"

【注释】

①诗三百：即《诗经》。《诗经》共三百零五篇，三百举其整数。

②蔽：概括。

③思无邪：语见《诗经·鲁颂·駉》，"思"原为语首助词，无义，这里全句意谓思想感情纯正无邪。

【译文】

孔子说："《诗经》三百篇，用一句话来概括它，就是'思无邪'。"

子曰："道之以政[①]，齐之以刑[②]，民免而无耻。道之以德，齐之以礼，有耻且格[③]。"

【注释】

①道：引导。政：政令法规。

②齐：整治。

③格：正。

【译文】

孔子说："用政令引导民众，用刑法制约民众，民众虽会免于犯罪，但没有羞耻心。用道德引导民众，用礼教规范民众，民众有羞耻心，而且能自觉归正。"

子曰:“吾十有五而志于学[①],三十而立,四十而不惑,五十而知天命,六十而耳顺,七十而从心所欲,不逾矩。”

【注释】

①有:通“又”。

【译文】

孔子说:“我十五岁有志于学习,三十岁能立身于世,四十岁对世事不再有疑惑,五十岁懂得什么是天命,六十岁对听到的一切都深明其义,七十岁可随心所欲,却不会违反规矩。”

孟懿子问孝[①]。子曰:“无违。”

樊迟御[②],子告之曰:“孟孙问孝于我[③],我对曰,无违。”樊迟曰:“何谓也?”子曰:“生,事之以礼;死,葬之以礼,祭之以礼。”

【注释】

①孟懿子:鲁国大夫,姓仲孙,名何忌,谥号懿。

②樊迟:孔子学生,名须,字子迟。御:驾车。

③孟孙:即孟懿子。

【译文】

孟懿子向孔子问孝道。孔子说:“不要违背礼。”

当樊迟为孔子驾车的时候,孔子告诉他说:“孟孙向我问孝道,我回答他不要违背礼。”樊迟问:“这是什么意思呢?”孔子说:“父母活着,按照礼侍奉他们;父母去世,按照礼安葬他们,按照礼祭祀他们。”

孟武伯问孝[①]。子曰:“父母唯其疾之忧[②]。”

【注释】

①孟武伯:孟懿子之子,名彘,谥号武。

②其:指子女。全句意谓父母不用担忧子女的为人行事,只担忧其患病。此句或解为要懂得父母惟恐子女患病,以此为忧。或说"其"指父母,意谓子女当担忧父母的疾病。今从第一说。

【译文】

孟武伯问孔子怎样才是孝。孔子说:"让父母只须担忧子女的疾病。"

子游问孝①。子曰:"今之孝者,是谓能养。至于犬马,皆能有养②。不敬,何以别乎?"

【注释】

①子游:孔子学生,姓言,名偃,字子游。

②至于两句:此句有二说,一说犬马也得到人的饲养。另一说犬能守御,马能代劳,即犬马也能养人。今从前说。

【译文】

子游问孔子怎样才是孝。孔子说:"现在的所谓孝,认为能够供养父母就行了。照这样,连犬马也有人喂养着。如果不存孝敬之心,供养父母与喂养犬马有何区别?"

子夏问孝。子曰:"色难①。有事,弟子服其劳;有酒食,先生馔②,曾是以为孝乎③?"

【注释】

①色:容色,这里指子女侍奉父母时的和颜悦色。

②先生:年长者,这里指父母。馔:吃喝。

③曾:乃,表示疑问。

【译文】

子夏问孔子怎样才是孝。孔子说:"在侍奉父母时能和颜悦色,这才是很难的。若仅仅是有事情由子女去操劳,有酒食先让父母享用,这样就算是孝了吗?"

子曰:"吾与回言终日[①],不违,如愚。退而省其私,亦足以发,回也不愚。"

【注释】

①回:孔子学生,姓颜,名回,字子渊。

【译文】

孔子说:"我整天给颜回讲学,他不表示任何疑问,如愚者一般。但事后省察其言行举止,完全能发挥所学内容,回呀,他并不愚笨。"

子曰:"视其所以,观其所由,察其所安[①]。人焉廋哉[②]?人焉廋哉?"

【注释】

①安:指心里安乐。

②廋(sōu):隐匿。

【译文】

孔子说:"观察他的所作所为,考察他做事的动机依据,了解他的心情安乐与否。这样,这个人还怎么能隐藏得了呢?这个人还怎么能隐藏得了呢?"

子曰:“温故而知新,可以为师矣。”

【译文】

孔子说:“温习旧的知识而能产生新的见解,这可以为人师了。”

子曰:“君子不器[①]。”

【注释】

①器:器皿。器皿各有其专门的用途,这里用来比喻才识狭隘而不博通。

【译文】

孔子说:“君子不能像器皿一样。”

子贡问君子。子曰:“先行其言而后从之。”

【译文】

子贡问怎样才能成为君子。孔子说:“对于想说的话首先要付诸行动,然后才说出来。”

子曰:“君子周而不比[①],小人比而不周。”

【注释】

①周:因忠信而亲密的意思。比:勾结,即以私利相亲。

【译文】

孔子说:“君子团结而不勾结,小人勾结而不团结。”

子曰:“学而不思则罔①,思而不学则殆②。”

【注释】

①罔:迷惘。一说诬罔,即不辨真义,诬罔所学之道。今从前说。

②殆:疑惑。一说疲殆。今取前说。

【译文】

孔子说:“只是学习而不思考,就会迷惘不解。只是思考而不学习,就会疑惑不定。”

子曰:“攻乎异端①,斯害也已。”

【注释】

①攻:致力研究。一说攻伐。今从前说。异端:指各种杂学、技艺等。

【译文】

孔子说:“专力攻治杂学技艺,这是有害的呀。”

子曰:“由①!诲女知之乎②!知之为知之,不知为不知,是知也③。”

【注释】

①由:孔子学生,姓仲,名由,字子路。

②女:通“汝”,你。

③知:同“智”。

【译文】

孔子说:“由,我教你怎样才叫作知道了。知道就是知道,不知道就是不知道,这才是聪明的。”

子张学干禄[1]。子曰："多闻阙疑[2]，慎言其余，则寡尤[3]；多见阙殆[4]，慎行其余，则寡悔。言寡尤，行寡悔，禄在其中矣。"

【注释】

①子张：孔子学生，姓颛孙，名师，字子张。干：求取。禄：官吏的俸禄。

②阙疑：保留有疑惑的问题，不妄作推断。

③尤：过失。

④阙殆：义同"阙疑"。

【译文】

子张请教如何求官得禄。孔子说："多听别人说，自己保留有疑惑的问题，其余可确定的问题则谨慎表达，那样就能少有过失；多看别人行事，自己不做有疑惑的事情，其余可确定的事情则谨慎实行，那样就能少生后悔。言语少过失，行事少后悔，官禄就在其中了。"

哀公问曰[1]："何为则民服？"孔子对曰："举直错诸枉[2]，则民服；举枉错诸直，则民不服。"

【注释】

①哀公：鲁国国君，姓姬，名蒋，谥号哀。

②错：通"措"，放置。枉：邪曲。

【译文】

鲁哀公问道："怎么做才能使百姓服从？"孔子答道："举用正直的人，置于邪恶的人之上，那么百姓就会服从；举用邪恶的人，置于正直的人之上，那么百姓就不服从。"

季康子问[①]:“使民敬、忠以劝[②],如之何?”子曰:“临之以庄,则敬;孝慈,则忠;举善而教不能,则劝。”

【注释】

①季康子:鲁国大夫,姓季孙,名肥,谥号康。

②劝:勤勉,努力。

【译文】

季康子问:“要使百姓恭敬、忠诚而努力,应该怎么做?”孔子说:“你庄重地对待他们,他们就对你恭敬;你孝顺老者,慈爱幼小,他们就对你忠诚;你举用善人,并教导能力弱的人,他们就会勤奋努力。”

或谓孔子曰[①]:“子奚不为政?”子曰:“《书》云[②]:‘孝乎惟孝,友于兄弟,施于有政[③]。’是亦为政,奚其为为政?”

【注释】

①或:有人。

②《书》:即《尚书》。

③“孝乎惟孝”三句:此三句可能是《尚书》佚文,伪古文《尚书·君陈》有“惟尔令德孝恭,惟孝,友于兄弟,克施有政”数语,语义大致相同。或以为“施于有政”一语是孔子的话。有,语助词,无义。

【译文】

有人对孔子说:“您为什么不做官参与政治?”孔子说:“《尚书》说:‘孝啊,只有孝顺父母,又友爱兄弟,并施行于政治。’这也是参与政治,为什么要一定要做官参政呢?”

子曰："人而无信，不知其可也。大车无輗[①]，小车无軏[②]，其何以行之哉？"

【注释】

①大车：指牛车。輗（ní）：牛车上车辕与横木连接处的活销，可衔接横木以驾牲口。

②小车：指马车。軏（yuè）：性质与輗同，用于马车上称軏。

【译文】

孔子说："一个人如果没有信用，不知道他还可做什么。犹如牛车没有輗，马车没有軏，怎么能行进呢？"

子张问："十世可知也[①]？"子曰："殷因于夏礼[②]，所损益，可知也；周因于殷礼，所损益，可知也。其或继周者，虽百世，可知也。"

【注释】

①世：朝代。

②因：承袭。

【译文】

子张问："十代以后的礼仪制度能预知吗？"孔子说："殷朝承袭夏朝的礼仪制度，其增加和废除的地方，是可以知道的；周朝承袭殷朝的礼仪制度，其增加和废除的地方，也是可以知道的。那么以后继承周朝的朝代，即使历经一百代，也是可以预知的。"

子曰："非其鬼而祭之[①]，谄也。见义不为，无勇也。"

【注释】

①鬼：一般指祖先，也可泛指鬼神。

【译文】

孔子说："不该由你祭的鬼你却祭他，这是谄媚。遇见合乎道义的事你却不做，这是没有勇气。"

八佾篇第三

【题解】

本篇共二十六章，内容比较集中，论说的问题基本与礼乐相关。孔子所处的时代，周王室已极为衰微，列国争雄，大夫专权，原有的统治秩序正在急剧瓦解，作为维系这一统治秩序的礼乐制度遭遇前所未有的挑战，这就是所谓的“礼坏乐崩”。孔子对这样的社会现状极度不满，他把西周社会制度当作政治蓝图，因此竭力弘扬周礼，严厉抨击各级统治阶层违背周礼的举动，力图通过周礼的恢复重建等级分明的稳定秩序。但孔子的政治理想不符合社会发展的内在必然，在时代潮流面前，他除了表达愤怒，其实很难在政治上真正有所作为。本篇正是从一个角度反映了当时的社会情势，也反映了孔子关于礼乐的认识观念。

孔子谓季氏①，“八佾舞于庭②，是可忍也③，孰不可忍也④？”

【注释】

①季氏：鲁国大夫季孙氏，可能指季平子，名意如。

②八佾(yì)：天子所用的一种乐舞。佾，乐舞行列，每列定为八人。八佾即八列六十四人。按礼制，诸侯用六佾，大夫四佾，士二佾。一说每佾人数与佾数相等。

③忍：忍心。一说容忍。今取前说。

④孰：什么。

【译文】

孔子谈及季氏，说："他在庭院中使用八佾的乐舞，这样的事他都忍心去做，还有什么事会不忍心做？"

三家者以《雍》彻[①]。子曰："'相维辟公，天子穆穆[②]'，奚取于三家之堂[③]？"

【注释】

①三家：指鲁国当政的仲孙、叔孙、季孙三家大夫。《雍》：《诗经·周颂》篇名，为周天子行祭礼后撤去祭品时所唱。

②"相维辟公"两句：《雍》中诗句。相，助祭的人。辟公，指诸侯。天子，主祭的周天子。穆穆，形容端庄恭敬的仪态。

③堂：庙堂。

【译文】

仲孙、叔孙、季孙三家在家祭完毕时，唱着《雍》诗撤去祭品。孔子说："《雍》诗中说：'助祭的是诸侯，主祭的天子端庄恭敬。'在三家大夫的庙堂上，凭藉哪一点唱此诗呢？"

子曰："人而不仁，如礼何？人而不仁，如乐何？"

【译文】

孔子说："一个人没有仁德，怎么来遵循礼？一个人没有仁德，怎么会懂得音乐？"

林放问礼之本[1]。子曰:“大哉问!礼,与其奢也,宁俭。丧,与其易也[2],宁戚。”

【注释】

①林放:鲁国人。

②易:整治,这里是治办丧事过重礼仪的意思。

【译文】

林放问礼的本意是什么。孔子说:“你问的问题意义很大啊!礼的实行,与其奢侈,宁可节俭。至于丧礼,与其仪节上过度周备,宁可感情过度悲哀。”

子曰:“夷狄之有君[1],不如诸夏之亡也[2]。”

【注释】

①夷狄:古代对华夏族以外异族的泛称。

②诸夏:指中原地区的各诸侯国。亡:通“无”。

【译文】

孔子说:“夷狄虽有君主,还不如中原各国的没有君主。”

季氏旅于泰山[1]。子谓冉有曰[2]:“女弗能救与[3]?”对曰:“不能。”子曰:“呜呼!曾谓泰山不如林放乎[4]?”

【注释】

①旅:祭名。据礼制,唯有天子才能祭天下名山大川,诸侯则能祭封地内名山大川,季氏作为鲁大夫而祭泰山是僭越行为。

②冉有:孔子学生,姓冉,名求,字子有。时任季氏家臣。

③救：阻止。

④“曾谓”句：意谓难道说泰山神还不如林放知礼，而会接受季氏的祭祀吗？

【译文】

季氏将祭泰山。孔子对冉有说：“你不能阻止此事吗？”冉有回答：“不能。”孔子叹道：“唉！难道说泰山神还不如林放吗？”

子曰：“君子无所争。必也射乎①！揖让而升②，下而饮。其争也君子。”

【注释】

①射：指射礼，有大射、乡射等名目，统治阶层通过射箭比赛选士或会民，其过程有固定的仪式程序。

②揖让：宾主相见的礼节。升：指登堂。射礼在堂上进行。

【译文】

孔子说：“君子没有什么可争的事。如果有争则一定是在射礼上吧！但他们首先相互行礼，然后登堂进行比赛，赛毕则下堂共同饮酒。这样的争才是君子之争。”

子夏问曰：“‘巧笑倩兮，美目盼兮，素以为绚兮①。’何谓也？”子曰：“绘事后素②。”

曰：“礼后乎③？”子曰：“起予者商也④！始可与言《诗》已矣。”

【注释】

①“巧笑倩兮”三句：前两句见《诗经·卫风·硕人》，第三句未见于

《诗经》中，此可能是逸诗。倩，形容笑容美好动人。盼，眼睛黑白分明，形容眼目流转的美丽。素，白色。绚，色彩华丽。

②绘事后素：绘画时先以素色为底，后施五采。一说绘画先布五采，再用白色线条勾勒。今从前说。

③礼后乎：意谓礼形成于仁义的基础之上。这是以上句素色喻仁义之质。

④起：开启，发明。

【译文】

子夏问道："'美好的笑容真动人啊，眼目的流转真妩媚啊，白净的脸上妆饰得真美丽啊。'这几句诗表达了什么意思呢？"孔子说："有了白色的底子，然后画上色彩。"

子夏说："就是说礼形成于仁义之后吗？"孔子说："能够阐发我的意思的是商啊！现在可以与你谈论《诗经》了。"

子曰："夏礼，吾能言之，杞不足征也①；殷礼，吾能言之，宋不足征也②。文献不足故也③。足，则吾能征之矣。"

【注释】

①杞：国名，国君是夏禹的后代。征：证明。

②宋：国名，国君是商汤的后代。

③文：指典籍。献：贤者。

【译文】

孔子说："夏礼我能够阐明，但夏的后代杞国却不足为证；殷礼我能够阐明，但殷的后代宋国却不足为证。这是因为杞、宋两国的典籍和贤者不足的缘故。如果有足够的典籍和贤者，那我就能引以为证了。"

子曰："禘自既灌而往者[1]，吾不欲观之矣。"

【注释】

①禘：祭名，这里指隆重的宗庙大祭，只有天子才能举行。周成王因周公旦有重大功勋，封周公于鲁，特令鲁君以禘礼祀周公。后鲁国国君把禘祭扩大到其他范围，是越礼行为，因此孔子不愿看。灌：祭祀开始时，献酒于受祭者的仪式。

【译文】

孔子说："举行禘礼时，第一次献酒以后，我就不愿再看下去了。"

或问禘之说。子曰："不知也。知其说者之于天下也，其如示诸斯乎[1]！"指其掌。

【注释】

①示：通"置"。

【译文】

有人问关于禘祭的道理。孔子说："我不知道。如果知道这个道理的人治理天下，犹如把东西放在这上面一样容易吧！"他一面说，一面指着手掌。

祭如在[1]，祭神如神在。子曰："吾不与祭[2]，如不祭。"

【注释】

①祭：这里指祭祖先。

②与：参预。

【译文】

孔子祭祖先时，好像祖先真在那里，祭神时，好像神真在那里。孔子说："如果我不能亲自参加祭祀，就会觉得像没有祭祀过一样。"

王孙贾问曰①："与其媚于奥②，宁媚于灶③，何谓也？"子曰："不然。获罪于天，无所祷也④。"

【注释】

①王孙贾：卫国大夫。

②奥：居室的西南角，古代以为那里有神。

③灶：指灶神。古人以为奥神位尊，灶神位低，但灶为烹饪食物的地方，对人有更实际的作用。这里可能分别以奥神和灶神比喻朝中近臣和权臣。

④无所祷也：此句意谓祭什么神都没有用处了。

【译文】

王孙贾问道："与其求媚于奥神，宁可求媚于灶神，这两句话是什么意思？"孔子说："这话不对。如果得罪了上天，那就没有地方可以祈祷了。"

子曰："周监于二代①，郁郁乎文哉②！吾从周。"

【注释】

①监：借鉴。二代：指夏、商两朝。

②郁郁：形容文采富盛。文：指礼乐仪制。

【译文】

孔子说："周朝借鉴了夏、商两朝，它所制定的礼乐仪制是多么丰富多彩啊！我主张遵从周朝的制度。”

子入大庙[①]，每事问。或曰：“孰谓鄹人之子知礼乎[②]？入大庙，每事问。”子闻之，曰：“是礼也。”

【注释】

①大庙：开国君主的庙，这里指周公庙。大，通“太”。

②鄹（zōu）人之子：指孔子。鄹，鲁国地名，今山东曲阜东南。孔子父亲叔梁纥曾做过鄹邑大夫，这里的鄹人即指孔子父亲。

【译文】

孔子进入周公庙，对每件事都发问。有人说：“谁说这个鄹人的儿子懂得礼呀？他进了太庙，每件事都要问。”孔子听到这话，说：“这正是礼啊。”

子曰：“射不主皮[①]，为力不同科[②]，古之道也。”

【注释】

①射：射箭，这里指仪礼中的射箭，不是军中的射箭。皮：用兽皮制成的箭靶。

②科：等级。

【译文】

孔子说：“射箭主要不在于穿透靶子，因为人的力量各不相同，这是古人的道理。”

子贡欲去告朔之饩羊[①]。子曰：“赐也！尔爱其羊，我爱其礼。”

【注释】

①告朔：一种礼仪。天子于每年秋冬之交向诸侯颁发第二年的历书，告知每月初一的日期以及该年有无闰月，称“颁告朔”。诸侯把历书藏于祖庙，并在每月初一杀活羊祭于庙，然后到朝廷听政。其时鲁国国君已不再亲临祖庙行祭，仅保留供羊的形式而已。朔，农历每月初一。饩(xì)羊：用作祭品的羊。

【译文】

子贡打算取消每月初一用于告祭祖庙的那只羊。孔子说：“赐啊！你爱惜的是那只羊，我爱惜的是那礼。”

子曰：“事君尽礼，人以为谄也。”

【译文】

孔子说：“完全按照礼节事奉君主，别人却认为这是谄媚。”

定公问[①]：“君使臣，臣事君，如之何？”孔子对曰：“君使臣以礼，臣事君以忠。”

【注释】

①定公：鲁国国君，名宋，谥号定。

【译文】

鲁定公问：“君主使用臣子，臣子事奉君主，应该怎么做？”孔子答道：“君主按照礼节使用臣子，臣子忠心耿耿事奉君主。”

子曰：“《关雎》乐而不淫[①]，哀而不伤[②]。”

【注释】

①《关雎》:《诗经·国风》首篇,写一男子追求少女的情思。淫:过度,没有节制。

②伤:这里指过度悲伤。

【译文】

孔子说:"《关雎》这首诗快乐而不放荡,忧哀而不悲伤。"

哀公问社于宰我[①]。宰我对曰:"夏后氏以松[②],殷人以柏,周人以栗,曰使民战栗。"子闻之,曰:"成事不说,遂事不谏[③],既往不咎[④]。"

【注释】

①社:土地神,这里指社主,即为土地神所立的木制牌位。宰我:孔子学生,姓宰,名予,字子我。

②夏后氏:即夏朝。

③遂:完成。

④咎:追究罪过。

【译文】

鲁哀公问宰我作社主应该用什么木头。宰我答道:"夏代用松木,殷代用柏木,周代用栗木,意思是使百姓畏惧而战战栗栗。"孔子听到此话后,说:"已经做了的事不必再解说,已经完成的事不必再规劝,已经过去的事不必再追究。"

子曰:"管仲之器小哉![①]"

或曰:"管仲俭乎?"曰:"管氏有三归[②],官事不摄[③],焉得俭?"

"然则管仲知礼乎?"曰:"邦君树塞门[④],管氏亦树塞门。邦君为两君之好,有反坫[⑤],管氏亦有反坫。管氏而知礼,孰不知礼?"

【注释】

①管仲:春秋时齐国人,名夷吾,字仲,齐桓公的宰相。

②三归:其说甚多,主要有:1. 按常例应缴纳给公家的市租。2. 三处府第。3. 管仲所筑台名。4. 藏钱币的府库。5. 地名,乃管仲采邑。6. 娶三个女子。今取第一说。

③摄:兼职。

④塞门:筑于门口以挡视线的屏墙,如同后来的照壁。按礼制,此为天子诸侯所用。

⑤反坫(diàn):土筑的平台,用于国君间会见的仪式上,宾主饮酒后,把空酒杯置于其上。

【译文】

孔子说:"管仲的器量很小啊!"

有人问:"管仲节俭吗?"孔子说:"管仲获取了本该缴纳公家的许多市租,其下属人员都是专职而不兼任职事,哪里说得上节俭呀?"

人又问:"那么管仲懂得礼吗?"孔子说:"国君在门口树立屏墙,管仲也在门口树立屏墙。国君为了两国之间的友好交往,设有反坫,管仲也设有反坫。如果说管仲懂得礼,那还有谁不懂得礼呢?"

子语鲁大师乐[①],曰:"乐其可知也:始作,翕如也[②];从之[③],纯如也,皦如也[④],绎如也[⑤],以成。"

【注释】

①大师：乐官名。大，通“太”。

②翕（xī）如：形容乐声始起的热烈。

③从（zòng）：放纵，展开。

④皦（jiǎo）如：形容乐声的清晰。

⑤绎如：形容乐声的连绵不断。

【译文】

孔子把演奏音乐的过程告诉鲁国太师，说：“奏乐的过程是可以知道的：演奏开始，乐声热烈振奋，随着演奏的继续，乐声纯静和谐，清晰明亮，连绵悠长，乐曲就这样完成了。”

仪封人请见①，曰：“君子之至于斯也，吾未尝不得见也。”从者见之。出曰：“二三子何患于丧乎②？天下之无道也久矣，天将以夫子为木铎③。”

【注释】

①仪：卫国邑名。封人：镇守边疆的官员。

②丧：这里指失去官位。

③木铎（duó）：以木为舌的铜铃，古代宣布政教法令时，常摇铃召集众人。这里比喻孔子将传道天下。

【译文】

仪邑的边防官请求与孔子见面，说：“凡君子来到这里，我没有不相见的。”跟随孔子的学生带他见了孔子。他出来后对这些学生说：“你们这些人哪里用得着担心没有官位呢？天下无道的情况已经很久了，上天将要把你们老师当作木铎了。”

子谓《韶》[1],“尽美矣,又尽善也”。谓《武》[2],“尽美矣,未尽善也”。

【注释】

①《韶》:舜时乐曲名。

②《武》:周武王时乐曲名。

【译文】

孔子论《韶》乐,说:“音乐美极了,表现的内容好极了。”论《武》乐,说:“音乐美极了,但表现的内容则有不足。”

子曰:“居上不宽,为礼不敬,临丧不哀,吾何以观之哉?”

【译文】

孔子说:“居于上位不宽厚待人,施行礼仪不严肃恭敬,逢临丧事不悲戚哀伤,我怎么能看得下去呢?”

里仁篇第四

【题解】

本篇共二十六章，除了末章，其他基本上是孔子简短的言论。本篇从一开始就集中在仁的话题上，孔子认为仁是礼乐得以实施的根本，所以本篇接于以论礼为中心内容的《八佾》之后，依稀可见结构上的一点联系。如果说关于礼的内容，孔子更强调对西周制度的承袭，采取的是“述而不作”的态度，那么在仁的问题上他则多有开创性的理论建树，使得仁成为他思想体系的核心内容。仁集中体现了孔子对于人的哲学思考，是一个直接关系到孔子社会理想与政治原则的重大问题。但另一方面，仁作为道德修养，又以各种表现形式，随时随地反映在实际生活中。孔子自称“吾道一以贯之”，曾参用“忠恕”二字作了解释。后人对这一章有诸多解说，甚至有以禅宗传授心印来拟之者。其实“忠恕”所体现的就是仁的精神。钱穆先生说：“尽己之心以待人谓之忠，推己之心以及人谓之恕。”又说：“而言忠恕，则较言仁更使人易晓。因仁者至高之德，而忠恕则是学者当下之工夫，人人可以尽力。”(《论语新解》)这一说法比较妥切，“至高之德”与“当下之工夫”也准确地概括了仁的表现特性。

子曰：“里仁为美[①]。择不处仁，焉得知[②]？”

【注释】

①里：居住。

②知：同“智”。

【译文】

孔子说：“居住在有仁德风气的地方是美好的。选择住所而不择有仁风的地方，怎么能说是聪明的呢？”

子曰：“不仁者不可以久处约①，不可以长处乐。仁者安仁，知者利仁。”

【注释】

①约：穷困。

【译文】

孔子说：“不仁之人不能长久处在穷困之中，也不能长久处在安乐之中。有仁德的人安于仁道，聪明的人知道行仁道有利于己。”

子曰：“唯仁者能好人，能恶人。”

【译文】

孔子说：“只有仁者能真正喜爱人，能真正厌恶人。”

子曰：“苟志于仁矣，无恶也。”

【译文】

孔子说：“如果立志于仁，就没有恶行了。”

子曰:“富与贵,是人之所欲也;不以其道得之,不处也。贫与贱,是人之所恶也;不以其道得之[1],不去也。君子去仁,恶乎成名[2]?君子无终食之间违仁[3],造次必于是[4],颠沛必于是。”

【注释】

①得:或以为“去”字之误。今仍据原文译之。

②恶:疑问代词,何,怎么。

③终食:一顿饭时间。

④造次:急遽,仓猝。

【译文】

孔子说:“财富与官位是人人所想往的,但若不以正当的方法获得,君子不会去享有这样的富贵。贫穷与卑贱是人人所厌恶的,但若不是行为失当而得此结果,君子不会去摆脱这样的贫贱。君子丧失了仁德,又怎么能成就声名?君子即使是一顿饭的片刻时间也不会违背仁德,虽仓猝急迫也一定实行仁德,虽颠沛流离也一定实行仁德。”

子曰:“我未见好仁者,恶不仁者。好仁者,无以尚之[1];恶不仁者,其为仁矣,不使不仁者加乎其身。有能一日用其力于仁矣乎?我未见力不足者。盖有之矣,我未之见也。”

【注释】

①尚:超过。

【译文】

孔子说:“我未曾见到喜好仁的人和厌恶不仁的人。喜好仁的人,认为没有任何事物能高于仁;厌恶不仁的人,他实行仁,是不使任何不仁的事情出现在自己身上。有谁能在一天里用全力去实施仁呢？我没见过力量有不够的。或许还是有这样的人吧，只是我没有见到。”

子曰："人之过也，各于其党[①]。观过，斯知仁矣[②]。”

【注释】

①党：类别。

②仁：通“人”。

【译文】

孔子说："人的过失，可以各各归入不同的类别。只要审察那人的过失，就能知道他是哪一种人了。”

子曰："朝闻道，夕死可矣。”

【译文】

孔子说："早晨若得到了真理，当晚死去都可以啊。”

子曰："士志于道，而耻恶衣恶食者，未足与议也。”

【译文】

孔子说："士人有志于真理，却又以穿旧衣吃劣食为耻辱，这样的人，不值得与他谈论真理。”

子曰："君子之于天下也，无适也[①]，无莫也[②]，义之与比[③]。”

【注释】

①适(dí):专主。或说“适”通“敌”,敌对的意思。今从前说。

②莫:不肯。或说“莫”通“慕”,羡慕,与上句敌对义相对。今从前说。

③比:附从,合。

【译文】

孔子说:“君子对于天下之事,没有必定要这样做的,也没有必定不这样做的,所做唯求合乎义。”

子曰:“君子怀德,小人怀土;君子怀刑,小人怀惠。”

【译文】

孔子说:“君子心怀道德,小人心怀乡土;君子心怀法度,小人心怀恩惠。”

子曰:“放于利而行①,多怨。”

【注释】

①放:依据。

【译文】

孔子说:“依据个人利益行事,必定招致很多怨恨。”

子曰:“能以礼让为国乎①?何有?不能以礼让为国,如礼何?”

【注释】

①礼让:守礼谦让。

【译文】

孔子说："能以礼让的原则治国吗？这有什么困难呢？不能以礼让的原则治国，那对礼怎么办呢？"

子曰："不患无位，患所以立。不患莫己知，求为可知也。"

【译文】

孔子说："不要愁没有职位，而应愁自己用什么胜任其位。不要愁没有人知道自己，而应求自己能有什么可以使人知道的。"

子曰："参乎！吾道一以贯之。"曾子曰："唯。"

子出，门人问曰："何谓也？"曾子曰："夫子之道，忠恕而已矣①。"

【注释】

①忠：尽心待人。恕：推己及人。

【译文】

孔子说："参啊！我的学说贯穿着一个基本原则。"曾子说："是的。"

孔子出去后，其他学生问道："这是什么意思呢？"曾子说："老师的学说，就是忠恕二字呀。"

子曰："君子喻于义①，小人喻于利。"

【注释】

①喻：知晓。

【译文】

孔子说："君子懂得的是义，小人懂得的是利。"

子曰："见贤思齐焉，见不贤而内自省也。"

【译文】

孔子说："看见贤者，就想着向他看齐；看见不贤的人，就反省自己做得怎么样。"

子曰："事父母几谏①，见志不从，又敬不违，劳而不怨②。"

【注释】

①几(jī)：隐微，这里是委婉的意思。

②劳：忧愁。

【译文】

孔子说："事奉父母，若父母有过错应委婉地劝阻，看到自己的意思不被听从，仍然恭恭敬敬而不冒犯他们，只是内心忧愁，但不怨恨。"

子曰："父母在，不远游，游必有方。"

【译文】

孔子说："父母在世，不离家远行，如果要外出也必须有确定的去处。"

子曰："三年无改于父之道，可谓孝矣。"①

【注释】

①已见《学而篇》十一章。

子曰:“父母之年,不可不知也[①]。一则以喜,一则以惧。”

【注释】

①知:记忆,记住。

【译文】

孔子说:“父母的年龄,不可不记在心中。一方面为他们的高寿而欢喜,一方面为他们的衰老而忧惧。”

子曰:“古者言之不出,耻躬之不逮也[①]。”

【注释】

①躬:自身。逮:及,追上。

【译文】

孔子说:“古人不轻易把话说出口,因为他们以自己的行为跟不上为可耻。”

子曰:“以约失之者鲜矣。”

【译文】

孔子说:“对自己加以约束而犯过失的情况是很少的。”

子曰:“君子欲讷于言而敏于行[①]。”

【注释】

①讷：言语迟钝。

【译文】

孔子说："君子要出言迟钝而行事敏捷。"

子曰："德不孤，必有邻。"

【译文】

孔子说："有德之人不会孤单，必定会有与他亲近的人。"

子游曰："事君数[①]，斯辱矣。朋友数，斯疏矣。"

【注释】

①数（shuò）：频频，这里有烦琐、琐屑的意思。

【译文】

子游说："事奉君王时过于烦琐，就会遭受羞辱。朋友交往中过于烦琐，就会导致疏远。"

公冶长篇第五

【题解】

本篇共二十八章，主要记述孔子言谈中对人的评论，尤其集中在对自己学生的评论上。从片言只语的人物评说中，反映出孔子的人才标准与他的思想体系是完全一致的。这首先表现为价值取向很明确，无论是道德还是才干，都以有用于现实政治为根本的标尺。孔子论子产时说的行己、事上、养民、使民所谓君子四道，是他对人才价值目标的高度概括。其次反映在德才的表现形态上。在同一个价值标准的前提下，因个性不同，或因具体环境的差异，形成风格各异的道德表现方式，这是必然的，这也是孔子所认同的。正因为如此，才有孔子对自己学生的不同分类，才有对各种人的循循善诱，而不是简单化地否定某种表现类型。然而，尽管如此，孔子对道德的基本表现形貌还是具有明确的指向，其主要特征就是克制和内敛，于是，恭敬、谦让、忠厚等形态成为道德范式，反之，刚勇、好胜、善言等表现形态，则很难得到孔子的青睐。显然，这是以道德的外在形态体现了礼与仁的本质走向。

子谓公冶长①："可妻也②。虽在缧绁之中③，非其罪也。"以其子妻之④。

【注释】

①公冶长：孔子学生，姓公冶，名长。

②妻：以女嫁人。

③缧绁(léixiè)：捆绑犯人的绳索，这里指监狱。

④子：儿女，这里指女儿。

【译文】

孔子谈及公冶长，说："可以把女儿嫁给他。他虽曾被关入监狱，但不是他的罪过。"于是把自己的女儿嫁给了他。

子谓南容①："邦有道，不废；邦无道，免于刑戮。"以其兄之子妻之。

【注释】

①南容：孔子学生，姓南宫，名适，字子容。

【译文】

孔子谈及南容，说："国家政治清明，他不会被废弃不用；国家政治黑暗，他能免遭刑罚。"于是把自己兄长的女儿嫁给了他。

子谓子贱①："君子哉若人！鲁无君子者，斯焉取斯②？"

【注释】

①子贱：孔子学生，姓宓，名不齐，字子贱。

②斯：此。前一斯字指子贱，后一斯字指品德。

【译文】

孔子谈及子贱，说："这人真是个君子啊！假如鲁国没有君子，他从哪里学得这样的品德呢？"

子贡问曰:“赐也何如?”子曰:“女,器也。”曰:“何器也?”曰:“瑚琏也[①]。”

【注释】

①瑚琏:宗庙中盛黍稷的贵重礼器。

【译文】

子贡问道:“我这个人怎么样?”孔子说:“你如同一个器具。”子贡问:“什么器具?”孔子说:“如同宗庙中盛放黍稷的礼器。”

或曰:“雍也仁而不佞[①]。”子曰:“焉用佞?御人以口给[②],屡憎于人。不知其仁,焉用佞?”

【注释】

①雍:孔子学生,姓冉,名雍,字仲弓。佞:口才好,能言善辩。

②御:抵挡,应对。口给:口才敏捷。

【译文】

有人说:“冉雍有仁德,但没有口才。”孔子说:“何必要有口才呢?巧嘴利舌地与人辩对,常常被人讨厌。我不知道雍是否可称为仁,但何必要有口才呢?”

子使漆雕开仕[①]。对曰:“吾斯之未能信。”子说。

【注释】

①漆雕开:孔子学生,姓漆雕,名开,字子开,一作子若。

【译文】

孔子让漆雕开去做官。漆雕开回答说:“我对这事还没有信心。”孔子听了很高兴。

子曰:“道不行,乘桴浮于海[①]。从我者,其由与?”子路闻之喜。子曰:“由也好勇过我,无所取材[②]。”

【注释】

①桴:竹木制的小筏子。

②材:通“哉”,语气词。或说材指制作桴的竹木。今从前说。

【译文】

孔子说:“我的主张不能实行,我就乘坐小筏子漂往海外。能跟随我的,大概只有仲由吧?”子路听到这话很高兴。孔子说:“仲由在好勇这点上超过我,但这是不足取的呀。”

孟武伯问:“子路仁乎?”子曰:“不知也。”又问。子曰:“由也,千乘之国,可使治其赋也[①],不知其仁也。”

“求也何如?”子曰:“求也,千室之邑[②],百乘之家[③],可使为之宰也[④],不知其仁也。”

“赤也何如[⑤]?”子曰:“赤也,束带立于朝[⑥],可使与宾客言也,不知其仁也。”

【注释】

①赋:指军队。

②千室之邑:有一千户人家的大邑,是卿大夫能有的领地。邑,百姓聚居的地方。

③家:指卿大夫家。

④宰:家臣。

⑤赤:孔子学生,姓公西,名赤,字子华。

⑥束带:束紧腰带,指整饰衣服。

【译文】

孟武伯问:“子路有仁德吗?”孔子回答:“不知道。”孟武伯再问,孔子说:“由啊,一个有千辆兵车的国家,可以让他治理军事。至于他的仁德,我就不知道了。”

孟武伯问:“冉求怎么样?”孔子说:“求啊,一个千户人口的大邑,有百辆兵车的大家,可以让他任家臣。至于他的仁德,我就不知道了。”

孟武伯问:“公西赤怎么样?”孔子说:“赤啊,可以让他穿上礼服,站在朝廷接待宾客。至于他的仁德,我就不知道了。”

子谓子贡曰:“女与回也孰愈[①]?”对曰:“赐也何敢望回?回也闻一以知十,赐也闻一以知二。”子曰:“弗如也,吾与女弗如也[②]。”

【注释】

①愈:胜过。

②与:连词,和。一说赞同,即赞许子贡不如颜回的自我评价。今取前说。

【译文】

孔子对子贡说:“你和颜回谁更强一些?”子贡回答说:“我怎么敢同回相比?回听得一事,能推知十事,我听得一事,只能推知两事。”孔子说:“是不如他啊,我和你都不如他啊。”

宰予昼寝。子曰:“朽木不可雕也,粪土之墙不可杇也[①]。于予与何诛[②]?”子曰:“始吾于人也,听其言而信其行;

今吾于人也，听其言而观其行。于予与改是。”

【注释】

①杇（wū）：粉刷。

②诛：责备。

【译文】

宰予在白天睡觉。孔子说：“腐朽的木头不能雕刻，粪土般的墙壁不能粉刷。对于宰予，还有什么值得我责备的？”孔子又说：“先前我对别人，听了他的话便相信他的行为；如今我对别人，听了他的话还得观察他的行为。是因为宰予让我有了这样的改变。”

子曰：“吾未见刚者。”或对曰：“申枨①。”子曰：“枨也欲，焉得刚？”

【注释】

①申枨（chéng）：孔子学生。

【译文】

孔子说：“我没有见到过刚强不屈的人。”有人回答：“申枨是这样的人。”孔子说：“申枨欲望太多，哪里能刚强不屈？”

子贡曰：“我不欲人之加诸我也①，吾亦欲无加诸人。”子曰：“赐也，非尔所及也。”

【注释】

①加：欺侮，侵凌。

【译文】

子贡说:“我不愿别人欺侮我,我也不愿欺侮别人。”孔子说:“赐啊,这不是你能做得到的。”

子贡曰:“夫子之文章[①],可得而闻也。夫子之言性与天道,不可得而闻也。”

【注释】

①文章:泛指诗、书、礼、乐等古代文献方面的学说。

【译文】

子贡说:“老师在古代文献方面的学说,我们能够听到。老师在人性和天道方面的见解,我们就听不到了。”

子路有闻,未之能行,惟恐有闻[①]。

【注释】

①有:通“又”。

【译文】

子路听到一种道理,如果还没能去实行,便只怕又听到新的道理。

子贡问曰:“孔文子何以谓之‘文’也[①]?”子曰:“敏而好学,不耻下问[②],是以谓之‘文’也。”

【注释】

①孔文子:卫国大夫,名圉,谥号文。

②下问:问在自己之下的人,如以能问不能,以多问寡等。

【译文】

子贡问道："孔文子根据什么得到'文'的谥号？"孔子说："他聪敏而又好学，向不及自己的人请教而不以为耻，所以给他'文'的谥号。"

子谓子产①："有君子之道四焉：其行己也恭，其事上也敬，其养民也惠，其使民也义。"

【注释】

①子产：郑国大夫，姓公孙，名侨，字子产。在郑国二十余年。

【译文】

孔子评论子产，说："他有四个方面合于君子之道：他自己的行为庄重谦逊，他事奉君主恭敬有礼，他养护民众有恩惠，他役使民众合于道理。"

子曰："晏平仲善与人交①，久而敬之。"

【注释】

①晏平仲：齐国大夫，名婴，字仲，谥号平。

【译文】

孔子说："晏平仲善于与人交往，相交越久，别人越敬重他。"

子曰："臧文仲居蔡①，山节藻棁②，何如其知也？"

【注释】

①臧文仲：鲁国大夫，姓臧孙，名辰，谥号文。蔡：用于占卜的大龟。

②节：斗拱，柱上承受大梁的方木。棁(zhuō)：梁上的短柱。

【译文】

孔子说："臧文仲把一只大乌龟养在屋子里，乌龟的居室有雕刻成山形的斗拱和绘有藻草的梁上短柱，他的聪明怎么是这个样呢？"

子张问曰："令尹子文三仕为令尹[①]，无喜色；三已之，无愠色。旧令尹之政，必以告新令尹。何如？"子曰："忠矣。"曰："仁矣乎？"曰："未知，焉得仁？"

"崔子弑齐君[②]，陈文子有马十乘[③]，弃而违之[④]。至于他邦，则曰：'犹吾大夫崔子也。'违之。之一邦，则又曰：'犹吾大夫崔子也。'违之。何如？"子曰："清矣。"曰："仁矣乎？"曰："未知，焉得仁？"

【注释】

①令尹：楚国官名，相当于宰相。子文：姓鬬，名穀，字於菟。

②崔子：齐国大夫崔杼。弑：臣子杀死君主叫弑。齐君：齐庄公，名光。

③陈文子：齐国大夫，名须无。

④违：离开。

【译文】

子张问道："令尹子文数次担任令尹，没显出高兴的样子，数次被罢免，也没显出怨恨的样子。他还必定把自己任令尹的政事告诉接替他的新令尹。他这个人怎么样呢？"孔子说："这人忠啊。"子张问："可以说是仁吗？"孔子说："不知道，但怎么能算仁呢？"

子张又问："崔子杀了齐庄公，陈文子虽有四十匹马，却舍弃不要，离开了齐国。到了别的国家，他说：'这里的执政者同我们齐国的大夫崔子一样。'又离去。再到一个国家，又说：'这里的执政者同我们齐国的大夫崔子一样。'还是离去。他这个人怎么样呢?"孔子说:"这人清啊。"子张问:"可以说是仁吗?"孔子说:"不知道,但怎么能算仁呢?"

季文子三思而后行[1]。子闻之,曰:"再[2],斯可矣。"

【注释】

①季文子:鲁国大夫,姓季孙,名行父,谥号文。

②再:两次。

【译文】

季文子凡事要思考三次才实行。孔子听到了,说:"思考两次,也就可以了。"

子曰:"宁武子[1],邦有道,则知;邦无道,则愚。其知可及也,其愚不可及也。"

【注释】

①宁武子:卫国大夫,姓宁,名俞,谥号武。

【译文】

孔子说:"宁武子这个人,国家政治清明时,就很聪明;国家政治危乱时,则显得很愚笨。他的聪明别人可以达到,他的愚笨是别人达不到的。"

子在陈[1],曰:"归与!归与!吾党之小子狂简[2],斐然成章[3],不知所以裁之[4]。"

【注释】

①陈:国名。

②党：古代户籍编制单位，五百家为党。这里是家乡的意思。狂简：谓志向远大。简，大。

③斐然成章：意谓富有文彩，文章可观。

④裁：裁剪，这里指对人才的教育培养。

【译文】

孔子在陈国，说："回去吧！回去吧！我家乡的那些学生怀有远大志向，文采斐然可观，我不知怎样去造就他们。"

子曰："伯夷、叔齐不念旧恶[①]，怨是用希。"

【注释】

①伯夷、叔齐：商末孤竹君的两个儿子。孤竹君死后，两人因互让王位而出逃。周武王伐纣，两人极力劝谏，武王灭商后，他们隐居首阳山，不食周粟而死。

【译文】

孔子说："伯夷、叔齐不记过去的仇恨，因此别人很少对他们有怨恨。"

子曰："孰谓微生高直[①]？或乞醯焉[②]，乞诸其邻而与之。"

【注释】

①微生高：鲁国人，姓微生，名高。

②醯（xī）：醋。

【译文】

孔子说："谁说微生高这个人直爽？有人向他讨一点醋，他不直说没有，却向邻居讨来给那个人。”

子曰：“巧言、令色、足恭[1]，左丘明耻之[2]，丘亦耻之。匿怨而友其人，左丘明耻之，丘亦耻之。”

【注释】

①足：过分。

②左丘明：古代一位名人，或说此即《左传》作者，疑非是。

【译文】

孔子说：“花言巧语，容色伪善，过度恭顺，这种态度，左丘明认为可耻，我也认为可耻。内心藏着怨恨，表面却与人友善，这种行为，左丘明认为可耻，我也认为可耻。”

颜渊、季路侍。子曰：“盍各言尔志[1]？”

子路曰：“愿车马衣轻裘与朋友共敝之而无憾[2]。”

颜渊曰：“愿无伐善[3]，无施劳[4]。”

子路曰：“愿闻子之志。”

子曰：“老者安之，朋友信之，少者怀之。”

【注释】

①盍：何不。

②轻：据考证，此字为后人所加。敝：破旧。

③伐：夸耀。

④施：显耀。

【译文】

颜渊、季路侍立在孔子身旁。孔子说：“你们何不各谈谈自己的志向?”

子路说:“我愿拿自己的车马衣服与朋友共同享用,用坏了也无憾恨。”

颜渊说:“我愿不夸耀自己的好处,不显扬自己的功劳。”

子路对孔子说:“我们也想听到您的志向。”

孔子说:“使老人得到安逸,使朋友们信任我,使年轻人怀念我。”

子曰:“已矣乎!吾未见能见其过而内自讼者也[①]。”

【注释】

①讼:责备。

【译文】

孔子说:“算了吧!我没见过能看到自己的过错而在内心自责的人。”

子曰:“十室之邑,必有忠信如丘者焉,不如丘之好学也。”

【译文】

孔子说:“只要有十户人家聚居的地方,一定会有像我这样忠心诚实的人,不过是不像我这样爱好学习呀。”

雍也篇第六

【题解】

本篇共三十章。前十五章多为孔子与学生的交谈内容或评价学生的言论，后十五章内容比较泛，对于道、治政、学习、为人等一系列问题，从不同的角度皆有所论。值得注意的是，《论语》中孔子唯一一次直接说及中庸的言论即出现在本篇，孔子称"中庸之为德也，其至矣乎"，表明了他对中庸的高度肯定。所谓中庸，何晏在《论语集解》中说："庸，常也，中和可常行之德。"《礼记·中庸》对中庸思想作了充分演绎，其中提出"执其两端，用其中于民"，并说："君子中庸，小人反中庸。"中庸的根本精神是避免极端，中庸既体现了真理的本质，又体现了真理在实行中的适度和协调，因而事物就能按正常规律得到切实有效地运行发展。虽然中庸二字在《论语》中只出现一次，但它体现的思想特征却充分反映在孔子的其他言论中。孔子提出的"过犹不及""和而不同""乐而不淫，哀而不伤"等观点，都是中庸思想的具体体现。后来朱熹把《礼记·中庸》单篇列出，构成四书中的一种，中庸就更成为儒家重要的思想组成而受到重视。

子曰："雍也可使南面①。"

【注释】

①南面：古代以坐北朝南为尊位，帝王、诸侯、卿大夫听政皆面南而坐。这里指诸侯之位。

【译文】

孔子说："雍啊，可以让他担起一国君王之任。"

仲弓问子桑伯子[①]。子曰："可也，简。"

仲弓曰："居敬而行简，以临其民，不亦可乎？居简而行简，无乃大简乎？"子曰："雍之言然。"

【注释】

①子桑伯子：事迹不详。

【译文】

仲弓问到子桑伯子这个人。孔子说："可以啊，他做事简单。"

仲弓说："如果内心严肃认真，而行事则简单，这样来治理百姓，不也可以吗？如果是内心疏简而又行事简单，这不就太简单了吗？"孔子说："雍说得对。"

哀公问："弟子孰为好学？"孔子对曰："有颜回者好学，不迁怒，不贰过。不幸短命死矣。今也则亡，未闻好学者也。"

【译文】

鲁哀公问孔子："你的学生中哪个好学？"孔子答道："一个叫颜回的学生好学，他有怒气不会发到别人身上，不会重犯同样的过失。他不幸短命死了。现在没有这样的人了，我没再听到有好学的人了。"

子华使于齐，冉子为其母请粟。子曰："与之釜[①]。"

请益。曰："与之庾[②]。"

冉子与之粟五秉[③]。

子曰："赤之适齐也，乘肥马，衣轻裘。吾闻之也：君子周急不继富。"

【注释】

①釜：古代量器名，容量六斗四升。

②庾（yǔ）：古代量名，合二斗四升。

③秉：古代量名，一秉为十六斛。一斛十斗。

【译文】

子华出使到齐国去，冉有替他母亲向孔子请求给予小米。孔子说："给她六斗四升。"

冉有请求增加一点。孔子说："再给她二斗四升。"

冉有却给了她八百斗小米。

孔子说："公西赤到齐国去，乘坐着壮马驾的车，穿着轻柔的皮袍。我听说的是：君子周济穷急的人，而不是为富有的人再增富。"

原思为之宰[①]，与之粟九百[②]，辞。子曰："毋！以与尔邻里乡党乎！"

【注释】

①原思：孔子学生，姓原，名宪，字子思。

②九百：其后没有量名，或说斛，或说斗。

【译文】

原思在孔子家任总管，孔子给他俸米九百，原思推辞不受。孔子说:“不要推辞!有多余就接济你的乡邻吧!”

子谓仲弓,曰:“犁牛之子骍且角①,虽欲勿用②,山川其舍诸?”

【注释】

①犁牛:耕牛。骍(xīng):赤色。周朝尚赤,用作祭品的牲畜也要赤色。角:谓牛角长得周正。这也是选择牲畜作为祭品的条件。

②虽欲勿用:古代祭祀不用耕牛作为祭品,因此认为耕牛之子也不可用作祭品。用,即用以祭祀。

【译文】

孔子谈及仲弓,说:“耕牛所生的小牛有赤色的皮毛和端正的两角,即使人们不想把它用于祭祀,但山川之神难道会舍弃它吗?”

子曰:“回也,其心三月不违仁①,其余则日月至焉而已矣②。”

【注释】

①三月:泛言长久。

②日月:指短时间。

【译文】

孔子说:“颜回呀,他的心长久地不背离仁,其他人只能是短时间地做到仁罢了。”

季康子问:“仲由可使从政也与?”子曰:“由也果,于从政乎何有?”

曰:“赐也可使从政也与?”曰:“赐也达,于从政乎何有?”

曰:“求也可使从政也与?”曰:“求也艺,于从政乎何有?”

【译文】

季康子问:“仲由可以让他治理政事吗?”孔子说:“仲由果敢决断,让他治理政事有什么困难呢?”

季康子又问:“端木赐可以让他治理政事吗?”孔子说:“端木赐通达事理,让他治理政事有什么困难呢?”

季康子再问:“冉求可以让他治理政事吗?”孔子说:“冉求多才多艺,让他治理政事有什么困难呢?”

季氏使闵子骞为费宰[①]。闵子骞曰:“善为我辞焉!如有复我者,则吾必在汶上矣[②]。”

【注释】

①闵子骞:孔子学生,姓闵,名损,字子骞。费:地名,季氏封邑。

②汶上:即汶水以北,这里暗指齐国。汶,水名,在齐、鲁两国交界处。

【译文】

季氏派人请闵子骞任费邑的邑宰。闵子骞对来人说:“好好地替我推辞吧!如果再来召我,那我一定逃到汶水北面去了。”

伯牛有疾[①],子问之[②],自牖执其手[③],曰:“亡之,命矣夫!斯人也而有斯疾也!斯人也而有斯疾也!”

【注释】

①伯牛:孔子学生,姓冉,名耕,字伯牛。

②问:问候。

③牖:窗户。

【译文】

伯牛有病,孔子去探望他,从窗户伸手进去,握着伯牛的手,说:“要失去这个人了,这是命啊!这样的人竟得这种病!这样的人竟得这种病!”

子曰:“贤哉,回也!一箪食[①],一瓢饮,在陋巷,人不堪其忧,回也不改其乐。贤哉,回也!”

【注释】

①箪:盛饭的竹器。

【译文】

孔子说:“颜回多么有修养啊!一箪饭,一瓢水,住在简陋的小巷,别人受不了这种穷困的忧苦,颜回却不改变他的快乐。颜回多么有修养啊!”

冉求曰:“非不说子之道,力不足也。”子曰:“力不足者,中道而废。今女画[①]。”

【注释】

①画:停止。

【译文】

冉求说:“不是我不喜欢您的学说,是我的力量不够。”孔子说:“如果力量不够，应是走到中途而停下来。你现在是还未用力就已经停止了。”

子谓子夏曰：“女为君子儒，无为小人儒！”

【译文】

孔子对子夏说：“你要做君子式的儒者，不要做小人式的儒者！”

子游为武城宰①。子曰：“女得人焉尔乎？”曰：“有澹台灭明者②，行不由径③，非公事，未尝至于偃之室也。”

【注释】

①武城：鲁国邑名。

②澹台灭明：姓澹台，名灭明，字子羽。后成为孔子学生。

③径：小路，这里喻指不正当的途径。

【译文】

子游任武城邑宰。孔子说：“你在那里得到什么人才吗？”子游说：“有一个叫澹台灭明的人，他走路不穿小道捷径，如不是公事，从不到我屋里来。”

子曰：“孟之反不伐①，奔而殿②，将入门，策其马③，曰：‘非敢后也，马不进也。’”

【注释】

①孟之反：鲁国大夫，名侧。

②奔：败逃。殿：在最后。

③策：鞭打。

【译文】

孔子说："孟之反不夸耀自己，军队打仗败退，他留在最后作掩护，将进城门时，他却鞭打着马，说：'不是我敢于殿后，是我的马不肯快跑。'"

子曰："不有祝鮀之佞[①]，而有宋朝之美[②]，难乎免于今之世矣。"

【注释】

①祝鮀(tuó)：卫国大夫，字子鱼，有口才。

②宋朝：宋国公子朝，容貌美丽。

【译文】

孔子说："如果没有祝鮀那样的口才，而有宋朝那样的美貌，在当今之世是难免灾祸的。"

子曰："谁能出不由户？何莫由斯道也？"

【译文】

孔子说："有谁走到屋外去能不经过门户呀？可为什么没有人从我这条道行走呢？"

子曰："质胜文则野[①]，文胜质则史[②]。文质彬彬[③]，然后君子。"

【注释】

①质：朴实。文：文采。

②史:指文辞繁多浮夸。

③彬彬:形容交杂而均和的样子。

【译文】

孔子说:“朴实胜过文采就会显得粗野,文采胜过朴实就会显得浮夸。文采与朴实两者兼备,这才是君子。”

子曰:“人之生也直,罔之生也幸而免[①]。”

【注释】

①罔:枉曲,不正直。

【译文】

孔子说:“人能生存于世上是由于正直,而不正直的人也能生存,那只是侥幸地避免了祸害。”

子曰:“知之者不如好之者,好之者不如乐之者。”

【译文】

孔子说:“对于学问事业,懂得它的人不如喜好它的人,喜好它的人不如以它为乐的人。”

子曰:“中人以上,可以语上也;中人以下,不可以语上也。”

【译文】

孔子说:“中等才智以上的人,可以对他说高深的道理;中等才智以下的人,不可对他说高深的道理。”

樊迟问知。子曰："务民之义[1]，敬鬼神而远之，可谓知矣。"

问仁。曰："仁者先难而后获，可谓仁矣。"

【注释】

①务：致力。

【译文】

樊迟问怎样才算聪明。孔子说："把力量用在人事方面的道义之上，尊敬鬼神而远离它，这可说是聪明的。"

樊迟又问怎样才是仁。孔子说："有仁德的人遇到困难的时候做在前，获取成果的时候退在后，这可说是仁了。"

子曰："知者乐水，仁者乐山。知者动，仁者静。知者乐，仁者寿。"

【译文】

孔子说："智者喜好水，仁者喜好山。智者好动，仁者沉静。智者快乐，仁者长寿。"

子曰："齐一变，至于鲁；鲁一变，至于道。"

【译文】

孔子说："齐国一行变革，可以达到鲁国的程度；鲁国一行变革，可以达到与道相合的程度。"

子曰："觚不觚[1]，觚哉！觚哉！"

【注释】

①觚(gū):古代酒器。或说觚本当上圆下方,其上有棱角,后去除棱角而制成圆形,故孔子有此叹。另说觚本容酒二升或三升,其后增大了容量,故孔子叹息。

【译文】

孔子说:"觚而没有觚的样子,这也叫觚啊!这也叫觚啊!"

宰我问曰:"仁者,虽告之曰'井有仁焉',其从之也?"子曰:"何为其然也?君子可逝也[①],不可陷也;可欺也,不可罔也[②]。"

【注释】

①逝:往。

②罔:迷惑。

【译文】

宰我问道:"一个有仁德的人,如告诉他井里掉下去一个仁人,他会跟着跳下去吗?"孔子说:"为什么这么做呢?君子可以到井边去设法救人,但不可自己也陷入井中;可以受骗前往,但不可被迷惑而跳入井中。"

子曰:"君子博学于文,约之以礼,亦可以弗畔矣夫[①]。"

【注释】

①畔:通"叛"。

【译文】

孔子说:"君子广泛地学习文献典籍,并以礼约束自己,也就能不背离道了。”

子见南子[①],子路不说。夫子矢之曰[②]:“予所否者[③],天厌之!天厌之!”

【注释】

①南子:卫灵公夫人,当时把持着卫国朝政,且有淫乱行为。

②矢:发誓。

③所:假如,常用于誓词中。否:意谓不合道义。

【译文】

孔子去见了南子,子路对此不高兴。孔子发誓说:“假如我做得不对,天会厌弃我!天会厌弃我!”

子曰:“中庸之为德也[①],其至矣乎!民鲜久矣。”

【注释】

①中庸:孔子倡导的道德标准,即中和可常行之道。中,表示无过无不及。庸,平常。

【译文】

孔子说:“中庸这一道德,应该是至高无上的了。人们缺乏这一道德已经很久了。”

子贡曰:“如有博施于民而能济众,何如?可谓仁乎?”子曰:“何事于仁!必也圣乎!尧、舜其犹病诸[①]!夫仁者,己欲立而立人,己欲达而达人。能近取譬[②],可谓仁之方也已[③]。”

【注释】

①病：难，不易。

②取譬：寻取比喻，这里的比喻指由自己出发而比方到别人，即上“己欲立而立人，己欲达而达人”的意思。

③方：方法，途径。

【译文】

子贡说：“如果有人能对民众广施恩惠，能周济民众，怎么样？可以说是仁吗？”孔子说：“岂止是仁啊！一定是圣德了！恐怕尧、舜也会觉得难以做到吧！那仁者啊，自己想立身于世，也使别人立身，自己想做事通达，也使别人通达。能从眼前的实际事情这样去做，可说是实行仁道的途径了。”

述而篇第七

【题解】

本篇共三十八章，比较集中地记录了孔子在文化、教育方面的言行。孔子对古代文化充满了敬仰和神往，“述而不作，信而好古”，是他对待古文化的原则。孔子对传统文化的传承与他的政治理想是一致的，作这样的原则强调也包含着不满现实的态度。事实上，孔子对传统文化绝不是停留在传述这个层面，他在理论和认识观念上的开拓创新都载入了我们的思想文化史册。另一方面，在这样的原则指导下，孔子整理编撰了《春秋》《诗》《书》《礼》《乐》《易》等重要文献，在中国传统文化领域做出了辉煌的贡献。孔子在教育方面的实践和总结同样给后人留下了宝贵的财富。他提出的“有教无类”“因材施教”“诲人不倦”“举一反三”等一系列教学原则和教学方法，至今仍有重要的实践价值。本篇还记述了孔子对富贵的认识观念。孔子并不笼统地排斥富贵，关键是富贵的获得必须合于道义，否则，就像他所表示的：“不义而富且贵，于我如浮云。”孔子的思考既体现了一贯的道德原则，也并不偏颇。

子曰：“述而不作①，信而好古，窃比于我老彭②。”

【注释】

①作：创始，创造。

②老彭：商朝贤大夫，名见《大戴礼记》，据传他好述古事。

【译文】

孔子说："只阐述典籍而不进行创造，相信且爱好古代文化，我私下把自己比作老彭。"

子曰："默而识之①，学而不厌，诲人不倦，何有于我哉？"

【注释】

①识：记住。

【译文】

孔子说："默默地把所见所闻记在心中，努力学习而不厌弃，教导别人不知疲倦，这些事对于我有什么困难的呢？"

子曰："德之不修，学之不讲，闻义不能徙①，不善不能改，是吾忧也。"

【注释】

①徙：迁移，这里指迁而从义。

【译文】

孔子说："品德不加培养，求学问不进行讲习，听到义不能相从，有缺点不能改正，这些是我忧虑的事。"

子之燕居①，申申如也，夭夭如也②。

【注释】

①燕居：闲居。

②申申、夭夭：都是形容舒畅和乐的样子。

【译文】

孔子在家闲居时，是那样的舒畅，那样的和乐。

子曰："甚矣吾衰也！久矣吾不复梦见周公[①]！"

【注释】

①周公：姓姬，名旦，周文王的儿子，周武王的弟弟，鲁国始祖。

【译文】

孔子说："我真是衰老得厉害了！我很长时间没再梦见周公了！"

子曰："志于道，据于德，依于仁，游于艺[①]。"

【注释】

①艺：指古代教育学生的科目，即礼、乐、射、御、书、数六艺。

【译文】

孔子说："志向在道上，据守在德上，依靠在仁上，游憩在艺上。"

子曰："自行束脩以上[①]，吾未尝无诲焉。"

【注释】

①束脩：十条干肉。脩，脯，即干肉。十条脯为一束。这是古人入学拜师的薄礼。一说束脩指束带修饰之礼。今从前说。

【译文】

孔子说："凡自己带着十条干肉来求见的，我从没有不予教诲的。"

子曰："不愤不启①，不悱不发②。举一隅不以三隅反③，则不复也。"

【注释】

①愤：心欲求通而未能做到的意思。

②悱（fěi）：口想说而不能说出来的样子。

③隅：指方形物体的角。反：类推。

【译文】

孔子说："教导学生，不到他力求明白而未能明白的时候，我不去开导他；不到他想说却又说不出的时候，我不去启发他。对他举出一个角，他不能推知另外三个角，我就不再教他了。"

子食于有丧者之侧，未尝饱也。

【译文】

孔子在有丧事的人旁边吃饭，从来没有吃饱过。

子于是日哭，则不歌。

【译文】

孔子在那一天哭泣过，就不再唱歌。

子谓颜渊曰："用之则行，舍之则藏①，惟我与尔有是夫。"

子路曰："子行三军②，则谁与③？"

子曰："暴虎冯河④，死而无悔者，吾不与也。必也临事而惧，好谋而成者也。”

【注释】

①舍：舍弃。

②三军：按周制，诸侯大国有中、上、下三军，这里指军队。

③与：陪从，偕同。

④暴虎：徒手与虎搏斗。冯（píng）河：不乘船而徒步过河。

【译文】

孔子对颜渊说：“如用我，我就做事，如不用我，我就藏身，只有我和你能够这样吧。”

子路说：“您若率领军队，那么与谁共事呢？”

孔子说：“徒手斗虎，徒步过河，死了都不后悔的人，我不会与他共事。与我共事的一定是遇事小心谨慎，善于谋略而能成事的人。”

子曰：“富而可求也，虽执鞭之士①，吾亦为之。如不可求，从吾所好。”

【注释】

①执鞭之士：古代执鞭有两种人，一是为高官开道的差役，一是市场的守门人，这里指贱职。

【译文】

孔子说：“财富如果可以求得，虽是执鞭贱职，我也愿意做。如果不可求得，还是做我喜欢的事情。”

子之所慎：齐①，战，疾。

【注释】

①齐：同“斋”，古人在祭祀或重要典礼前整洁身心，表示庄敬，称为“斋”或“斋戒”。

【译文】

孔子谨慎对待三件事：斋戒，战争，疾病。

子在齐闻《韶》，三月不知肉味，曰：“不图为乐之至于斯也。”

【译文】

孔子在齐国听到《韶》乐，很长时间感觉不出肉的滋味，他说：“真没想到音乐之美会达到这样的境界。”

冉有曰：“夫子为卫君乎[①]？”子贡曰：“诺，吾将问之。”

入，曰：“伯夷、叔齐何人也[②]？”曰：“古之贤人也。”曰：“怨乎？”曰：“求仁而得仁，又何怨？”

出，曰：“夫子不为也。”

【注释】

①为：帮助。卫君：指卫出公蒯辄，卫灵公的孙子，太子蒯聩的儿子。蒯聩因得罪灵公的夫人南子而逃往晋国。灵公死，即立蒯辄为君。晋国把蒯聩送回卫，欲藉此侵略卫，因而卫国拒绝蒯聩回国。

②伯夷、叔齐：前已有注。其父孤竹君死，两人为互让王位而出逃，这与卫国父子争君位的情况正成对照，故子贡借此事了解孔子对卫出公的态度。

【译文】

冉有说："老师会帮助卫君吗？"子贡说："是啊，我去问问他。"

子贡走进孔子屋里，说："伯夷、叔齐是怎么样的人呢？"孔子说："是古代的贤人。"子贡说："他们有怨恨吗？"孔子说："他们追求仁而得到了仁，又怨恨什么？"

子贡出来后说："老师是不会帮助卫君的。"

子曰："饭疏食饮水[①]，曲肱而枕之[②]，乐亦在其中矣。不义而富且贵，于我如浮云。"

【注释】

①疏食：粗粝的饭食。

②肱：手臂。

【译文】

孔子说："吃粗粮，喝清水，弯着手臂当作枕头，快乐也就在其中啊。如不合道义而得来的富贵，对于我如同浮云一样。"

子曰："加我数年，五十以学《易》[①]，可以无大过矣。"

【注释】

①《易》：书名，古代用于卜筮。

【译文】

孔子说："给我增加几年寿命，让我在五十岁的时候去学《易》，就可以没有大的过失了。"

子所雅言[①]，《诗》、《书》、执礼，皆雅言也。

【注释】

①雅言：指当时中国通行的语言，与方言相对。

【译文】

孔子有用雅言的时候，读《诗》、《书》，以及执行礼事，都用雅言。

叶公问孔子于子路[1]，子路不对。

子曰："女奚不曰：'其为人也，发愤忘食，乐以忘忧，不知老之将至云尔。'"

【注释】

①叶公：楚国大夫，姓沈，名诸梁，字子高，为叶县尹。

【译文】

叶公向子路问孔子的为人，子路不知如何对答。

孔子说："你为什么不这样说：'他的为人啊，发愤而忘了吃饭，快乐而忘记忧愁，不知道衰老将要到来，如此而已。'"

子曰："我非生而知之者，好古，敏以求之者也。"

【译文】

孔子说："我不是生来就有知识的人，而是爱好古代文化，勤奋敏捷地去求得它的人。"

子不语怪、力、乱、神。

【译文】

孔子不谈论怪异、强力、叛乱、鬼神。

子曰："三人行，必有我师焉。择其善者而从之，其不善者而改之。"

【译文】

孔子说："三人同行，其中一定有人可以作为我的老师。我择取他们的优点而学习效法，看到他们的缺点而借鉴改正。"

子曰："天生德于予，桓魋其如予何[①]？"

【注释】

①桓魋(tuí)：宋国司马向魋，因是宋桓公的后代，所以称桓魋。据《史记·孔子世家》，孔子经过宋国，与弟子在大树下习礼，桓魋欲杀孔子，弟子催孔子快离去，孔子说了此话。

【译文】

孔子说："天让我生有这样的品德，桓魋又能把我怎么样？"

子曰："二三子以我为隐乎？吾无隐乎尔。吾无行而不与二三子者[①]，是丘也。"

【注释】

①与：这里是示的意思。

【译文】

孔子说："你们这些学生以为我有所隐瞒吗？我对你们没有什么隐瞒的。我没有一事不向你们公开，这就是我孔丘的为人。"

子以四教：文、行、忠、信。

【译文】

孔子以四项内容教育学生：文献、德行、忠心、诚信。

子曰："圣人，吾不得而见之矣；得见君子者，斯可矣。"

子曰："善人，吾不得而见之矣；得见有恒者，斯可矣。亡而为有，虚而为盈，约而为泰①，难乎有恒矣。"

【注释】

①泰：奢侈。

【译文】

孔子说："圣人，我是不能看见了，能看见君子，就可以了。"

又说："善人，我是不能看见了，能看见保持操守的人，就可以了。本来没有却装作有，本来空虚却装作充实，本来穷困却装作豪奢，这样的人是很难保持操守的。"

子钓而不纲①，弋不射宿②。

【注释】

①纲：网上的大绳。这里指捕鱼的方式，即以纲系住网截断水流，并在绳上挂钩以取鱼。

②弋：用带丝绳的箭来射。宿：指歇宿巢中的鸟。

【译文】

孔子钓鱼，不用大绳系住网钩截流取鱼。孔子射鸟，不射在巢中栖息的鸟。

子曰："盖有不知而作之者，我无是也。多闻，择其善者而从之；多见而识之；知之次也[①]。”

【注释】

①知之次：《季氏篇》第九章孔子云：“生而知之者，上也；学而知之者，次也。”这里说的“知之次”即指“学而知之者”，这是比较“生而知之者”而言。

【译文】

孔子说：“大概有一种无知却凭空造作的人吧，我没有这种毛病。多多地听，选取那好的便依从它；多多地看，把看到的记在心里。这样学得知识，仅次于那种生来就知的情况。”

互乡难与言[①]，童子见，门人惑。子曰：“与其进也[②]，不与其退也，唯何甚？人洁己以进，与其洁也，不保其往也。”

【注释】

①互乡：地名。据说其地民风不善。

②与：赞许。

【译文】

互乡这个地方的人难于交谈，但那里一个少年得到了孔子的接见，学生们疑惑不解。孔子说：“我是赞许他的进步，不是赞许他的退步，何必把事情做得太过分呢？别人怀着洁身自好的想法来了，我赞许他的就是洁身自好的态度，不是确保他过去的表现。”

子曰：“仁远乎哉？我欲仁，斯仁至矣。”

【译文】

孔子说："仁离我们很远吗？我想行仁，仁就来了。"

陈司败问①："昭公知礼乎②？"孔子曰："知礼。"

孔子退，揖巫马期而进之③，曰："吾闻君子不党④，君子亦党乎？君取于吴⑤，为同姓⑥，谓之吴孟子⑦。君而知礼，孰不知礼？"

巫马期以告。子曰："丘也幸，苟有过，人必知之。"

【注释】

①陈：国名。司败：官名，即司寇。或说陈司败是人名。

②昭公：鲁昭公，名稠，一作裯。

③巫马期：孔子学生，姓巫马，名施，字子期。

④党：偏私。

⑤取：通"娶"。

⑥为同姓：鲁是周公后代，吴是太伯后代，都是姬姓。根据礼制，同姓不能通婚。

⑦吴孟子：春秋时，国君夫人的称号应是她本国国名加上她的姓，因此昭公夫人应该称吴姬，现在为了回避同姓而婚的事实，故省去"姬"而有此称，孟子可能是这位夫人的字。

【译文】

陈司败问孔子："鲁昭公懂得礼吗？"孔子答道："懂礼。"

孔子出去后，陈司败向巫马期作了个揖，请他走近自己，说："我听说君子没有偏私，难道君子也会偏私吗？鲁君从吴国娶了夫人，这是同姓国家，为掩饰而称她为吴孟子。如果鲁君也算懂礼，那还有谁不懂礼？"

巫马期把这些话告诉孔子。孔子说："我很幸运啊，若有过错，人家一定会知道。”

子与人歌而善，必使反之，而后和之。

【译文】

孔子与人一起唱歌，如唱得好，必定让人再唱一遍，然后和他一同唱。

子曰：“文，莫吾犹人也[①]。躬行君子，则吾未之有得。”

【注释】

①莫：表示揣测，或许，大概。

【译文】

孔子说：“就书本上的学问而言，大概我与别人差不多。但身体力行地做一个君子，我还没有达到。”

子曰：“若圣与仁，则吾岂敢？抑为之不厌，诲人不倦，则可谓云尔已矣。”公西华曰：“正唯弟子不能学也。”

【译文】

孔子说：“若说圣与仁，我怎么敢当？我只是学习工作从不厌烦，教诲别人从不疲倦，可说就是如此罢了。”公西华说：“这正是我们弟子学不到的。”

子疾病[①]，子路请祷。子曰：“有诸？”子路对曰：“有之。《诔》曰[②]：‘祷尔于上下神祇[③]。’”子曰：“丘之祷久矣。”

【注释】

①疾病：轻者称疾，重者称病，这里二字连用表示病重。

②诔：本应作“讄”，为生者所作的祈祷文。

③祇：地神。

【译文】

孔子病重，子路请求为他祈祷。孔子说：“有这事吗？”子路回答：“有的。《诔》中说：‘为你向天神地祇祈祷。’”孔子说：“我已经祈祷很久了。”

子曰：“奢则不孙[①]，俭则固[②]。与其不孙也，宁固。”

【注释】

①孙：通“逊”。

②固：固陋。

【译文】

孔子说：“豪奢就会显得傲慢，省俭就会显得固陋。与其傲慢，宁可固陋。”

子曰：“君子坦荡荡，小人长戚戚。”

【译文】

孔子说：“君子心胸平坦宽广，小人经常局促忧愁。”

子温而厉，威而不猛，恭而安。

【译文】

孔子温和而严厉，威严而不刚猛，恭敬而安详。

泰伯篇第八

【题解】

本篇共二十一章，比较集中的内容有两个方面：一是记录孔子对尧、舜、禹等古代圣君的赞美，二是连续五章记录了曾参的言论。其他记述的孔子言谈则泛及礼乐、治政、学习、品格等内容。孔子一再称颂古代圣君，实质上是表达了对现实政治的期待，古圣贤的道德表现，正反衬出当今统治者的严重不足。孔子一向认为，居于当政的地位，自然有别于被统治的普通百姓，他理应具备相应的品性，担当起相应的责任。从这个意义看，孔子“民可使由之，不可使知之”的主张也就比较容易理解。统治者应该高度负责地把握政事，那么普通百姓只要执行即可，百姓是不需要也不应该议政干政的。这是孔子一贯的思想逻辑。本篇“不在其位，不谋其政”一语，是从另一个角度表达的同一个道理。不过后世学者对上一语的理解存在较多争议，有的对“民”的内涵作出别一种解释，有的把句子断为“民可，使由之；不可，使知之”等，这样，语意就变得截然不同。显然，这些理解都希望回避原句中显露出来的愚民思想。关于曾参，因《论语》中唯他与有若基本上都以“子”尊称，故有人以为《论语》出于曾参、有若的弟子所记。后《孟子》对曾参事迹有较多记载，宋、明儒者遂有曾参、子思、孟子为儒学正传的说法，不过此说并无有力的证据。但有一点是肯定的，曾参后来授徒讲学，对儒学的传扬确实起了重要作用。

子曰:“泰伯[①],其可谓至德也已矣。三以天下让[②],民无得而称焉。”

【注释】

①泰伯:周朝祖先古公亶父长子,也作“太伯”。古公另有二子仲雍、季历,据传古公因见季历贤明,且其子姬昌有圣德,欲传位于季历,于是太伯偕同仲雍出逃至勾吴,后又创造各种条件使季历合理继承王位。姬昌即后来的周文王。

②天下:指中国全部土地,当时周室仅为一个部落,这是以后来周实现了天下统一而言之。

【译文】

孔子说:“泰伯,可说是具有最高的道德了。他屡次辞让王位,老百姓真不知道用什么语言来称颂他。”

子曰:“恭而无礼则劳,慎而无礼则葸[①],勇而无礼则乱,直而无礼则绞[②]。君子笃于亲,则民兴于仁;故旧不遗,则民不偷[③]。”

【注释】

①葸(xǐ):畏惧,胆怯。

②绞:急切,偏激。

③偷:轻薄,不厚道,这里特别指人与人感情的冷漠。

【译文】

孔子说:“只讲恭敬而不知礼,就会劳倦不安;只讲谨慎而不知礼,就会胆怯懦弱;只讲勇敢而不知礼,就会犯上作乱;只讲直率而不知礼,就会偏激刺人。君子对亲族感情深厚,百姓就会兴起仁风;君子不遗弃故交旧友，百姓就不会冷漠无情。”

曾子有疾，召门弟子曰：“启予足①！启予手！《诗》云：‘战战兢兢，如临深渊，如履薄冰②。’而今而后，吾知免夫！小子！”

【注释】

①启：通“晵”，视。

②“战战兢兢”三句：见《诗经·小雅·小旻》。

【译文】

曾子病了，他把自己学生召集到身边，对他们说：“看看我的脚！看看我的手！《诗经》说：‘小心谨慎啊，好像身临深渊旁，好像行走薄冰上。’从今以后，我知道自己是可以免于刑戮毁伤了！学生们！”

曾子有疾，孟敬子问之①。曾子言曰：“鸟之将死，其鸣也哀。人之将死，其言也善。君子所贵乎道者三：动容貌，斯远暴慢矣；正颜色，斯近信矣；出辞气，斯远鄙倍矣②。笾豆之事③，则有司存④。”

【注释】

①孟敬子：鲁国大夫仲孙捷。

②倍：同“背”，指违背道理。

③笾(biān)豆：古代用于祭祀的两种礼器，笾为竹器，豆为木器。

④有司：主管某方面事务的官吏。

【译文】

曾子病了，孟敬子去探望他。曾子对他说：“鸟快死了，它的叫声是悲哀的，人快死了，他说的话是善意的。君子所重视的事有三个方面：使自己容貌严肃，就可远离粗暴懈怠；使自己神色端庄，就近于真诚可信；使自己言辞和顺，就可远离粗蛮无理。至于仪礼的具体事宜，自有主管人员去承担。”

曾子曰：“以能问于不能，以多问于寡；有若无，实若虚，犯而不校①。昔者吾友尝从事于斯矣②。”

【注释】

①校：计较。

②吾友：前人多以为指颜回。

【译文】

曾子说：“虽则有才能却向没有才能的人请教，虽则知识丰富却向知识贫乏的人请教；有就像没有一样，充实就像虚空一样，即使受人侵犯也不计较。以前我的一个朋友曾是这样做的。”

曾子曰：“可以托六尺之孤①，可以寄百里之命②，临大节而不可夺也，君子人与？君子人也。”

【注释】

①六尺之孤：指未成年的孤儿。古代尺短，身长六尺一般指十五岁以下孩童。

②百里：指诸侯国。

【译文】

曾子说：“可以把幼小的孤儿托付于他，可以把国家的政令托付于他，面临紧要关节不会动摇屈服，这样的人是君子吗？是君子啊。”

曾子曰:“士不可以不弘毅[1],任重而道远。仁以为己任,不亦重乎?死而后已,不亦远乎?”

【注释】

①弘:心胸宽广。毅:坚毅。

【译文】

曾子说:“士不可以不宽宏坚毅,因为他们责任重大,路途遥远。把实现仁道作为自己的责任,这不是很重大吗?一直到死才卸下重任,这不是很遥远吗?”

子曰:“兴于诗,立于礼,成于乐。”

【译文】

孔子说:“诗激发人的心志,礼使人立身于社会,乐使人所学得以完成。”

子曰:“民可使由之,不可使知之。”

【译文】

孔子说:“对于百姓,可以使他们遵照道理去做,不可使他们知道为什么这样做。”

子曰:“好勇疾贫[1],乱也。人而不仁,疾之已甚,乱也。”

【注释】

①疾:厌恶,憎恨。

【译文】

孔子说:“喜好勇力而厌恶贫困,就会生乱。对于不仁之人痛恨得过分,也会生乱。”

子曰:“如有周公之才之美,使骄且吝,其余不足观也已。”

【译文】

孔子说:“如果一个人有周公那样优秀的才能,但他骄傲而且吝啬,那其他方面也就不值得一看了。”

子曰:“三年学,不至于谷①,不易得也。”

【注释】

①谷:古代以谷米为俸禄,这里指做官得禄。

【译文】

孔子说:“读书三年,还没有产生做官的心念,这是很难得的。”

子曰:“笃信好学,守死善道。危邦不入,乱邦不居。天下有道则见①,无道则隐。邦有道,贫且贱焉,耻也;邦无道,富且贵焉,耻也。”

【注释】

①见:同“现”。

【译文】

孔子说:“信念坚定而且好学,宁死也坚守大道。不进入局势危急的国家，不居住在动荡混乱的国家。天下政治清明就出来效力，天下政治黑暗就隐居。国家政治清明，自己却身处贫贱，这是耻辱；国家政治黑暗，自己却享有富贵，这也是耻辱。”

子曰："不在其位，不谋其政。"

【译文】

孔子说："不在那个职位上，就不考虑那方面政事。"

子曰："师挚之始①，《关雎》之乱②，洋洋乎盈耳哉③！"

【注释】

①师挚：鲁国乐师，名挚。始：乐曲的开始，古代叫"升歌"，一般由乐官之长太师演奏。

②乱：乐曲的末章。

③洋洋：形容乐声的美盛。

【译文】

孔子说："从太师挚开始演奏乐曲起，到乐曲末章演奏《关雎》，美妙的乐声充满我的耳中。"

子曰："狂而不直，侗而不愿①，悾悾而不信②，吾不知之矣。"

【注释】

①侗（tóng）：幼稚无知。愿：质朴。

②悾悾（kōng）：诚恳的样子。

【译文】

孔子说:“狂妄而不直率,幼稚而不朴实,貌似诚恳而没有诚信,我真不能懂得这样的人。”

子曰:“学如不及,犹恐失之。”

【译文】

孔子说:“学习时总觉得像赶不上,学得了还总怕再丢失。”

子曰:“巍巍乎!舜、禹之有天下也而不与焉[①]。”

【注释】

①禹:夏朝开国君主,据传受舜禅让而得位。不与:不相关。这里表示处之泰然,不以得位为乐。或说这是指舜、禹任贤使能,不亲自干预具体政事。

【译文】

孔子说:“这是多么崇高伟大啊!舜、禹得有天下,却好像与他们个人不相关一样。”

子曰:“大哉尧之为君也!巍巍乎!唯天为大,唯尧则之[①]。荡荡乎!民无能名焉。巍巍乎其有成功也,焕乎其有文章[②]!”

【注释】

①则:效法。

②文章:指礼乐制度等。

【译文】

孔子说："尧这样的君王多么伟大啊！多么崇高啊！只有天是最大的，只有尧能效法天。多么宽广啊！百姓不知该如何称颂他。他的功绩真壮伟啊，他的礼乐制度真辉煌啊！"

舜有臣五人而天下治。武王曰："予有乱臣十人①。"孔子曰："才难，不其然乎？唐、虞之际②，于斯为盛③。有妇人焉，九人而已。三分天下有其二④，以服事殷。周之德，其可谓至德也已矣。"

【注释】

①乱：治。

②唐、虞：即尧、舜，尧曾封于唐，故称唐尧，舜曾封于虞，故称虞舜。

③斯：指周武王时。

④三分天下有其二：据传当时天下分为九州，周文王有六州，占三分之二。

【译文】

舜有五位贤臣而使天下得到治理。周武王说："我有十位能治理天下的臣子。"孔子说："人才难得啊，难道不是这样吗？在尧、舜之际，以及周武王那个时候，人才算最兴盛了。而武王的十个臣子中还有一个是妇女，实际上只能算九个人罢了。周文王的时候得有天下的三分之二，但还以臣的身份事奉殷朝。周朝的道德，可说是最高尚的了。"

子曰："禹，吾无间然矣①。菲饮食而致孝乎鬼神②，恶衣服而致美乎黻冕③，卑宫室而尽力乎沟洫④。禹，吾无间然矣。"

【注释】

①间：空隙，这里指可以非议的不足之处。

②菲：微薄。

③黻（fú）冕：古代祭祀时穿戴的礼服礼帽。

④卑：低矮。沟洫：田间水道，指农田水利。

【译文】

孔子说："禹啊，我对他是没有什么可批评的了。他自己的饮食粗陋，却尽心于鬼神的祭祀；自己的穿着破旧，却把祭服做得很华美；自己的住房低矮，却尽力于农田水利。禹啊，我对他是没有什么可批评的了。"

子罕篇第九

【题解】

本篇共三十一章，从各个方面记述了孔子的德行，除了孔子本人的言论，也多有他人对孔子的评说。虽然内容丰富，孔子的政治理想、为人、学识等都有所涉及，不过细加寻绎，还是能看到本篇最核心的内容则是如何在一个变化万端的社会中安身立命的问题。孔子重视把握人类发展规律，并严格掌控自我以适应客观规律，正是这样，他始终保持着高昂的人生态度，也正是这样，才使得他的言行能够超越内在的思想局限，而对后人久远地发生影响。本篇首章提出的论点是学界讨论较多的一个问题。孔子"罕言利"是不言而喻的，在《里仁篇》，孔子说："君子喻于义，小人喻于利。"这表明了他重义轻利的基本态度。但孔子并非绝对地排斥利，关键在于利的获得不能违背道义。至于孔子罕言命与仁的问题，则众说纷纭，甚至有截然相反的解释，难以取得统一。

子罕言利与命与仁①。

【注释】

①罕：少。与：连词。一说赞许，如作此说，那么句子在"利"后断开。今从前说。

【译文】

孔子很少谈到利、命和仁。

达巷党人曰[①]："大哉孔子！博学而无所成名。"子闻之，谓门弟子曰："吾何执？执御乎？执射乎？吾执御矣。"

【注释】

①达巷：地名。

【译文】

达巷这个地方有人说："孔子真伟大！他学识渊博，而不以一项专长来树立名声。"孔子听到后，对学生们说："我专干哪一项呢？驾车吗？射箭吗？我还是驾车吧。"

子曰："麻冕，礼也。今也纯[①]，俭，吾从众。拜下[②]，礼也。今拜乎上，泰也。虽违众，吾从下。"

【注释】

①纯：黑丝。

②拜下：指臣见君的行礼，先在堂下磕头，然后再到堂上磕头。

【译文】

孔子说："礼帽用麻料制作，这合乎礼的规定。现在用丝料制作，这样省俭一些，我赞同大家的做法。臣见君，在堂下跪拜磕头，这合乎礼的规定。现在要到堂上才跪拜磕头，这是傲慢的表现。虽然违背大家的做法，我仍然坚持在堂下跪拜磕头的主张。"

子绝四：毋意，毋必，毋固，毋我。

【译文】

孔子绝无四种毛病：不凭空揣测，不主观臆断，不固执己见，不唯我为是。

子畏于匡[①]。曰："文王既没，文不在兹乎？天之将丧斯文也，后死者不得与于斯文也[②]。天之未丧斯文也，匡人其如予何？"

【注释】

①子畏于匡：孔子离开卫国前往陈国时，途经匡。匡人曾受到鲁人阳虎的掠杀，孔子容貌与阳虎相像，匡人误把孔子认作阳虎，因此囚禁了他。畏，拘囚。匡，地名。

②后死者：孔子自谓。

【译文】

孔子被拘禁于匡地。他说："文王死了以后，传下来的文化不在我这里吗？天若要使这些文化丧失不传，我也不会掌握这些文化。天若不想让这些文化丧失，那匡人又能把我怎么样呢？"

太宰问于子贡曰[①]："夫子圣者与？何其多能也？"子贡曰："固天纵之将圣[②]，又多能也。"

子闻之，曰："太宰知我乎！吾少也贱，故多能鄙事。君子多乎哉？不多也。"

【注释】

①太宰：官名。其人不详。

②纵：赋予。将：大。

【译文】

太宰向子贡问道:"你们先生是一位圣人吗?他怎么有那么多才技呢?"子贡说:"是上天赋予他大圣之德,又使他多有才技。"孔子听到后,说:"太宰知道我呀!我小时候贫贱,所以学会很多鄙贱的技艺。一个君子会学那么多技艺吗?不会的。"

牢曰[①]:"子云:'吾不试[②],故艺。'"

【注释】

①牢:孔子学生,姓琴,名牢,字子开,一字子张。因不见于《史记·仲尼弟子列传》,或以为不是孔子学生。

②试:任用。

【译文】

牢说:"孔子说:'我没有为世所用,所以学了不少技艺。'"

子曰:"吾有知乎哉?无知也。有鄙夫问于我,空空如也。我叩其两端而竭焉[①]。"

【注释】

①叩:询问。竭:尽。

【译文】

孔子说:"我有知识吗?没有啊。有一个浅陋的人来向我提问,我对他的问题一无所知。我就从问题的本末终始这样两端向他询问,直至把问题全部搞清楚。"

子曰:"凤鸟不至[①],河不出图[②],吾已矣夫[③]!"

【注释】

①凤鸟：即凤凰，古代传说中的神鸟，常作为圣王受命的瑞兆。

②河：黄河。出图：传说伏羲时黄河中有龙马负图而出，后也作为圣王受命的吉兆。

③已：停止。

【译文】

孔子说："凤凰不飞来了，黄河不出图了，我的一生没有希望了吧！"

子见齐衰者①、冕衣裳者与瞽者②，见之，虽少，必作③，过之，必趋④。

【注释】

①齐衰(zīcuī)：用粗麻布制成的丧服。

②冕衣裳者：指穿戴整齐的贵族。冕，指贵族所戴的礼帽。衣，上衣。裳，下衣。瞽：眼睛失明。

③作：站起，表示敬意。

④趋：快走，表示敬意。

【译文】

孔子遇到穿丧服的人、穿戴着官服礼帽的人和盲人，与他们相见时，即使他们很年轻，也一定由座位上站起来；经过他们面前时，一定快走几步。

颜渊喟然叹曰："仰之弥高①，钻之弥坚。瞻之在前，忽焉在后。夫子循循然善诱人②，博我以文，约我以礼，欲罢不能。既竭吾才，如有所立卓尔③。虽欲从之，末由也已④。"

【注释】

①弥：更加。

②循循然：有顺序的样子。

③卓尔：高峻的样子。

④末：无。

【译文】

颜渊感叹道："老师的道，抬头仰视，越觉其高，用力钻研，越觉其深。望过去似在前面，忽然间又似在后面。老师有步骤地引导着我们，用文献来丰富我的学识，用礼节来约束我的行为，令我想停下来也不可能。我已经竭尽全力，但它如在面前高高地耸立着，虽想攀从，却觉无路可由。"

子疾病，子路使门人为臣①。病间②，曰："久矣哉，由之行诈也！无臣而为有臣。吾谁欺？欺天乎？且予与其死于臣之手也，无宁死于二三子之手乎！且予纵不得大葬，予死于道路乎？"

【注释】

①臣：家臣。为卿大夫家所有。

②病间：病稍愈。

【译文】

孔子病重，子路使孔子的学生以家臣的身份，预备料理丧事。孔子病渐愈，说："仲由做这种欺假的事很久了吧！我不应该有家臣而装作有家臣，我欺骗谁呢？欺骗天吗？我与其死在家臣手里，宁可死在你们学生手里！而且我纵使不能用卿大夫的盛大葬礼，难道我会死在路上没人葬吗？"

子贡曰:“有美玉于斯,韫椟而藏诸[①]?求善贾而沽诸[②]?”子曰:“沽之哉!沽之哉!我待贾者也。”

【注释】

①韫(yùn):藏。椟(dú):木匣。

②贾(gǔ):商人。沽:卖。

【译文】

子贡说:“如果有一块美玉在这里,是放在匣中藏起来呢?还是找一个识货的商人卖掉呢?”孔子说:“卖掉它啊!卖掉它啊!我等待着识货的人呢。”

子欲居九夷[①]。或曰:“陋,如之何?”子曰:“君子居之,何陋之有?”

【注释】

①九夷:指东方少数民族居住的地方。

【译文】

孔子想到九夷去居住。有人说:“那里非常鄙陋,怎么能住?”孔子说:“有君子去住了,哪里还会鄙陋呢?”

子曰:“吾自卫反鲁[①],然后乐正,《雅》《颂》各得其所[②]。”

【注释】

①反:同“返”。

②《雅》《颂》:《诗经》中的两类诗,主要根据乐曲性质分类。

【译文】

孔子说："我从卫国回到鲁国，然后对乐曲作了整理订正，使《雅》《颂》两类诗各有了适当的安置。"

子曰："出则事公卿，入则事父兄，丧事不敢不勉，不为酒困，何有于我哉？"

【译文】

孔子说："在外事奉公卿，在家事奉父兄，对丧事不敢不尽力去办，不要被酒困扰，这些事对于我有什么困难呢？"

子在川上，曰："逝者如斯夫！不舍昼夜[1]。"

【注释】

①舍：停留，止息。

【译文】

孔子在河边，说："流逝的时光像这河水一样呀！日夜不停地流去。"

子曰："吾未见好德如好色者也。"

【译文】

孔子说："我没有见过喜爱道德如同喜爱美貌一样的人。"

子曰："譬如为山，未成一篑[1]，止，吾止也。譬如平地，虽覆一篑，进，吾往也。"

【注释】

①篑：盛土的竹筐。

【译文】

孔子说："好比积土堆山，只差一筐土就可堆成了，然而停止了，那是我自己停息下来的。好比在平地堆山，虽然才倒上一筐土，但继续堆下去，那是我自己在往前努力。"

子曰："语之而不惰者，其回也与！"

【译文】

孔子说："我对他说话时始终不懈怠地听讲的，大概只有颜回一个人吧！"

子谓颜渊，曰："惜乎！吾见其进也，未见其止也。"

【译文】

孔子谈到颜渊，说："可惜他死了呀！我只看见他不断进步，没见他停下来过。"

子曰："苗而不秀者有矣夫[①]！秀而不实者有矣夫！"

【注释】

①秀：谷类植物开花抽穗。

【译文】

孔子说："庄稼有出苗而不开花抽穗的吧！有开花抽穗而不结实的吧！"

子曰："后生可畏，焉知来者之不如今也？四十、五十而无闻焉，斯亦不足畏也已。"

【译文】

孔子说："年轻人令人畏惧，怎么知道他们的将来比不上现在这辈人呢？如果人到四、五十岁还没有声望，那他也不值得畏惧了。"

子曰："法语之言[①]，能无从乎？改之为贵。巽与之言[②]，能无说乎？绎之为贵[③]。说而不绎，从而不改，吾末如之何也已矣。"

【注释】

①法：指礼法正道。

②巽：恭顺。与：称赞。

③绎：寻绎，分析。

【译文】

孔子说："正言相告的话，能不听从吗？但听后改正错误才可贵。谦恭赞许的话，听了能不高兴吗？但听后要分析才可贵。高兴而不加分析，听从而不加改正，这种人我就对他没办法了。"

子曰："主忠信，毋友不如己者，过则勿惮改。"[①]

【注释】

①此章重出，已见《学而篇》第八章。

子曰："三军可夺帅也，匹夫不可夺志也[①]。"

【注释】

①匹夫：指平民中的男子。

【译文】

孔子说："军队可被夺去主帅，一个男子却不可被夺走志向。"

子曰："衣敝缊袍[①]，与衣狐貉者立[②]，而不耻者，其由也与？'不忮不求，何用不臧[③]？'"子路终身诵之。子曰："是道也，何足以臧？"

【注释】

①缊(yùn)袍：用旧丝绵絮制成的袍子。或说以乱麻为絮的袍子。

②狐貉：指用狐貉皮制成的皮袍。

③"不忮不求"两句：语见《诗经·邶风·雄雉》。忮，嫉妒。臧，善，好。

【译文】

孔子说："穿着破旧的棉袍与穿着狐貉皮袍的人站在一起，而不感到羞惭的，恐怕只有仲由吧。《诗经》中说：'不嫉妒，不贪求，做什么还会不好？'"子路听了总是念诵这两句诗。孔子说："仅做到这点，哪里就能说是很好了？"

子曰："岁寒，然后知松柏之后雕也[①]。"

【注释】

①雕：通"凋"。

【译文】

孔子说："到严寒的时候，才知道松柏是最后凋零的。"

子曰："知者不惑，仁者不忧，勇者不惧。"

【译文】

孔子说："聪明的人不迷惑，仁德的人不忧愁，勇敢的人不畏惧。"

子曰："可与共学，未可与适道[①]；可与适道，未可与立；可与立，未可与权[②]。"

【注释】

①适：往，到。

②权：变通，即权衡利弊轻重，因事制宜。

【译文】

孔子说："可共同学习的人，未必可共同走向道；可共同走向道的人，未必可共同依道立身；可共同依道立身的人，未必可共同通权达变。"

"唐棣之华，偏其反而。岂不尔思？室是远而[①]。"子曰："未之思也，夫何远之有？"

【注释】

①"唐棣之华"四句：这是逸诗，不见于今《诗经》。唐棣，一种植物。华，花朵。偏其反而，花朵摆动的样子。偏，通"翩"。反，翻。

【译文】

古诗中说："唐棣树的花，翩翩翻舞。难道我不想你吗？是我住处太遥远。"孔子说："还是没有想念，真要想念，有什么遥远的呢？"

乡党篇第十

【题解】

本篇原为一章，现分为二十七节。本篇着重记录孔子在各种场合的神貌举止，尤其对孔子在朝廷、宗庙等重要场所的一举一动作了详尽的叙写，这犹如礼的演示，具体反映出礼制在仪态形表上的严格要求，对于考察礼制文化有一定的文献价值。此外，孔子平素衣食住行中的神情意态在本篇也得到生动的记叙。孔子倡导周礼直接关联着他的政治理想，但礼的本质体现又往往离不开仪式表象。春秋时代周礼日益衰败，原有的等级秩序遭到破坏，而变化的端倪常常首先在礼仪形式上表露出来。这就是孔子特别注重礼制外在形态的社会原因。孔子自身一丝不苟地遵循礼制，从他的行为表现中，能够形象地领悟到他对礼的作用的期待，体会到他主张克己复礼的意义所在，同时也能感受到他对人与人和谐相处的真诚希冀。本篇末章与全篇内容很不一致，读之令人费解，前人解释多有歧义，朱熹认为“必有阙文，不可强为之说”(《论语集注》)。

孔子于乡党，恂恂如也[①]，似不能言者。

其在宗庙朝廷，便便言[②]，唯谨尔。

【注释】

①恂恂(xún):温和恭顺的样子。

②便便(pián):形容语言流畅。

【译文】

孔子在本土乡里显得温和恭顺,好像不善言辞一样。

他在宗庙朝廷,说话明白流畅,只是很谨慎。

朝,与下大夫言[①],侃侃如也;与上大夫言,訚訚如也[②]。君在,踧踖如也[③],与与如也[④]。

【注释】

①下大夫:职官名,卿以下的大夫。卿即上大夫。

②訚訚(yín):恭敬而正直的样子。

③踧踖(cùjí):恭敬而不安的样子。

④与与:仪容合度的样子。

【译文】

孔子上朝时,与下大夫说话,显得温和快乐;与上大夫说话,显得恭敬正直。君主临朝,孔子显得恭敬不安,仪容合度。

君召使摈[①],色勃如也[②],足躩如也[③]。揖所与立,左右手,衣前后,襜如也[④]。趋进,翼如也。宾退,必复命曰:"宾不顾矣[⑤]。"

【注释】

①摈:同"傧",迎接宾客。

②勃:脸色变得庄重的样子。

③躩(jué):快步走的样子。

④襜(chān):整齐的样子。

⑤不顾:不回头,这里表示走远。

【译文】

君主召孔子去接待宾客,孔子的脸色便庄重起来,行走时步履疾速。他向同立于身边的人作揖,或向左或向右地拱手,衣服前后摆动,显得整齐不乱。快步向前走的时候,如鸟舒展翅膀一样。宾客辞别后,孔子必定向君主禀报说:"客人已经走远了。"

入公门,鞠躬如也①,如不容。

立不中门,行不履阈②。

过位,色勃如也,足躩如也,其言似不足者。

摄齐升堂③,鞠躬如也,屏气似不息者。

出,降一等④,逞颜色⑤,怡怡如也。

没阶,趋进,翼如也。

复其位,踧踖如也。

【注释】

①鞠躬:这里形容恭敬谨慎的样子。

②阈:门槛。

③摄:提起。齐(zī):衣服下摆。

④等:指台阶的层级。

⑤逞:舒展。

【译文】

孔子走进朝廷大门,显得恭敬谨慎,好像门容不下身子的样子。他不站在门的中间,进去时不踩门槛。

经过国君的座位，便脸色庄重，脚步加快，说话也好像力气不足的样子。

他提起衣服下摆向堂上走，恭敬谨慎，好像屏气不呼吸的样子。

出来后，走下一级台阶，脸色舒展，怡然自得。

走完台阶，即快步行进，好像鸟展翅膀一样。

回到自己的座位上，又显出恭敬不安的样子。

执圭①，鞠躬如也，如不胜。上如揖，下如授。勃如战色，足蹜蹜如有循②。

享礼③，有容色。

私觌④，愉愉如也。

【注释】

①圭：一种玉器，上圆下方，举行典礼时君臣手中所执。这里指大臣出使邻国时，执圭以示君命。

②蹜蹜（sù）：脚步小而密。

③享礼：呈献礼品的仪式。享，献。

④觌（dí）：相见。

【译文】

孔子出使邻国，手中握着圭，恭敬谨慎，好像举不起来的样子。他举圭向上如同作揖，执圭向下如同授物与人。脸色庄重好像战战兢兢，脚步细密好像沿着线在前行。

在呈献礼物的仪式上，他容光焕发。

在私人会见时，他和颜悦色。

君子不以绀緅饰①，红紫不以为亵服②。

当暑，袗絺绤[3]，必表而出之。

缁衣[4]，羔裘[5]；素衣，麑裘[6]；黄衣，狐裘。

亵裘长，短右袂[7]。

必有寝衣[8]，长一身有半。

狐貉之厚以居[9]。

去丧，无所不佩。

非帷裳[10]，必杀之[11]。

羔裘玄冠不以吊[12]。

吉月[13]，必朝服而朝。

【注释】

①绀：深青透红的颜色，这是祭服的颜色。緅（zōu）：比绀更暗的一种颜色，这是丧服的颜色。饰：镶边。

②红紫：是当时贵重的颜色。或说红紫不是正色。今从前说。亵服：家居衣服。

③袗（zhěn）：单衣。絺（chī）：细葛布。绤（xì）：粗葛布。

④缁（zī）衣：黑色上衣。古代的皮衣毛向外，外需加罩衣，且颜色当与皮衣毛色相同，这里的缁衣及以下素衣、黄衣均指套在皮衣外的罩衣。缁，黑色。

⑤羔裘：指黑色的羊毛皮衣。

⑥麑：小鹿，毛白色。

⑦短右袂：把右边的衣袖做短些，便于做事。袂，袖子。

⑧寝衣：即被子。

⑨居：坐。

⑩帷裳：上朝和祭祀时穿的礼服，用整幅布制成，有多余的布缝成褶子，不加裁剪。

⑪杀:裁去。

⑫玄冠:黑色的礼帽。羔裘玄冠都是吉服,故不可穿着去吊丧。

⑬吉月:正月,这里指正月初一。或说每月初一。

【译文】

君子不用深青透红和黑中透红的颜色作衣服的镶边。不用红色紫色作家居的衣服。

夏天,穿粗葛布或细葛布做的单衣,但如果出去则一定套上外衣。

黑色的外套配羔羊皮裘,白色的外套配小鹿皮裘,黄色的外套配狐皮裘。

居家穿的皮裘做得较长,但把右边袖子做得短些。

睡觉一定要有被子,长度为身长再过半。

用狐貉的厚毛做坐垫。

丧期满了以后,什么饰物都可佩带在身上。

只要不是上朝和祭祀须整幅布制作的礼服,一定裁去多余的布。

不穿戴黑色羔裘和黑色礼帽去吊丧。

正月初一,一定穿着上朝礼服去朝见君主。

齐,必有明衣[①],布。

齐必变食[②],居必迁坐[③]。

【注释】

①明衣:浴衣。

②变食:改变日常饮食,主要指不饮酒,不吃葱蒜等。

③迁坐:改变卧室,即从平常所居的燕寝移至正寝。

【译文】

斋戒时,一定要有浴衣,要用布做的。

斋戒时一定要改变平常的饮食,一定要改变居住的卧室。

食不厌精，脍不厌细[1]。

食饐而餲[2]，鱼馁而肉败[3]，不食。色恶，不食。臭恶[4]，不食。失饪，不食。不时，不食。割不正，不食。不得其酱，不食。

肉虽多，不使胜食气[5]。惟酒无量，不及乱。

沽酒市脯不食。

不撤姜食，不多食。

【注释】

①脍：细切的鱼肉。

②饐（yì）、餲（ài）：都指食物经久而腐臭。

③馁：鱼腐烂。败：肉腐烂。

④臭：气味。

⑤食气：饭料，主食。

【译文】

粮食不嫌舂得精，鱼、肉不嫌切得细。

粮食霉烂，鱼、肉腐臭，不吃。食物颜色变得难看，不吃。气味变得难闻，不吃。烹调不当，不吃。不到饮食时间，不吃。不按定规切割的肉，不吃。调味的酱醋不合适，不吃。

席上肉品虽多，但吃肉的量不超过主食。只有酒不限量，但不能喝醉。

买来的酒和肉干不吃。

饭后留着姜不撤，但也不多吃。

祭于公，不宿肉[1]。祭肉不出三日[2]。出三日，不食之矣。

【注释】

①不宿肉：古代国君祭祀，大夫、士有助祭之礼，祭礼结束，国君把祭肉赐与助祭之臣，这些肉在祭礼上已放置数日，因此不可再存放一夜。宿，过夜。

②祭肉：指家祭的肉。

【译文】

参加国君举行的祭祀典礼，所得的祭肉不能再存放一夜。家祭的肉存放不能超过三天。如果超过三天，就不再吃了。

食不语，寝不言。

【译文】

吃饭时不交谈，睡觉时不说话。

虽疏食菜羹①，必祭②，必齐如也③。

【注释】

①疏食：粗粝的饭食。菜羹：蔬菜做的汤。

②必：一本作“瓜”，当以“必”为是。祭：这里指古代饭前的一种祭礼，即将席上食品各取少许，置于食器之间，用以祭先代发明饮食的人，表示不忘本。

③齐：通“斋”，严肃恭敬的样子。

【译文】

虽然是粗粝的饭食和蔬菜汤，在用餐前也一定先行祭礼，而且一定是恭恭敬敬的。

席不正，不坐。

【译文】

坐席放得不端正，不坐。

乡人饮酒①，杖者出②，斯出矣。

【注释】

①乡人饮酒：指古代乡饮酒礼。

②杖者：老人。

【译文】

举行乡饮酒礼后，等老人都出去了，自己才出去。

乡人傩①，朝服而立于阼阶②。

【注释】

①傩(nuó)：古代驱逐疫鬼的仪式。

②阼(zuò)阶：东阶，这是主人站立的地方。

【译文】

乡人举行驱逐疫鬼的仪式，便穿着朝服站在东边的台阶上。

问人于他邦①，再拜而送之②。

【注释】

①问：问候。

②再拜：古代一种礼节，手据地，俯首但不至于手，这样拜两次。

【译文】

托人向别国的友人问候，对受托者拜两次而送别。

康子馈药，拜而受之。曰：“丘未达[①]，不敢尝。”

【注释】

①达：通晓，明白。

【译文】

季康子送药给孔子，孔子拜谢接受。说：“我不知道这药的药性，不敢尝一尝。”

厩焚[①]。子退朝，曰：“伤人乎？”不问马。

【注释】

①厩：马棚。

【译文】

孔子家的马棚失火了。孔子从朝廷回来，问：“伤了人吗？”没有问到马。

君赐食，必正席先尝之。君赐腥[①]，必熟而荐之[②]。君赐生，必畜之。

侍食于君，君祭，先饭[③]。

【注释】

①腥：生肉。

②荐：进奉。这里指向祖先供奉。

③先饭：在君行祭礼时先吃饭，是表示为君尝食的意思。

【译文】

国君赐熟食，必定摆正席位，先尝一尝。国君赐生肉，必定在烧熟后先向祖先进供。国君赐活物，必定畜养起来。

侍奉国君一起吃饭，当国君进行饭前祭礼的时候，自己先尝饭食。

疾，君视之，东首①，加朝服，拖绅②。

【注释】

①东首：即头朝东躺着。这里表示正面对着国君。

②绅：古代士大夫束在腰间的大带，一端下垂。

【译文】

孔子生病了，国君来探视，孔子头朝东面，把上朝的礼服披在身上，拖着大带。

君命召，不俟驾行矣。

【译文】

国君召唤，孔子不等驾好马车，就先步行前往。

入太庙，每事问。①

【注释】

①此章重出，已见《八佾篇》第十五章。

朋友死，无所归，曰："于我殡①。"

【注释】

①殡：停放灵柩待葬。这里泛指丧葬事务。

【译文】

朋友死了，没有人收敛，孔子说："由我来料理丧事。"

朋友之馈，虽车马，非祭肉，不拜。

【译文】

朋友的馈赠，即使是车马，但只要不是祭肉，孔子在接受时不行拜礼。

寝不尸，居不客[①]。

【注释】

①居：居家。客：一本作"容"。当以"客"为是。

【译文】

睡觉时不像尸体那样直挺着，平日居家不用像作客或待客那样恭敬。

见齐衰者，虽狎必变[①]。见冕者与瞽者，虽亵必以貌[②]。
凶服者式之[③]。式负版者[④]。
有盛馔，必变色而作[⑤]。
迅雷风烈必变。

【注释】

①狎：亲近。

②亵：常相见。

③凶服：丧服。式：通“轼”，车前横木，可让乘者凭扶。

④版：国家图籍。

⑤作：立起。

【译文】

看见穿丧服的人，即使是很熟悉的，一定改变神情以示哀悼。看见戴着礼帽的人和盲人，即使常常相见，一定显得很礼貌。

在车上遇到穿丧服的人，一定俯身凭轼致哀。遇见背负国家图籍的人就俯身凭轼致敬。

遇有丰盛的宴席，一定改变神色起立致意。

遇有疾雷大风，一定改变神色以示敬畏。

升车，必正立，执绥①。

车中不内顾，不疾言，不亲指。

【注释】

①绥：登车用的扶手带。

【译文】

孔子上车时，一定先端正地站好，再握着扶手带登车。

在车中，不回头看，不很急地说话，不以手指指点点。

色斯举矣①，翔而后集②。曰：“山梁雌雉③，时哉时哉！”子路共之④，三嗅而作⑤。

【注释】

①举：飞起。

②集：鸟栖止于树上。

③雉：鸟名，即野鸡。

④共：通“拱”。

⑤嗅：当作“狊”，鸟张两翅。

【译文】

野鸡一见人的脸色不善就高高飞起，盘旋一阵然后停在树上。孔子说：“山梁上的这些野鸡，识时宜呀！识时宜呀！”子路对它们拱拱手，它们拍打着翅膀又飞走了。

先进篇第十一

【题解】

本篇共二十六章，集中记录了孔子与学生共同相处的情况。除了第一与第二十一章，其他各章的内容都与孔子的学生直接相关，其中既有孔子对他们的教诲之辞，也记述了一些具体的事件。孔子在首章明确指出，真正有用于国家的人才，往往不是依靠祖荫登上仕途的那些人，而是通过学习，依靠真才实学获取官位的人。因而孔子的学生多为平民子弟，这突破了官府、贵族垄断教育垄断文化的状况。同时，孔子对学生的教育也多落在道德品质的培养上。当时特定的教学条件和教学方式，使孔子与学生朝夕相处，师生之间平等融洽，教学活动贯穿在日常生活中，孔子的思想与人格对学生发生着潜移默化的影响。本篇多有师生共处的场景再现，尤其末章，人物神态生动，个性鲜明，常作为最具文学性的代表作而选入各种作品选本中。

子曰："先进于礼乐①，野人也②；后进于礼乐，君子也③。如用之，则吾从先进。"

【注释】

①先进于礼乐：指先学礼乐而后做官的人。下"后进于礼乐"则指先得官然后再学礼乐的人。或说"先进""后进"指先辈后辈，以

先进有古朴之风,故称野人。今从前说。

②野人:指没有爵禄的士人。

③君子:这里指可享父兄庇荫的卿大夫子弟。

【译文】

孔子说:"先学习礼乐而后做官的,是一般的士人;先有官位而后学习礼乐的,是卿大夫的子弟。如果我选用人才,那么我用先学习礼乐的人。"

子曰:"从我于陈、蔡者①,皆不及门也②。"

【注释】

①陈、蔡:皆国名。孔子曾被困于陈、蔡之间,粮食断绝,随从的学生饿得走不动路。

②门:指孔子门下。一说指仕进之门。今从前说。

【译文】

孔子说:"跟随我在陈、蔡两国间受困的学生,现在都不在我这里了。"

德行:颜渊,闵子骞,冉伯牛,仲弓。言语:宰我,子贡。政事:冉有,季路。文学:子游,子夏。

【译文】

孔子学生中德行突出的:颜渊,闵子骞,冉伯牛,仲弓。擅长言辞表达的:宰我,子贡。善于政事的:冉有,季路。熟悉古代文献的:子游,子夏。

子曰："回也非助我者也，于吾言无所不说。"

【译文】

孔子说："颜回啊，他不是一个有助于我的人，他对我所说的话无不心悦诚服。"

子曰："孝哉闵子骞！人不间于其父母昆弟之言。"

【译文】

孔子说："闵子骞真是孝顺啊！人们对于他父母兄弟称赞他的话都没有异议。"

南容三复白圭[①]，孔子以其兄之子妻之。

【注释】

①白圭：白玉制的礼器。这里指《诗经·大雅·抑》中关于白圭的诗句："白圭之玷，尚可磨也。斯言之玷，不可为也。"意谓白圭上的污点尚可磨去，但言语中的错误无法去掉。

【译文】

南容反复吟诵关于白圭的那几句诗，孔子把自己的侄女嫁给了他。

季康子问："弟子孰为好学？"孔子对曰："有颜回者好学，不幸短命死矣，今也则亡。"

【译文】

季康子问："你的学生中谁好学？"孔子答道："一个叫颜回的学生好

学，不幸短命死了，现在没有这样的人了。”

颜渊死，颜路请子之车以为之椁[①]。子曰：“才不才，亦各言其子也。鲤也死[②]，有棺而无椁。吾不徒行以为之椁。以吾从大夫之后[③]，不可徒行也。”

【注释】

①颜路：颜回的父亲，名无繇，字路，也是孔子学生。椁(guǒ)：古代棺材有两层，内层为棺，外层为椁。

②鲤：孔子的儿子，名鲤，字伯鱼，年五十死。

③从大夫之后：孔子在鲁国曾任司寇一职，是大夫之位，故有此说。当时孔子已不在位。

【译文】

颜渊死了，他父亲颜路请求孔子卖掉车子为颜渊做椁。孔子说：“不管有才能还是无才能，说来总是自己的儿子。我的儿子鲤死的时候，也是只有棺而没有椁。我不能卖了车徒步行走来为他置椁。因为我曾身居大夫之列，不可以徒步出行。”

颜渊死。子曰：“噫！天丧予！天丧予！”

【译文】

颜渊死了。孔子说：“唉！天亡我啊！天亡我啊！”

颜渊死，子哭之恸[①]。从者曰：“子恸矣！”曰：“有恸乎？非夫人之为恸而谁为？”

【注释】

①恸：极度悲哀。

【译文】

颜渊死了，孔子哭得极度悲哀。跟随孔子的人说：“您过于悲哀了！”孔子说：“是过于悲哀了吗？我不为这样的人悲哀，还为什么人悲哀呢？”

颜渊死，门人欲厚葬之。子曰：“不可。”

门人厚葬之。子曰：“回也视予犹父也，予不得视犹子也。非我也，夫二三子也。”

【译文】

颜渊死了，孔子的学生们想隆厚地安葬他。孔子说：“不可以。”

学生们还是很隆厚地安葬了他。孔子说：“颜回呀，他把我当作父亲一样，我却无法把他当作儿子一样。这不是我的主张，是这些学生这样做呀。”

季路问事鬼神。子曰：“未能事人，焉能事鬼？”

曰：“敢问死。”曰：“未知生，焉知死？”

【译文】

季路问如何奉事鬼神。孔子说：“还不能够奉事人，怎么能够奉事鬼呢？”

季路又问：“我大胆地问问死是怎么回事？”孔子说：“还不懂得生，怎么懂得死？”

闵子侍侧，訚訚如也；子路，行行如也[1]；冉有、子贡，侃侃如也。子乐。“若由也，不得其死然”。

【注释】

①行行(hàng)：刚强的样子。

【译文】

闵子骞站在孔子身旁，显出恭敬正直的样子；子路显出刚强的样子；冉有、子贡显出温和快乐的样子。孔子很快乐。他说：“像仲由呀，怕不能够善终呢。”

鲁人为长府[1]。闵子骞曰：“仍旧贯[2]，如之何？何必改作？”子曰：“夫人不言，言必有中。”

【注释】

①长府：鲁国藏财货的府库名。

②仍：沿袭。贯：事情。

【译文】

鲁国改建贮藏财货的长府。闵子骞说：“照原来的样子又怎么样呢？何必改建呢？”孔子说：“这个人不大说话，一说话就很中肯。”

子曰：“由之瑟奚为于丘之门[1]？”门人不敬子路。子曰：“由也升堂矣[2]，未入于室也[3]。”

【注释】

①瑟：古代一种拨弦乐器。

②堂：正厅，在房屋前面。

③室：内室，在厅后面。

【译文】

孔子说："仲由为什么要到我这里来弹瑟呢？"于是学生们不尊重子路。孔子解释说："仲由的学问已经登入堂中，只是还没有入室罢了。"

子贡问："师与商也孰贤？"子曰："师也过，商也不及。"曰："然则师愈与？"子曰："过犹不及。"

【译文】

子贡问："颛孙师和卜商哪一个更好些？"孔子说："颛孙师有些过度，卜商有些及不上。"

子贡说："那么是颛孙师好一些吗？"孔子说："过度和及不上是一样的。"

季氏富于周公①，而求也为之聚敛而附益之②。子曰："非吾徒也。小子鸣鼓而攻之③，可也。"

【注释】

①周公：有二说，一说周公旦，另一说指在周朝任卿士的周公后代。

②附益：增加。

③小子：指学生。

【译文】

季氏比周公还富有，而冉求还替他敛取钱财，增加他的财富。孔子说："冉求不是我的学生。你们这些学生尽可大张旗鼓地声讨他。"

柴也愚①，参也鲁，师也辟②，由也喭③。

【注释】

①柴：孔子学生，姓高，名柴，字子羔。

②辟：偏激。

③喭（yàn）：刚猛。

【译文】

高柴愚直，曾参鲁钝，颛孙师偏激，仲由刚猛。

子曰："回也其庶乎①，屡空。赐不受命②，而货殖焉③，亿则屡中④。"

【注释】

①庶：将近，差不多。

②不受命：古代经商皆由官方掌管，这里指不受命于官，自以财货经商牟利。一说命即天命。今从前说。

③货殖：经商营利。

④亿：臆测，猜度。

【译文】

孔子说："颜回的道德学问差不多了吧，可是常常极度贫困。端木赐未受官方之命而私自经商牟利，他对市场行情的猜度却常常准确。"

子张问善人之道。子曰："不践迹，亦不入于室。"

【译文】

子张问善人怎么样。孔子说："善人不踩着别人的足迹走，但他的道德学问也难以精深入室。"

子曰:“论笃是与[①],君子者乎?色庄者乎?”

【注释】

①论笃是与:“与论笃”的倒装句。与,赞许。

【译文】

孔子说:“总是对言论实在的人表示赞许,但他是真正的君子呢?还是表面上做出庄重的样子呢?”

子路问:“闻斯行诸?”子曰:“有父兄在,如之何其闻斯行之?”

冉有问:“闻斯行诸?”子曰:“闻斯行之。”

公西华曰:“由也问闻斯行诸,子曰‘有父兄在’;求也问闻斯行诸,子曰‘闻斯行之’。赤也惑,敢问。”子曰:“求也退,故进之。由也兼人[①],故退之。”

【注释】

①兼人:指勇力胜过他人。

【译文】

子路问:“听到了就该行动吗?”孔子说:“有父兄在,怎么能一听到就擅自行动呢?”

冉有问:“听到了就该行动吗?”孔子说:“听到了就行动。”

公西华说:“仲由问听到了就该行动吗,您说‘有父兄在’;冉求问听到了就该行动吗,您说‘听到了就行动’。我对此迷惑不解,大胆地来问问。”孔子说:“冉求容易退缩,所以要鼓励他。仲由好勇过人,所以要抑制他。”

子畏于匡，颜渊后。子曰：“吾以女为死矣。”曰：“子在，回何敢死？”

【译文】

孔子被拘禁于匡地，颜渊因失散最后才到。孔子说：“我以为你死了。”颜渊说：“您还活着，我怎么敢死呢？”

季子然问①：“仲由、冉求可谓大臣与？”子曰：“吾以子为异之问，曾由与求之问。所谓大臣者，以道事君，不可则止。今由与求也，可谓具臣矣②。”

曰：“然则从之者与？”子曰：“弑父与君③，亦不从也。”

【注释】

①季子然：季氏的子弟。

②具臣：备位充数的臣。

③弑：臣子杀死君主或子女杀死父母称“弑”。

【译文】

季子然问：“仲由、冉求可以算是大臣吗？”孔子说：“我以为你会问别的人，竟是问由和求啊。所谓大臣，应该用大道来事奉君主，如果行不通，宁可辞职不干。如今由与求啊，只可算是备位充数的臣子罢了。”

季子然又问：“那么他们会一切听从任用他们的人吗？”孔子说：“弑父弑君的事，他们也不会听从的。”

子路使子羔为费宰。子曰：“贼夫人之子①。”

子路曰：“有民人焉，有社稷焉②，何必读书，然后为学？”

子曰：“是故恶夫佞者。”

【注释】

①贼:害。

②社稷:土神和谷神。

【译文】

子路让子羔去当费邑邑宰。孔子说:"这是害了人家的儿子。"

子路说:"那里有百姓,有土神谷神,为什么一定要读书才算是学习呢?"

孔子说:"所以我讨厌那种强词夺理的人。"

子路、曾皙[①]、冉有、公西华侍坐。

子曰:"以吾一日长乎尔,毋吾以也。居则曰[②]:'不吾知也!'如或知尔,则何以哉?"

子路率尔而对曰[③]:"千乘之国,摄乎大国之间[④],加之以师旅,因之以饥馑[⑤],由也为之,比及三年[⑥],可使有勇,且知方也[⑦]。"

夫子哂之[⑧]。

"求!尔何如?"

对曰:"方六七十[⑨],如五六十[⑩],求也为之,比及三年,可使足民。如其礼乐,以俟君子。"

"赤!尔何如?"

对曰:"非曰能之,愿学焉。宗庙之事,如会同[⑪],端章甫[⑫],愿为小相焉[⑬]。"

"点!尔何如?"

鼓瑟希[⑭],铿尔[⑮],舍瑟而作,对曰:"异乎三子者之撰[⑯]。"

子曰："何伤乎[17]？亦各言其志也。"

曰："莫春者[18]，春服既成，冠者五六人[19]，童子六七人，浴乎沂[20]，风乎舞雩[21]，咏而归。"

夫子喟然叹曰："吾与点也！"

三子者出，曾皙后。曾皙曰："夫三子者之言何如？"

子曰："亦各言其志也已矣。"

曰："夫子何哂由也？"

曰："为国以礼，其言不让，是故哂之。"

"唯求则非邦也与[22]？"

"安见方六七十如五六十而非邦也者？"

"唯赤则非邦也与？"

"宗庙会同，非诸侯而何？赤也为之小，孰能为之大？"

【注释】

①曾皙：曾参父亲，名点，字皙，也是孔子的学生。

②居：平日家居。

③率尔：急遽的样子。

④摄：迫，夹箝。

⑤因：继。

⑥比及：等到。

⑦方：指道义。

⑧哂：微笑。

⑨方：古代一种面积计量方式，表示纵横的长度。

⑩如：或。

⑪会同：诸侯会盟。

⑫端：一种礼服名。章甫：一种礼帽名。

⑬相：祭祀、会盟时司仪赞礼的职务，小相为此职的最低级。

⑭希：同“稀”，指瑟声稀疏。

⑮铿尔：弹瑟结束时的声音。

⑯撰：才具。

⑰伤：妨害。

⑱莫春：即暮春，农历三月。莫，同“暮”。

⑲冠者：指成年人，古代男子二十岁举行冠礼。

⑳沂：水名，在今山东曲阜南。

㉑舞雩(yú)：鲁国祭天求雨的场所，在曲阜东南。

㉒唯：语首词，无义。

【译文】

子路、曾皙、冉有、公西华陪坐在孔子身边。

孔子说：“我的年龄比你们大一些，但你们不要因此受到拘束而不敢讲话。平日你们总是说：‘没有人了解我呀！’如果有人了解且任用你们，你们会怎么做呢？”

子路不假思索地回答说：“一个拥有千辆兵车的国家，夹在大国之间，外有别国侵略，内有灾年饥荒，让我去治理，只要三年，就可以使人民充满勇气，而且懂得道义。”

孔子微微一笑。

又问：“冉求！你怎么样？”

冉求答道：“一个边界以六七十里或五六十里见方的小国，让我去治理，只要三年，可以使人民富足。至于礼乐方面的事，那只有等待君子来实施了。”

孔子问：“公西赤！你怎么样？”

公西赤答道：“我不敢说能做到，但我愿意这样学习。宗庙祭祀或是诸侯会盟，我愿意穿戴着礼服礼帽，做一个小司仪。”

孔子又问：“曾点！你怎么样？”

曾点正在弹瑟，这时瑟声渐疏，然后铿的一声停止了，他推开瑟站起来说："我和他们三人的才志不同。"

孔子说："这有什么关系呢？只是各人说说自己的志向罢了。"

曾皙说："暮春时节，已经可以穿春装了，我和五六个成人，六七个孩子，在沂水中洗洗，在舞雩被风吹拂着，然后吟唱着回来。"

孔子长叹一声说："我赞同曾点的志向啊。"

子路等三人走出去了，曾皙走在最后。他问孔子："他们三人所说的怎么样？"

孔子说："也是各人说说自己的志向罢了。"

曾皙问："您为什么对仲由的话笑了呢？"

孔子说："治理国家讲求礼让，可是他的话一点不谦虚，所以我笑了。"

曾皙说："那么冉求说的不是国家吗？"

孔子说："怎么见得六七十里或五六十里见方的地域就不是一个国家呢？"

曾皙说："公西赤所说的不是国家吗？"

孔子说："宗庙祭祀和诸侯会盟，不是国家的事又是什么？如果公西赤只能做小司仪，那谁还能做大司仪呢？"

颜渊篇第十二

【题解】

本篇共二十四章，所论包括仁、礼、政事、用人、断狱、交友等诸多内容，综合起来看，则比较集中地表达了仁、礼、政三者的关系。孔子希望政治清明，社会稳定，他认为，要实现这一目标，关键是确立伦常秩序，使每个人的行为都符合其担当的社会角色的要求。礼与仁是使伦理关系正常化的保证。礼确定了社会结构尊卑分明的等级层次，并规定了各个等次的社会成员应该遵循的道德标准。对人而言，礼起着外部的规范作用。仁则要求每个个体以爱人为出发点，自觉按照礼的规定来约束自己，做到视听言动皆不违礼。对人而言，仁是以礼为准则的内在制约。孔子把社会秩序的稳定落在人伦关系的协调之上，又以情感和观念作为维系人际关系的依据，可以看到，孔子的思想观念显示出律法意识和契约意识的缺失。孔子虽然怀有良好的意愿，然而封建伦理关系自身的不平等特质，以及他认识观念的缺陷，使得他想像中的社会图景难以成为现实。

颜渊问仁。子曰："克己复礼为仁。一日克己复礼，天下归仁焉[①]。为仁由己，而由人乎哉？"

颜渊曰："请问其目。"子曰："非礼勿视，非礼勿听，非礼勿言，非礼勿动。"

颜渊曰："回虽不敏，请事斯语矣。"

【注释】

①归：称许。

【译文】

颜渊问怎样才是仁。孔子说："约束自己而合于礼，这就是仁。只要有一天能做到约束自己而合于礼，天下的人就会称许你是仁人。实行仁德在于自己，哪在于别人呀？"

颜渊问："请问行仁的具体条目。"孔子说："不合礼的不看，不合礼的不听，不合礼的不说，不合礼的不做。"

颜渊说："我虽然不聪敏，但让我照这话去做吧。"

仲弓问仁。子曰："出门如见大宾，使民如承大祭。己所不欲，勿施于人。在邦无怨[①]，在家无怨[②]。"

仲弓曰："雍虽不敏，请事斯语矣。"

【注释】

①邦：指诸侯国。

②家：指卿大夫家。

【译文】

仲弓问怎样才是仁。孔子说："出门就像去接待贵宾一样，役使百姓就像承当重大祭礼一样。自己不愿意的事，不要强加于别人。在诸侯国做事没有怨恨，在卿大夫家做事也没有怨恨。"

仲弓说："我虽然不聪敏，但让我照这话去做吧。"

司马牛问仁[①]。子曰："仁者，其言也讱[②]。"

曰:"其言也讱,斯谓之仁已乎?"子曰:"为之难,言之得无讱乎?"

【注释】

①司马牛:孔子学生,姓司马,名耕,字子牛。

②讱(rèn):出言迟缓谨慎。

【译文】

司马牛问怎样才是仁。孔子说:"仁人,他说话迟缓谨慎。"

司马牛说:"说话迟缓谨慎,这就叫仁了吗?"孔子说:"实行起来很难,说话怎么能不迟缓谨慎呢?"

司马牛问君子。子曰:"君子不忧不惧。"

曰:"不忧不惧,斯谓之君子已乎?"子曰:"内省不疚,夫何忧何惧?"

【译文】

司马牛问怎样才是君子。孔子说:"君子不忧愁,不恐惧。"司马牛说:"不忧愁,不恐惧,这就能叫君子了吗?"孔子说:"他自我反省没有愧疚,那有什么可以忧愁恐惧的呢?"

司马牛忧曰:"人皆有兄弟,我独亡。"子夏曰:"商闻之矣:死生有命,富贵在天。君子敬而无失,与人恭而有礼。四海之内,皆兄弟也。君子何患乎无兄弟也?"

【译文】

司马牛忧愁地说:"别人都有兄弟,唯独我没有。"子夏说:"我听到的是这样的道理：死生自有命运，富贵在于天意。君子做事认真而没有差失，对人恭敬而合于礼，那么天下之人都是兄弟。君子何必忧愁没有兄弟呢？”

子张问明。子曰：“浸润之谮[①]，肤受之愬[②]，不行焉，可谓明也已矣。浸润之谮，肤受之愬，不行焉，可谓远也已矣。”

【注释】

①谮(zèn)：谗言，诬陷。

②愬：同“诉”，进谗，诬陷。

【译文】

子张问怎样才叫明察。孔子说：“如水润物那样逐渐积聚的谗言，如肌肤所受的那样直接急迫的诬告，在你这里都行不通，那就可以说是明察了。如水润物那样逐渐积聚的谗言，如肌肤所受的那样直接急迫的诬告，在你这里都行不通，那可以说是看得很远了。”

子贡问政。子曰：“足食，足兵[①]，民信之矣。”

子贡曰：“必不得已而去，于斯三者何先？”曰：“去兵。”

子贡曰：“必不得已而去，于斯二者何先？”曰：“去食。自古皆有死，民无信不立。”

【注释】

①兵：兵器，这里指军备。

【译文】

子贡问怎样治理政事。孔子说：“粮食充足，军备充实，人民信任政府。”

子贡说：“如果迫不得已要去掉一项，这三者先去掉哪一项？”孔子说：“去掉军备。”

子贡说：“如果迫不得已还要去掉一项，在余下的两项中先去掉哪一项？”孔子说：“去掉粮食。自古以来人都有一死，但如果人民不信任政府，那么国家就站立不住了。”

棘子成曰①：“君子质而已矣，何以文为？”子贡曰：“惜乎，夫子之说君子也②。驷不及舌③。文犹质也，质犹文也。虎豹之鞟犹犬羊之鞟④。”

【注释】

①棘子成：卫国大夫。

②夫子：指棘子成，古代对大夫的尊称。

③驷：驾一辆车的四匹马。

④鞟(kuò)：去掉毛的兽皮，即皮革。

【译文】

棘子成说：“君子只要有好的本质就可以了，何必再要讲究文彩呢？”子贡说：“可惜啊，先生竟这样来论说君子。这可是一言既出，驷马难追。文彩与本质，本质与文彩，两者同样重要。虎豹皮如果去掉了有花纹的毛，那就和去掉毛的犬羊皮是一个样了。”

哀公问于有若曰：“年饥，用不足，如之何？”

有若对曰：“盍彻乎①？”

曰：“二，吾犹不足，如之何其彻也？”对曰：“百姓足，君孰与不足？百姓不足，君孰与足？”

【注释】

①彻：十分抽一的田税制度。

【译文】

鲁哀公问有若说："年成荒歉，国用不足，怎么办？"

有若答道："为什么不实行十分抽一的田税制度呢？"

哀公说："十分抽二，我尚且不够，怎么能十分抽一呢？"有若说："百姓用度够了，您怎么会不够？百姓用度不够，您怎么会够呢？"

子张问崇德辨惑。子曰："主忠信，徙义[①]，崇德也。爱之欲其生，恶之欲其死。既欲其生，又欲其死，是惑也。'诚不以富，亦衹以异[②]。'"

【注释】

①徙义：意谓使自己的思想行为随从义。徙，迁移。

②诚不以富，亦衹以异：语见《诗经·小雅·我行其野》，此处引这两句上下文难以贯通，或以为是错简而误至此，本当在季氏篇第十二章"齐景公有马千驷"句前。衹，适，恰。

【译文】

子张问怎样提高道德，辨别迷惑。孔子说："以忠信为己之主，使自己从义而行，这就能提高道德。喜爱一个人，就希望他长寿，厌恶这个人时，又希望他快死。既希望他长寿，又希望他快死，这就是迷惑。'这确实是对自己无益，只是令人奇怪。'"

齐景公问政于孔子[①]。孔子对曰："君君，臣臣，父父，子子。"公曰："善哉！信如君不君，臣不臣，父不父，子不子，虽有粟，吾得而食诸？"

【注释】

①齐景公：齐国国君，名杵臼。

【译文】

齐景公问孔子如何治政。孔子答道："国君像个国君，臣子像个臣子，父亲像个父亲，儿子像个儿子。"景公说："说得好啊！如果君不像君，臣不像臣，父不像父，子不像子，即使有粮食，我能够吃得到吗？"

子曰："片言可以折狱者[①]，其由也与？"

子路无宿诺[②]。

【注释】

①片言：单方面的言辞。折狱：断案。

②宿诺：没有及时兑现的诺言。宿，停留。

【译文】

孔子说："根据单方面的言辞就可以判决案件的，大概只有仲由吧？"

子路这里从来没有不及时兑现的诺言。

子曰："听讼[①]，吾犹人也。必也使无讼乎！"

【注释】

①听讼：审理诉讼案件。

【译文】

孔子说："审理诉讼案件，我也同别人一样。但一定要使诉讼的事不发生才好啊！"

子张问政。子曰:"居之无倦,行之以忠。"

【译文】

子张问怎样治理政事。孔子说:"居于职位不要厌倦懈怠,实施政令要出于忠心。"

子曰:"博学于文,约之以礼,亦可以弗畔矣夫。"①

【注释】

①此章重出,已见《雍也篇》二十七章。

子曰:"君子成人之美,不成人之恶。小人反是。"

【译文】

孔子说:"君子成全别人的好事,不促成别人的坏事。小人却与此相反。"

季康子问政于孔子。孔子对曰:"政者,正也。子帅以正①,孰敢不正?"

【注释】

①帅:带头。

【译文】

季康子向孔子问怎样治政。孔子答道:"政的意思就是正。您带头行正道,谁还敢不正?"

季康子患盗，问于孔子。孔子对曰："苟子之不欲，虽赏之不窃。"

【译文】

季康子为盗贼很多而忧虑，向孔子求教。孔子答道："如果您自己不贪欲，即使奖励偷盗，他们也不肯干。"

季康子问政于孔子曰："如杀无道，以就有道，何如？"孔子对曰："子为政，焉用杀？子欲善而民善矣。君子之德风，小人之德草。草上之风[1]，必偃[2]。"

【注释】

①上：加。

②偃：仆倒。

【译文】

季康子向孔子问治政之事，他说："如果杀掉无道的人来亲近有道的人，怎么样？"孔子答道："您治理政事，为什么要用杀戮的办法呢？您愿意行善，人民也就从善。君子的德行好比是风，百姓的德行好比是草。风吹到草上，草必定随风而倒。"

子张问："士何如斯可谓之达矣？"子曰："何哉，尔所谓达者？"子张对曰："在邦必闻，在家必闻。"子曰："是闻也，非达也。夫达也者，质直而好义，察言而观色，虑以下人[1]。在邦必达，在家必达。夫闻也者，色取仁而行违，居之不疑。在邦必闻，在家必闻。"

【注释】

①下人：处于别人之下。

【译文】

子张问："士怎样可以说是达？"孔子问："你说的达是什么意思？"子张回答："在国家任官一定有名声，在卿大夫家任官也一定有名声。"孔子说："这叫名声，而不是达。所谓达，应该是品质正直，所行合义，善于辨析别人的言语，善于观察别人的脸色，对人心存谦让。这样的人，在国家任官必定显达，在卿大夫家任官也必定显达。至于那个名声，表面上似乎爱好仁，实际行为却违背仁，还以仁人自居而不加怀疑。那样的人，在国家会有名声，在卿大夫家也会有名声。"

樊迟从游于舞雩之下，曰："敢问崇德，修慝[①]，辨惑。"子曰："善哉问！先事后得，非崇德与？攻其恶，无攻人之恶，非修慝与？一朝之忿，忘其身，以及其亲，非惑与？"

【注释】

①修慝(tè)：去恶为善。修，治。慝，邪恶。

【译文】

樊迟陪从孔子在舞雩台下游览，他问："请问怎样才能提高道德、去恶为善、辨明迷惑？"孔子说："问得好！先做事，后考虑所得，这不是提高道德了吗？批评自己的过错，不攻击别人的过错，这不是去恶为善了吗？因为一时的气忿，忘了自身安危，甚至忘了父母亲属，这不是惑而不明事理吗？"

樊迟问仁。子曰："爱人。"问知。子曰："知人。"樊迟未达。子曰："举直错诸枉，能使枉者直。"

樊迟退,见子夏曰:“乡也吾见于夫子而问知[①],子曰:‘举直错诸枉,能使枉者直。’何谓也?”

子夏曰:“富哉言乎!舜有天下,选于众,举皋陶[②],不仁者远矣。汤有天下[③],选于众,举伊尹[④],不仁者远矣。”

【注释】

①乡:先前,刚才。

②皋陶(gāoyáo):舜的臣子。

③汤:商朝开国君主,名履。

④伊尹:汤的辅相。

【译文】

樊迟问什么是仁。孔子说:“爱人。”樊迟又问什么是智。孔子说:“善于识别人。”

樊迟没有理解。孔子说:“推举正直的人置于邪恶的人之上,能使邪恶的人变得正直。”

樊迟退出后,去见子夏,说:“刚才我见了老师,问他什么是智,他说:‘推举正直的人置于邪恶的人之上,能使邪恶的人变得正直。’这是什么意思?”

子夏说:“这话的涵义真丰富啊!舜有了天下,在众人中挑选,选用了皋陶,不仁的人就难以存在了。汤有了天下,在众人中挑选,选用了伊尹,不仁的人就难以存在了。”

子贡问友。子曰:“忠告而善道之[①],不可则止,毋自辱焉。”

【注释】

①道:引导。

【译文】

子贡问怎样对待朋友。孔子说:“真诚地劝告他,好好地引导他,如果他不听从就适可而止,不要自取侮辱。”

曾子曰:“君子以文会友,以友辅仁。”

【译文】

曾子说:“君子用文章学问来会聚朋友,用朋友来促进仁德的培养。”

子路篇第十三

【题解】

本篇共三十章，所记内容集中在治政与道德两个方面，与以上《颜渊篇》似有一定的承接关系。在治政方面，本篇所录更为广泛，从远大的政治目标，到具体的行政环节，孔子皆有所论。在道德品行方面，孔子对不少似是而非的人格表现形态作了辨析。孔子的人格理想具有确定的内涵，因此，他反对用“乡人皆好之”这样简单多数的民意测试为衡量标准。完美的人格应是既能明辨是非，爱憎分明，又能与社会群体融洽相处；完美的人格应是既能持守大节，又能注重日常生活的细节表现。出现于本篇的“泰”与“骄”，“和”与“同”，“中行”与“狂狷”等对立概念，就充分反映出孔子在人格问题上追求完美的思考特征，这也是中庸原则在道德层面的具体体现。

子路问政。子曰：“先之劳之。”请益。曰：“无倦。”

【译文】

子路问怎样治理政事。孔子说：“自己做在百姓之前，然后使百姓努力劳作。”子路请求再多讲一些。孔子说：“永远不要倦怠。”

仲弓为季氏宰，问政。子曰：“先有司，赦小过①，举贤才。”

曰:“焉知贤才而举之?”子曰:“举尔所知。尔所不知,人其舍诸?”

【注释】

①赦:宽免。

【译文】

仲弓任季氏家宰,问孔子怎样治理政事。孔子说:“先使办事人员各任其事,原谅别人的小过失,举用优秀人才。”

仲弓问:“怎样能识别优秀人才而举用他呢?”孔子说:“举用你所了解的人才。那些你不了解的人才,别人会舍弃不举用吗?”

子路曰:“卫君待子而为政①,子将奚先?”

子曰:“必也正名乎②!”

子路曰:“有是哉,子之迂也!奚其正?”

子曰:“野哉,由也!君子于其所不知,盖阙如也③。名不正,则言不顺;言不顺,则事不成;事不成,则礼乐不兴;礼乐不兴,则刑罚不中;刑罚不中,则民无所措手足。故君子名之必可言也,言之必可行也。君子于其言,无所苟而已矣。”

【注释】

①卫君:指卫出公蒯辄。

②正名:辨正名分,使名实相符。

③阙如:存疑不言。

【译文】

子路说："卫君等着您去治理国政，您将先做什么？"

孔子说："一定是先辨正名分！"

子路说："您就迂腐到这样啊！何必要正名呢？"

孔子说："太粗野了，仲由！君子对于他所不懂的事，应该采取存疑的态度。名分不符其实，言语就不顺于理；言语不顺于理，事情就做不成；事情做不成，礼乐就不能兴起；礼乐不兴，刑罚就不能得当；刑罚不得当，人民就手足无措，不知如何是好。所以君子定下名分，就一定可以言之成理，言之成理，就一定可以实行。君子对自己要说的话，一点都不马虎就是了。"

樊迟请学稼①。子曰："吾不如老农。"请学为圃②。曰："吾不如老圃。"

樊迟出。子曰："小人哉，樊须也！上好礼，则民莫敢不敬；上好义，则民莫敢不服；上好信，则民莫敢不用情③。夫如是，则四方之民襁负其子而至矣④，焉用稼？"

【注释】

①稼：种植五谷。

②圃：种菜。

③情：诚实，真实。

④襁（qiǎng）：背婴儿的宽带或布兜。

【译文】

樊迟向孔子请求学种庄稼。孔子说："我不如老农。"樊迟又请求学种菜。孔子说："我不如老菜农。"

樊迟出去了。孔子说："樊须真是个小人啊！在上位者重视礼，百姓就没有人敢不尊敬；在上位者行事合理，百姓就没有人敢不服从；在上位者诚恳守信，百姓就没有谁敢不诚实。如果做到这样，那么四方的百姓都会背负着他们的孩子来归从，哪里用自己种庄稼呢？”

子曰：“诵《诗》三百，授之以政，不达[①]；使于四方，不能专对[②]；虽多，亦奚以为？”

【注释】

①达：通达。

②专对：独立应对。

【译文】

孔子说：“熟读了《诗经》三百篇，把政事交给他，却不能把事办成；令他出使外国，却不能独立应对；虽然读了很多，又有什么用呢？”

子曰：“其身正，不令而行；其身不正，虽令不从。”

【译文】

孔子说：“他自身立得正，不下达命令事情也能实行；他自身不正，虽然下达命令，百姓也不会听从。”

子曰：“鲁、卫之政[①]，兄弟也。”

【注释】

①鲁、卫之政：鲁国是周公的封地，卫国是康叔的封地，周公与康叔本是兄弟，当时鲁、卫两国国政也相似。

【译文】

孔子说:“鲁国的政事和卫国的政事,像兄弟一样。”

子谓卫公子荆[1]:“善居室。始有,曰:‘苟合矣[2]。’少有,曰:‘苟完矣。’富有,曰:‘苟美矣。’”

【注释】

①公子荆:卫国大夫。

②苟:聊且,差不多的意思。合:足。

【译文】

孔子谈到卫国的公子荆,说:“他善于处理家业。刚有一点财产,他就说:‘差不多够了。’稍微增加一点财产,他说:‘差不多全备了。’再多一点财产,他说:‘差不多是完美了。’”

子适卫,冉有仆[1]。子曰:“庶矣哉[2]!”

冉有曰:“既庶矣,又何加焉?”曰:“富之。”

曰:“既富矣,又何加焉?”曰:“教之。”

【注释】

①仆:驾车。

②庶:众多。这里指人口众多。

【译文】

孔子到卫国去,冉有为他驾车。孔子说:“卫国的人口真多呀!”

冉有说:“人口已经很多了,还要做什么?”孔子说:“使人民富足。”

冉有说:“人民富足后再做什么?”孔子说:“对人民进行教育。”

子曰："苟有用我者，期月而已可也[①]，三年有成。"

【注释】

①期(jī)月：一周年。

【译文】

孔子说："如果有人用我治理国政，一年可初有成效，三年可获得成功。"

子曰："'善人为邦百年，亦可以胜残去杀矣。'诚哉是言也！"

【译文】

孔子说："'善人治理国家连续一百年，也可以遏制残暴去除杀戮了。'这话说得很对啊！"

子曰："如有王者，必世而后仁[①]。"

【注释】

①世：三十年为一世。

【译文】

孔子说："如有王者兴起，一定需要三十年才能使仁道遍行天下。"

子曰："苟正其身矣，于从政乎何有？不能正其身，如正人何？"

【译文】

孔子说："如果自身端正了，那么治理政事还有什么困难呢？如果不能自正其身，又怎么能端正别人呢？"

冉子退朝①。子曰："何晏也②？"对曰："有政。"子曰："其事也。如有政，虽不吾以③，吾其与闻之④。"

【注释】

①冉子退朝：冉有时任季氏家宰，这里指退于季氏私朝。

②晏：迟。

③以：用。

④与：参与。

【译文】

冉有退朝回来。孔子说："今天怎么回来那么晚？"冉有答道："有政事。"孔子说："怕是季氏家事吧。如有政事，虽然不用我了，但我还是能知道的。"

定公问："一言而可以兴邦，有诸？"

孔子对曰："言不可以若是其几也①。人之言曰：'为君难，为臣不易。'如知为君之难也，不几乎一言而兴邦乎？"

曰："一言而丧邦，有诸？"

孔子对曰："言不可以若是其几也。人之言曰：'予无乐乎为君，唯其言而莫予违也。'如其善而莫之违也，不亦善乎？如不善而莫之违也，不几乎一言而丧邦乎？"

【注释】

①几:期望。

【译文】

鲁定公问:“一句话可以使国家兴盛,有这样的事吗?”

孔子回答说:“对于言语不可有这样的期望。有人说:‘做君主很难,做臣子不容易。’如果知道做君主的艰难,那不就接近于一句话可使国家兴盛了?”

定公又问:“一句话可以使国家丧亡,有这样的事吗?”

孔子回答说:“对于言语不可有这样的期望。有人说:‘我做国君没有什么快乐,唯有我说的话没有人违抗。’如果他的话正确而没有谁违抗,不也很好吗?如果他的话不正确而没有人违抗,那不就接近于一句话可使国家丧亡了?”

叶公问政。子曰:“近者说,远者来。”

【译文】

叶公问怎样治理政事。孔子说:“使近地的百姓高兴,使远地的百姓来归附。”

子夏为莒父宰[①],问政。子曰:“无欲速,无见小利。欲速则不达,见小利则大事不成。”

【注释】

①莒(jǔ)父:鲁国邑名。

【译文】

子夏任莒父邑宰,问孔子怎样治理政事。孔子说:“不要图快,不要顾小利。一味图快反而不能达到目的，顾及小利则不能成就大事。”

叶公语孔子曰：“吾党有直躬者[①]，其父攘羊[②]，而子证之[③]。”孔子曰：“吾党之直者异于是。父为子隐，子为父隐，直在其中矣。”

【注释】

①直躬：以直道立身。

②攘：盗窃。

③证：告发。

【译文】

叶公对孔子说：“我们那里有个按直道做事的人，他的父亲偷了羊，他就出来告发。”孔子说：“我们这里行直道的人与此不同。父亲为儿子隐瞒，儿子为父亲隐瞒，直道就在其中了。”

樊迟问仁。子曰：“居处恭，执事敬，与人忠。虽之夷狄，不可弃也。”

【译文】

樊迟问怎样才是仁。孔子说：“平日在家态度恭敬，办事严肃认真，对人忠心真诚。即使到夷狄之国，这些品格也不能丢弃。”

子贡问曰：“何如斯可谓之士矣？”子曰：“行己有耻，使于四方，不辱君命，可谓士矣。”

曰：“敢问其次。”曰：“宗族称孝焉，乡党称弟焉。”

曰：“敢问其次。”曰：“言必信，行必果，硁硁然小人哉[①]！

抑亦可以为次矣。”

曰:“今之从政者何如?”子曰:“噫!斗筲之人[2],何足算也!”

【注释】

①硁硁(kēng):形容浅陋固执。

②斗筲(shāo)之人:指器量狭小的人。斗,古代量名,合十升。筲,竹器,容五升,或说容一斗二升。

【译文】

子贡问道:“怎样才可以称作士?”孔子说:“对自己的行为能持有羞耻之心,出使外国不辱君主赋予的使命,这样可以称作士了。”

子贡说:“请问次一等的是怎么样?”孔子说:“宗族中称赞他孝顺,乡里称赞他尊敬长者。”

子贡说:“请问再次一等的呢?”孔子说:“说话必定有信用,行为必定果决,这是不管是非曲直的固执小人!不过也还可以算作再次一等的士吧。”

子贡说:“现在那些执政者怎么样?”孔子说:“嘿!都是些器量狭小的人,哪里值得一提呢!”

子曰:“不得中行而与之,必也狂狷乎[1]!狂者进取,狷者有所不为也。”

【注释】

①狂狷:志高激进的人和拘谨自守的人。

【译文】

孔子说:“得不到言行合乎中道的人进行交往,那就一定是与志高激进的人和拘谨自守的人交往了。志高激进的人能够积极进取，拘谨自守的人对有些事能够不做。”

子曰：“南人有言曰：‘人而无恒，不可以作巫医[1]。’善夫！”“不恒其德，或承之羞[2]。”子曰：“不占而已矣。”

【注释】

①巫医：古代以卜筮等方式行医的人。

②“不恒其德”两句：语见《易经·恒卦》九三爻辞。或，常。

【译文】

孔子说：“南方人有句话说：‘人没有恒心，不可以做巫医。’这话说得对呀！”

《易经》中说：“不能恒定地坚守德操，就会招致耻辱。”孔子说：“这是叫那些没有恒心的人不必再占卦罢了。”

子曰：“君子和而不同[1]，小人同而不和。”

【注释】

①和：和谐，协调。同：指盲目附从。

【译文】

孔子说：“君子行事讲究和谐，但不盲目附从。小人盲目附从，却不能和谐。”

子贡问曰：“乡人皆好之，何如？”子曰：“未可也。”“乡人皆恶之，何如？”子曰：“未可也。不如乡人之善者好之，其不善者恶之。”

【译文】

子贡问道："全乡人都喜欢他，这个人怎么样？"孔子说："不可就此肯定他好。"

子贡又问："全乡人都厌恶他，这个人怎么样？"孔子说："不可就此肯定他坏。最好的是乡里的好人都喜欢他，乡里的坏人都厌恶他。"

子曰："君子易事而难说也。说之不以道，不说也。及其使人也，器之[①]。小人难事而易说也。说之虽不以道，说也。及其使人也，求备焉。"

【注释】

①器之：根据各人才器合理使用。

【译文】

孔子说："为君子做事容易，但要得他喜欢却难。不用正道去讨他喜欢，他不会喜欢。而等到他使用人的时候，他则量才而用。为小人做事很难，但讨他喜欢却容易。虽然不用正道去讨他喜欢，他也会喜欢。而等到使用人的时候，他则求全责备。"

子曰："君子泰而不骄[①]，小人骄而不泰。"

【注释】

①泰：安宁舒泰。

【译文】

孔子说："君子舒泰而不骄傲，小人骄傲而不舒泰。"

子曰："刚、毅、木、讷近仁。"

【译文】

孔子说："刚强、果敢、质朴、慎于言语，具备这四者的人接近于仁。"

子路问曰："何如斯可谓之士矣？"子曰："切切偲偲[①]，怡怡如也[②]，可谓士矣。朋友切切偲偲，兄弟怡怡。"

【注释】

①切切偲偲(sī)：互相批评勉励的样子。

②怡怡：和悦的样子。

【译文】

子路问道："怎样才可以叫作士？"孔子说："互相批评勉励，和睦相处，可以叫作士了。朋友之间互相批评勉励，兄弟之间和顺愉悦。"

子曰："善人教民七年，亦可以即戎矣[①]。"

【注释】

①即：就，靠近。戎：兵事，指军队、战争等。

【译文】

孔子说："善人教导人民七年，也可以使人民上阵作战了。"

子曰："以不教民战，是谓弃之。"

【译文】

孔子说："用不曾受过教习的人民去作战，这可说是抛弃他们。"

宪问篇第十四

【题解】

本篇共四十四章。比较集中的内容是孔子对诸侯、大夫的评说，同时也在德行、才干、修身等方面多有论述。在这些具体的评说或论述中，孔子再次揭示了仁的特质。他一方面突出仁作为精神境界的内在性，把仁区别于具体的品行，指出仁者必定会有优秀的外在表现，反之，仅凭局部表现的优秀，却未必可视作仁者。另一方面则充分强调仁的社会意义，因而对管仲这样一个在遵循礼节方面存在严重缺陷的人，孔子也毫不迟疑地许之以仁。这看上去与孔子仁、礼关系的论述有矛盾，实际上却是强调，仁不是抽象的精神存在，能最大限度地造福于社会和民众，才是仁者的价值所在。孔子的天命观念在本篇也有所反映。虽然孔子的言论中天命似对立于人事，并强调天命的不可抵御，但实质上他常常借助天命表达自己的人格信心，表达不妥协于现实的意志，从本篇言及天命的内容中尤其可以看到这一特点。

宪问耻。子曰："邦有道，谷[①]。邦无道，谷，耻也。"

"克、伐、怨、欲不行焉[②]，可以为仁矣？"子曰："可以为难矣，仁则吾不知也。"

【注释】

①谷:指俸禄。

②克:好胜。伐:自夸。

【译文】

原宪问什么是耻辱。孔子说:“国家有道,应做官得禄。国家无道,也做官得禄,这就是耻辱。”

原宪又说:“好胜、自夸、怨恨、贪欲,这四种缺陷都没有,可以说是仁人了吧?”孔子说:“可以说做到这样很难了,至于说是仁,那我就不知道了。”

子曰:“士而怀居,不足以为士矣。”

【译文】

孔子说:“士如果怀恋安居的生活,那就不足以称为士了。”

子曰:“邦有道,危言危行①;邦无道,危行言孙②。”

【注释】

①危:正直。

②孙:通“逊”。

【译文】

孔子说:“国家有道,言语正直,行为正直;国家无道,行为正直,但言语谦顺。”

子曰:“有德者必有言,有言者不必有德。仁者必有勇,勇者不必有仁。”

【译文】

孔子说："有道德的人一定有出色的言论，有出色言论的人不一定有道德。仁人一定勇敢，勇敢的人不一定仁。"

南宫适问于孔子曰①："羿善射②，奡荡舟③，俱不得其死然。禹、稷躬稼而有天下。"夫子不答。

南宫适出，子曰："君子哉若人！尚德哉若人！"

【注释】

①南宫适：即孔子学生南容。

②羿：传说夏代有穷国的君主，善射，篡夏后相之位，后被其臣寒浞所杀。

③奡(ào)：又作"浇"，传说是寒浞的儿子，后被夏后少康所杀。荡舟：即以舟师冲锋陷阵。据传奡曾在一次水战中覆灭敌舟。

【译文】

南宫适问孔子说："羿善长射箭，奡善长水战，但他们都没有好死。禹和稷都亲自耕作，但他们却得到了天下。"孔子没有回答。

南宫适出去了，孔子说："这个人是君子啊！这个人真是崇尚道德啊！"

子曰："君子而不仁者有矣夫，未有小人而仁者也。"

【译文】

孔子说："君子中不仁之人是有的吧，但小人中是不会有仁人的。"

子曰："爱之，能勿劳乎？忠焉，能勿诲乎？"

【译文】

孔子说:“爱他,能不叫他辛劳吗? 忠于他,能不教诲他吗?”

子曰:“为命①,裨谌草创之②,世叔讨论之③,行人子羽修饰之④,东里子产润色之⑤。”

【注释】

①命:指与诸侯国交往的外交辞令。

②裨谌(chén):郑国大夫。草创:起草。

③世叔:郑国大夫,名游吉。讨论:研究并作评论。

④行人:官名,掌管外交出使等事。子羽:名公孙挥,字子羽。

⑤东里:地名,在今河南郑州,子产所居。

【译文】

孔子说:“郑国制定外交辞命,裨谌草拟初稿,世叔提出意见,外交官子羽进行修改,东里子产润色文词。”

或问子产。子曰:“惠人也。”

问子西①。曰:“彼哉! 彼哉!”

问管仲。曰:“人也②。夺伯氏骈邑三百③,饭疏食,没齿无怨言④。”

【注释】

①子西:郑国大夫公孙夏,与子产是同宗兄弟。或说指楚令尹子西。今从前说。

②人也:此句有多种说法,或说“人”即“仁”,或说“人”上脱一“仁”字,或说“人”上脱一“夫”字。

③伯氏：齐国大夫。骈邑：地名，伯氏的食邑。

④没齿：终身。

【译文】

有人问孔子子产是怎样的人。孔子说："他是个宽厚慈惠的人。"

又问到子西。孔子说："他呀！他呀！"

又问到管仲。孔子说："这是个仁人啊。他剥夺了伯氏骈邑三百户的封地，使伯氏只能吃粗劣的饭食，但伯氏至死也没有怨言。"

子曰："贫而无怨难，富而无骄易。"

【译文】

孔子说："贫困而没有怨恨，难；富贵而不骄傲，容易。"

子曰："孟公绰为赵、魏老则优[①]，不可以为滕、薛大夫[②]。"

【注释】

①孟公绰：鲁国大夫。赵、魏：都是晋卿。老：大夫的家臣。优：有余力。

②滕、薛：两个小国名，在鲁国附近。

【译文】

孔子说："孟公绰若去做晋国赵氏、魏氏的家臣，则才力有余，但不能够做滕、薛这样小国的大夫。"

子路问成人[①]。子曰："若臧武仲之知[②]，公绰之不欲，卞庄子之勇[③]，冉求之艺，文之以礼乐，亦可以为成人矣。"曰：

“今之成人者何必然？见利思义，见危授命，久要不忘平生之言④，亦可以为成人矣。”

【注释】

①成人：完人。

②臧武仲：鲁国大夫，姓臧孙，名纥，曾预知齐侯将败，不接受齐侯给他的封田，因而免受牵累。

③卞庄子：鲁国大夫，封地卞邑，以勇称。

④久要：旧约。平生：平素。

【译文】

子路问怎样才是完人。孔子说：“像臧武仲那样的智慧，孟公绰那样的清心寡欲，卞庄子那样的勇敢，冉求那样的才艺，再加上礼乐的文采，也可以说是完人了。”孔子又说：“现在的完人哪里一定要这样？看见利益能想到道义，遇见危难能献出生命，平日与人的约言历久不忘，也可以说是完人了。”

子问公叔文子于公明贾曰①：“信乎，夫子不言，不笑，不取乎？”

公明贾对曰：“以告者过也。夫子时然后言，人不厌其言；乐然后笑，人不厌其笑；义然后取，人不厌其取。”

子曰：“其然？岂其然乎？”

【注释】

①公叔文子：卫国大夫公孙拔，或作公孙发。公明贾：卫人，姓公明，名贾。

【译文】

孔子向公明贾问及公叔文子，说："他老先生不言语，不笑，不取于人，真是这样吗？"

公明贾答道："这是传说的人说得过分了。他老先生在应该说话的时候才说，所以别人不讨厌他的话；在快乐的时候才笑，所以别人不讨厌他的笑；在合道义的时候才有所取，所以别人不讨厌他的取。"

孔子说："是这样吗？难道真是这样吗？"

子曰："臧武仲以防求为后于鲁①，虽曰不要君②，吾不信也。"

【注释】

①防：地名，臧武仲的封地。为后：立后的意思。臧武仲获罪出逃，曾据防城请求鲁君立臧氏后代为卿大夫，以此作为他退出防城的条件。

②要：要挟。

【译文】

孔子说："臧武仲凭藉着防城请求把臧氏后代立为鲁国卿大夫，虽然有人说他不是要挟君主，我是不相信的。"

子曰："晋文公谲而不正①，齐桓公正而不谲②。"

【注释】

①晋文公：姓姬，名重耳。谲：诡诈。

②齐桓公：姓姜，名小白。晋文公与齐桓公是春秋五霸中最有名的两个霸主。

【译文】

孔子说："晋文公诡诈而不守正，齐桓公守正而不诡诈。"

子路曰："桓公杀公子纠，召忽死之，管仲不死[①]。"曰："未仁乎？"子曰："桓公九合诸侯[②]，不以兵车，管仲之力也。如其仁，如其仁。"

【注释】

①"桓公"三句：公子纠是齐桓公的哥哥，与齐桓公都是齐襄公之弟。齐襄公无道，齐桓公由鲍叔牙侍奉逃往莒国。襄公在国内被杀，时公子纠由师傅召忽和管仲侍奉逃往鲁国。其后桓公先回齐国被立为君，并逼鲁国杀了公子纠，召忽自杀，管仲归顺齐桓公，并任宰相。

②九合：齐桓公多次与诸侯国会盟，这里的"九"是虚指。

【译文】

子路说："齐桓公杀了公子纠，召忽因此自杀，管仲却不跟随而死。"他接着问："管仲不仁吧？"孔子说："桓公多次召诸侯会盟，不再使用武力，这都是管仲的作用啊。这就是他的仁，这就是他的仁。"

子贡曰："管仲非仁者与？桓公杀公子纠，不能死，又相之。"子曰："管仲相桓公，霸诸侯，一匡天下，民到于今受其赐。微管仲[①]，吾其被发左衽矣[②]。岂若匹夫匹妇之为谅也[③]，自经于沟渎而莫之知也[④]？"

【注释】

①微：无。

②被发左衽(rèn):头发披散,衣襟向左掩,这是指未开化的少数民族的装束。被,同“披”。衽,衣襟。

③谅:这里指狭隘的信义。

④经:自缢。沟渎:沟渠。

【译文】

子贡说:“管仲不是仁人吧?齐桓公杀了公子纠,他不仅不跟着死,还任相辅佐桓公。”孔子说:“管仲辅相桓公,称霸诸侯,匡正天下,百姓至今还受着他的恩惠。如果没有管仲,我们大概都是披散着头发,衣襟左开那个样子了。难道要像那些普通男女守着小节小信,自缢于沟渠而没有人知道吗?”

公叔文子之臣大夫僎与文子同升诸公[①]。子闻之,曰:“可以为‘文’矣。”

【注释】

①臣:即家臣。僎(zhuàn):人名,因公叔文子推荐,与公叔文子同任大夫。公:公朝。

【译文】

公叔文子的家臣僎和文子一同做了国家的大臣。孔子知道了这件事,说:“他真可用‘文’这个谥号。”

子言卫灵公之无道也,康子曰:“夫如是,奚而不丧[①]?”孔子曰:“仲叔圉治宾客[②],祝鮀治宗庙,王孙贾治军旅。夫如是,奚其丧?”

【注释】

①奚而：即奚为，为什么。

②仲叔圉：即卫国大夫孔文子。

【译文】

孔子谈到卫灵公的昏乱无道，季康子说："既然如此，为什么他的国家不败亡呢？"孔子说："有仲叔圉管理接待宾客的事，祝鮀管理宗庙祭祀，王孙贾管理军事，像这样，怎么会败亡呢？"

子曰："其言之不怍①，则为之也难。"

【注释】

①怍(zuò)：羞惭。

【译文】

孔子说："一个人说起话来大言不惭，那他要实行起来就难了。"

陈成子弑简公①。孔子沐浴而朝②，告于哀公曰："陈恒弑其君，请讨之。"公曰："告夫三子③。"

孔子曰："以吾从大夫之后，不敢不告也。君曰'告夫三子'者。"

之三子告，不可。孔子曰："以吾从大夫之后，不敢不告也。"

【注释】

①陈成子：即陈恒，齐国大夫。简公：齐国国君，姓姜，名壬。

②沐浴而朝：当时孔子已不任官职，为此事特地朝见鲁君，斋戒沐浴，以示郑重。

③三子：指鲁国三大夫季孙、叔孙、孟孙，当时他们实际掌握了鲁国政权。

【译文】

陈恒杀了齐简公。孔子斋戒沐浴后去朝见鲁哀公，他告诉哀公说："陈恒杀了他的君主，请出兵讨伐他。"哀公说："你去报告季孙、叔孙、孟孙三位大臣。"

孔子退下后说："因为我曾忝居大夫之列，不敢不来报告。但君主却说'你去报告三位大臣'。"

孔子又到三位大臣那里报告，他们不同意出兵。孔子说："因为我曾忝居大夫之列，不敢不来报告。"

子路问事君。子曰："勿欺也，而犯之[①]。"

【注释】

①犯：冒犯，指犯颜谏争。

【译文】

子路问怎样事奉君主。孔子说："不要欺骗他，而可当面直谏。"

子曰："君子上达，小人下达[①]。"

【注释】

①"君子"两句：有多种解说，或说上指仁义，下指财利；或说上指道，下指器，即具体能力；或说上即长进，下即沉沦。今从第一说。

【译文】

孔子说："君子通达于仁义，小人通达于财利。"

子曰："古之学者为己，今之学者为人。"

【译文】

孔子说："古代人的学习是为了自己增进修养学识，现在人的学习是为了表现给人看。"

蘧伯玉使人于孔子[①]。孔子与之坐而问焉，曰："夫子何为？"对曰："夫子欲寡其过而未能也。"

使者出。子曰："使乎！使乎！"

【注释】

①蘧伯玉：卫国大夫，名瑗。孔子在卫国时曾居住其家。

【译文】

蘧伯玉派了一位使者拜访孔子。孔子请使者坐下，问道："先生在做些什么啊？"使者回答："先生想使自己少一些过失，但还没能做到。"

使者辞出。孔子说："真是个好使者！真是个好使者！"

子曰："不在其位，不谋其政。"[①]

【注释】

①此句重出，已见《泰伯篇》十四章。

曾子曰："君子思不出其位。"

【译文】

曾子说："君子的思虑不超出自己的职位。"

子曰:“君子耻其言而过其行[1]。”

【注释】

①而:用法同“之”。

【译文】

孔子说:“君子为自己的言语超过行动而感到可耻。”

子曰:“君子道者三,我无能焉:仁者不忧,知者不惑,勇者不惧。”子贡曰:“夫子自道也。”

【译文】

孔子说:“君子所行有三个方面,我都没有做到,那就是:有仁德的人不忧愁,智慧的人不迷惑,勇敢的人不畏惧。”子贡说:“这三点正是老师的自我写照呀。”

子贡方人[1]。子曰:“赐也贤乎哉?夫我则不暇。”

【注释】

①方人:讥评别人。方,通“谤”。一说品评议论别人,方即比方的意思。今从前说。

【译文】

子贡讥评别人。孔子说:“赐啊,你就那么好了吗?我就没有这样的闲工夫。”

子曰:“不患人之不己知,患其不能也。”

【译文】

孔子说："不担心别人不了解自己，只担心自己没有才能。"

子曰："不逆诈[①]，不亿不信[②]，抑亦先觉者[③]，是贤乎！"

【注释】

①逆：预料，揣度。

②亿：臆测。

③抑：但是。

【译文】

孔子说："不预先怀疑别人有欺诈，不无端猜测别人没有诚信，但也能及早察觉真相，这样的人是贤者了吧！"

微生亩谓孔子曰[①]："丘何为是栖栖者与[②]？无乃为佞乎？"孔子曰："非敢为佞也，疾固也。"

【注释】

①微生亩：微生是姓，亩是名。

②栖栖：忙碌不安的样子。

【译文】

微生亩对孔子说："你为什么这样忙碌不安的呢？莫非是要呈示你的口才吗？"孔子说："我不敢呈现口才，我是厌恶那种顽固不化的人。"

子曰："骥不称其力[①]，称其德也。"

【注释】

①骥：千里马。

【译文】

孔子说："被称为千里马的，不是称赞它的气力，而是称赞它的品德。"

或曰："以德报怨，何如？"子曰："何以报德？以直报怨，以德报德。"

【译文】

有人问："用恩惠来回报怨恨，怎么样？"孔子说："那么又用什么来回报恩惠呢？应该用正直来回报怨恨，用恩惠来回报恩惠。"

子曰："莫我知也夫！"子贡曰："何为其莫知子也？"子曰："不怨天，不尤人①，下学而上达。知我者其天乎！"

【注释】

①尤：责怪。

【译文】

孔子说："没有人了解我啊！"子贡说："为什么没有人了解您呢？"孔子说："不怨恨天，不责备人，下学人事而上达天命。了解我的大概是天吧！"

公伯寮愬子路于季孙①。子服景伯以告②，曰："夫子固有惑志于公伯寮③，吾力犹能肆诸市朝④。"

子曰："道之将行也与，命也；道之将废也与，命也。公伯寮其如命何!”

【注释】

①公伯寮:公伯是姓,寮是名,或说也是孔子学生。愬:同“诉”,进谗言。

②子服景伯:鲁国大夫,姓子服,名何,字伯,谥号景。

③夫子:指季孙。

④肆:处死刑后陈尸示众。市朝:市集和朝廷,大夫之尸陈于朝廷,士之尸陈于市,这里指市集。

【译文】

公伯寮向季孙毁谤子路。子服景伯把这事告诉孔子,并说:“先生已经被公伯寮迷惑了,但我的力量还能够把公伯寮处死并陈尸于街市。”

孔子说:“大道将实行呢,这是命;大道将废弃呢,这也是命。公伯寮能把命怎么样!”

子曰:“贤者辟世①,其次辟地,其次辟色,其次辟言。”子曰:“作者七人矣。”

【注释】

①辟:通“避”。

【译文】

孔子说:“贤者避开昏乱的社会而隐居,次一等的避开一地而另择一地,再次一等的避开难看的脸色,再次一等的避开不好的言语。”

孔子又说:“像这样做的已经有七个人了。”

子路宿于石门①。晨门曰②:“奚自?”子路曰:“自孔氏。”

曰："是知其不可而为之者与？"

【注释】

①石门：鲁城的外门。

②晨门：守门人，负责早夜开闭城门。

【译文】

子路在石门宿了一夜。第二天早晨守门人问："你从哪里来？"子路说："我从孔氏那儿来。"守门人说："是知道做不到却还要去做的那个人吗？"

子击磬于卫[①]。有荷蒉而过孔氏之门者[②]，曰："有心哉，击磬乎！"既而曰："鄙哉，硁硁乎[③]！莫己知也，斯己而已矣。深则厉，浅则揭[④]。"

子曰："果哉！末之难矣[⑤]。"

【注释】

①磬（qìng）：一种打击乐器。

②荷：肩负。蒉（kuì）：草织的盛器。

③硁硁（kēng）：象声词，形容敲击石头的声音。

④"深则厉"两句：语见《诗经·邶风·匏有苦叶》，意谓如果水深，就索性穿着衣服过去，如果水浅，就提起衣服过去。这里表示个人行为应根据实际情况而定。厉，穿着衣服涉水。

⑤末：无。

【译文】

孔子在卫国，一天正击磬时，有一个人担着草筐从孔子住所的门前经过，他说："这样击磬是有心事啊！"过一会又说："真鄙陋啊，这种硁硁的磬声！没有人了解自己，也就守着自己罢了。如果水深，就穿着衣服过去，如果水浅，就提起衣服过去。”

孔子说：“这人好坚决啊！没有什么可以说服他。”

子张曰：“《书》云：‘高宗谅阴，三年不言①。’何谓也？”子曰：“何必高宗，古之人皆然。君薨②，百官总己以听于冢宰三年③。”

【注释】

①“高宗谅阴”两句：见《尚书·无逸》，原文语句稍有不同。意谓高宗守丧，三年不问国事。高宗，商王武丁。谅阴，天子居丧所住的庐屋。

②薨：周代诸侯死亡称薨。

③“百官”句：意谓继位的新君三年不问政事，故朝中百官各守其职而听命于宰相。总己，即主持统理自己的职事。冢宰，周代官名，相当于后来的宰相。

【译文】

子张说：“《尚书》中说：‘殷高宗守丧居庐，三年不言语。’这是什么意思？”孔子说：“岂止殷高宗这样，古人都这样。国君死了，三年之内，百官各自统理自己的职事而听命于冢宰。”

子曰：“上好礼，则民易使也。”

【译文】

孔子说：“在上位的人能够以礼行事，那就容易使百姓听从治理。”

子路问君子。子曰："修己以敬。"

曰："如斯而已乎？"曰："修己以安人[①]。"

曰："如斯而已乎？"曰："修己以安百姓。修己以安百姓，尧、舜其犹病诸[②]！"

【注释】

①人：这里指与自己关系密切的人，如亲族朋友等。

②病：难。

【译文】

子路问怎样才是君子。孔子说："自我修身而做到严肃认真。"

子路说："这样就够了吗？"孔子说："自我修身而使亲友安乐。"

子路又说："这样就够了吗？"孔子说："自我修身而使百姓安乐。能自我修身而使百姓安乐，尧、舜大概也觉得不容易做到吧！"

原壤夷俟[①]。子曰："幼而不孙弟[②]，长而无述焉[③]，老而不死，是为贼[④]。"以杖叩其胫。

【注释】

①原壤：孔子的故交，是一个另有主张而不赞同孔子学说的人。夷：箕踞，伸开两腿坐于地上的姿势，这不合双膝着地的跪坐礼节。俟：等待。

②孙弟：同"逊悌"。

③述：称述。

④贼：有危害的人。

【译文】

原壤伸开双腿坐在地上等待孔子。孔子说："你年幼时不懂得逊悌的礼节，年长后没有可以称道的事业成就，年老了只是偷生不死，真是个祸害。”说着，孔子用手杖敲了敲原壤的小腿。

阙党童子将命[①]。或问之曰：“益者与[②]？”子曰：“吾见其居于位也[③]，见其与先生并行也。非求益者也，欲速成者也。”

【注释】

①阙党：地名，即阙里，孔子所居之地。将命：在宾主之间传话。

②益：长进。

③居于位：这里指坐在成人的席位上。按照礼节，童子应当坐于旁位，不可与成人并坐。

【译文】

阙党的一个少年来向孔子传话。有人问孔子：“这是一个求长进的孩子吗？”孔子说：“我看他坐在成人的席位上，又看他与长辈并排行走。这不是个求长进的人，而是一个急于求成的人。”

卫灵公篇第十五

【题解】

本篇共四十二章，记述的内容比较广泛。在治政方面，孔子依然把统治者的德行作为强调的重点。这里，特别突出地表达了孔子对人民的认识观念，即人民处于被统治地位，人民又是一个永远不变的社会存在。从这样的观念出发，孔子逻辑地得出结论，如何正确对待民众，是统治者无从回避的问题，而社会是发展还是倒退，责任全部在统治者身上。实质上，这个问题仍可归属于仁与礼的理论范畴之中，只要统治者知礼行仁，其他一切问题也就迎刃而解。在德行方面，孔子特别集中地论述了君子的人格要求。在孔子理想人格的范畴中，君子是最具现实意义的一种人格类型，它虽然不如圣人完美，但它是人们普遍可以达到的标准。因而在各个篇章，都可看到孔子的相关论述。无疑，君子首先要做到克己复礼，在这个大前提下，君子在立身处世方面还有许多具体要求。孔子所留下的虽然只是片言只语，但对君子的人格构想却全面而且严格。如何与人交往，也是本篇相对集中的论题。虽然内容较多，但恰如孔子总结自己的学说时所云："予一以贯之。"就本篇而言，强调自我约束而求得社会的稳定有序，即贯穿在他发自各个角度的论说中。

卫灵公问陈于孔子①。孔子对曰："俎豆之事②，则尝闻之矣；军旅之事，未之学也。"明日遂行。

【注释】

①陈:即今“阵”字,军阵行列。

②俎豆:行礼仪时盛放食品的礼器,这里借指礼仪之事。

【译文】

卫灵公向孔子问军队阵列的事情。孔子回答说:“礼仪方面的事情,我曾听到过;军旅方面的事情,我没有学过。”第二天孔子就离开了卫国。

在陈绝粮,从者病,莫能兴①。子路愠见曰:“君子亦有穷乎?”子曰:“君子固穷②,小人穷斯滥矣③。”

【注释】

①兴:起来。

②固:固有。一说固守。今从前说。

③滥:指没有操守,为所欲为。

【译文】

孔子在陈国断绝了粮食,随从的人都病倒了,不能起来。子路恼怒地来见孔子,说:“君子也有这样的困窘吗?”孔子说:“君子固有困窘的时候,而小人在困窘的时候便胡作非为了。”

子曰:“赐也,女以予为多学而识之者与?”对曰:“然,非与?”曰:“非也,予一以贯之。”

【译文】

孔子说:“赐啊,你以为我是学得很多又都能记住的吗?”子贡回答:“是呀,难道不是这样吗?”孔子说:“不是,我是有一个基本道理贯串在所学之中。"

子曰:"由!知德者鲜矣。"

【译文】

孔子说:"仲由!懂得德的人太少了。"

子曰:"无为而治者其舜也与?夫何为哉?恭己正南面而已矣。"

【译文】

孔子说:"安静无为而能使天下太平的人大概就是舜吧?他做了什么呢?他只是恭敬庄重地坐在王位上罢了。"

子张问行①。子曰:"言忠信,行笃敬②,虽蛮貊之邦③,行矣。言不忠信,行不笃敬,虽州里④,行乎哉?立则见其参于前也⑤,在舆则见其倚于衡也⑥,夫然后行。"子张书诸绅。

【注释】

①行:顺遂通达,行得通。

②笃:厚道。

③蛮:古代对南方少数民族部落的泛称。貊(mò):北方的少数民族部落。

④州里:指乡里本土。二千五百家为州,五家为邻,五邻为里。

⑤参:直耸,直立。

⑥舆:车箱。衡:车辕前的横木。

【译文】

子张问怎样做事才行得通。孔子说："言语忠诚守信，行为笃厚严肃，即使到蛮貊地区，也能行得通。言语不忠诚守信，行为不笃厚严肃，纵然是在乡里本土，就能行得通吗？站立着就像看见'忠信笃敬'几个字直耸在眼前，坐在车里就像看见'忠信笃敬'几个字映现在车前横木上，这样才能到处都行得通。"子张把这些话写在束于腰间的大带上。

子曰："直哉史鱼①！邦有道，如矢；邦无道，如矢。君子哉蘧伯玉！邦有道，则仕；邦无道，则可卷而怀之②。"

【注释】

①史鱼：卫国大夫，姓史，名鳅，字子鱼。

②卷：收起。怀：怀藏。

【译文】

孔子说："史鱼真是刚直啊！国家有道，他像箭那样直；国家无道，他也像箭那样直。蘧伯玉真是个君子啊！国家有道，他出来做官；国家无道，他可以把自己的才能收藏起来。"

子曰："可与言而不与之言，失人；不可与言而与之言，失言。知者不失人，亦不失言。"

【译文】

孔子说："可以与他谈话的人而不与他谈，这是错失了人；不可与他谈话的人而与他谈了，这是白费了言语。聪明的人既不错失人，也不白费言语。"

子曰："志士仁人，无求生以害仁，有杀身以成仁。"

【译文】

孔子说："志士仁人，不会贪生怕死而损害仁，只有牺牲生命而成全仁。"

子贡问为仁。子曰："工欲善其事，必先利其器。居是邦也，事其大夫之贤者，友其士之仁者。"

【译文】

子贡问怎样实现仁。孔子说："工匠想做好他的事，一定先完善他的工具。居住在这个国家，就要奉事大夫中的贤者，结交士人中的仁者。"

颜渊问为邦。子曰："行夏之时①，乘殷之辂②，服周之冕③，乐则《韶》《舞》④。放郑声⑤，远佞人⑥。郑声淫，佞人殆⑦。"

【注释】

①夏之时：指夏朝的历法，以今农历一月为每年的第一月。周朝历法则以农历十一月为每年的第一月。夏历比较合于农时。

②辂（lù）：大车。殷代的车比较质朴。

③冕：礼帽。周代的礼帽等制完备，比较华美。

④韶：舜时的乐曲。舞：通"武"，周武王时的乐曲。一说韶舞合称，即指舜乐。今从前说。

⑤放：舍弃，废除。郑声：郑国的音乐。

⑥佞人:花言巧语阿谀奉承的小人。

⑦殆:危险。

【译文】

颜渊问怎样治理国家。孔子说:“用夏朝的历法,坐殷朝的车子,戴周朝的礼帽,音乐则用《韶》乐和《武》乐。摒弃郑国的音乐,远斥谄媚的小人。郑国的音乐靡曼淫滥,谄媚的小人很危险。”

子曰:“人无远虑,必有近忧。”

【译文】

孔子说:“一个人没有长远的考虑,一定会有眼前的忧患。”

子曰:“已矣乎!吾未见好德如好色者也。”

【译文】

孔子说:“罢了!我没有看见过喜欢美德就像喜欢美色一样的人。”

子曰:“臧文仲其窃位者与①?知柳下惠之贤而不与立也②。”

【注释】

①窃位:指占据官位而不称职。

②柳下惠:鲁国贤者,姓展,名获,字禽,又叫展季,惠是私谥。柳下是其居处,或说是其封地。立:通“位”。一说立即立于朝上任官的意思。今从前说。

【译文】

孔子说："臧文仲大概是个占据官位而不任职事的人吧？他明知柳下惠贤良而不把他举荐到官位上。"

子曰："躬自厚而薄责于人，则远怨矣。"

【译文】

孔子说："责备自己严而责备别人宽，那就远离怨恨了。"

子曰："不曰'如之何[①]，如之何'者，吾末如之何也已矣。"

【注释】

①如之何：这里表示对所遇问题的审度思考。

【译文】

孔子说："一个不考虑'怎么办，怎么办'的人，我也不知道对他怎么办了。"

子曰："群居终日，言不及义，好行小慧，难矣哉！"

【译文】

孔子说："与人聚集一整天，所谈论的却没有涉及道义的事，只喜欢卖弄小聪明，这就难以长进了。"

子曰："君子义以为质，礼以行之，孙以出之，信以成之。君子哉！"

【译文】

孔子说："君子把道义作为行事的根本，依据礼节来实行它，用谦逊的言辞来表达它，用诚信的态度来完成它。这才真是君子啊！"

子曰："君子病无能焉，不病人之不己知也。"

【译文】

孔子说："君子忧虑自己没有才能，不忧虑别人不了解自己。"

子曰："君子疾没世而名不称焉。"

【译文】

孔子说："君子忧虑的是死后而名声不被传称。"

子曰："君子求诸己，小人求诸人。"

【译文】

孔子说："君子凡事都要求自己，小人凡事都要求别人。"

子曰："君子矜而不争①，群而不党。"

【注释】

①矜：庄重。

【译文】

孔子说："君子庄重而不与人争执，合群而不结党。"

子曰:“君子不以言举人,不以人废言。”

【译文】

孔子说:“君子不根据一个人的言辞就推举他,也不因为一个人品德不好就全部否定他的言辞。”

子贡问曰:“有一言而可以终身行之者乎①?”子曰:“其恕乎!己所不欲,勿施于人。”

【注释】

①一言:一个字。

【译文】

子贡问道:“有没有一个字是可以终身遵循的?”孔子说:“大概就是恕吧!自己不愿意的事情,不要施加于别人。”

子曰:“吾之于人也,谁毁谁誉?如有所誉者,其有所试矣。斯民也,三代之所以直道而行也。”

【译文】

孔子说:“我对于别人,诋毁了谁?赞誉了谁?如果有我赞誉的人,必定是经过实际考察的。现在这些百姓呀,也就是夏、商、周三代以直道行施天下时的百姓啊。”

子曰:“吾犹及史之阙文也①。有马者借人乘之②,今亡矣夫!”

【注释】

①阙文：指存疑而空缺的文字，表示不妄自增益。

②借：凭借。

【译文】

孔子说："我还能够看到史书存疑的地方。有马的人自己不能驯制，就凭借别人的乘用使马驯服，这样的态度在今天是没有了呀！"

子曰："巧言乱德。小不忍，则乱大谋。"

【译文】

孔子说："花言巧语会败坏道德。小事情不忍耐会毁坏大谋略。"

子曰："众恶之，必察焉；众好之，必察焉。"

【译文】

孔子说："大家都厌恶他，一定要进行审察；大家都喜爱他，也一定要进行审察。"

子曰："人能弘道，非道弘人。"

【译文】

孔子说："人能够弘扬道，不是用道来廓大人。"

子曰："过而不改，是谓过矣。"

【译文】

孔子说:“有错误而不改正,这才真成为错误了。”

子曰:“吾尝终日不食,终夜不寝,以思,无益,不如学也。”

【译文】

孔子说:“我曾整天不吃,整夜不睡,尽自思考,但毫无益处,还不如去学习。”

子曰:“君子谋道不谋食。耕也,馁在其中矣;学也,禄在其中矣。君子忧道不忧贫。”

【译文】

孔子说:“君子谋求道而不谋求衣食。耕田,却常会有饥饿;学习,则常能得到俸禄。君子忧虑的是不能求得道,不是忧虑贫困。”

子曰:“知及之①,仁不能守之,虽得之,必失之。知及之,仁能守之,不庄以涖之②,则民不敬。知及之,仁能守之,庄以涖之,动之不以礼,未善也。”

【注释】

①之:指官职。以下“涖之”“动之”中的“之”指百姓。

②涖:同“莅”,临,来到。

【译文】

孔子说："才智足以胜任官职，却不能以仁来持守它，即使得到官职，也一定会失去。才智足以胜任官职，又能以仁来持守它，但不能用严肃的态度来治理百姓，那就不会得到百姓尊敬。才智足以胜任官职，能以仁来持守它，又能用严肃的态度来治理百姓，但使用百姓不合乎礼，还是不完善。"

子曰："君子不可小知而可大受也，小人不可大受而可小知也。"

【译文】

孔子说："君子不可从小处去了解他，但他可以承受大任。小人不可承受大任，却可从小处了解他。"

子曰："民之于仁也，甚于水火。水火，吾见蹈而死者矣，未见蹈仁而死者也。"

【译文】

孔子说："百姓对仁道的需要超过对水火的需要。我看见过踏入水火而死了的，却没见过践行仁道而死了的。"

子曰："当仁，不让于师。"

【译文】

孔子说："如果是担当行仁的事情，对老师也不用谦让。"

子曰:“君子贞而不谅[1]。”

【注释】

①贞:正道。谅:指小信用。

【译文】

孔子说:“君子坚守正道而不拘泥于小信用。”

子曰:“事君,敬其事而后其食。”

【译文】

孔子说:“奉事君主,应是敬守职事,而把得俸禄的事放在后面。”

子曰:“有教无类。”

【译文】

孔子说:“对所有的人给予教育,不区分类别。”

子曰:“道不同,不相为谋。”

【译文】

孔子说:“所持的道不同,就不互相商议。”

子曰:“辞达而已矣。”

【译文】

孔子说:“言辞能表达清楚意思就可以了。”

师冕见①，及阶，子曰："阶也。"及席，子曰："席也。"皆坐，子告之曰："某在斯，某在斯。"

师冕出。子张问曰："与师言之道与？"子曰："然，固相师之道也。"

【注释】

①师：乐师。古代乐师一般由盲人担任。冕：人名。

【译文】

师冕来见孔子，走到台阶边，孔子说："这是台阶了。"走到坐席旁，孔子说："这是坐席了。"都坐下后，孔子告诉他说："某人在这边，某人在这边。"

师冕辞别后，子张问道："这是与盲乐师谈话的方式吗？"孔子说："对，这本来就是帮助盲乐师的方式。"

季氏篇第十六

【题解】

本篇共十四章。前三章孔子的言谈与当时鲁国的政治情势有密切关系，集中反映了孔子对政治权力逐级下移这一状况的强烈不满，并表达了“不患贫而患不均，不患寡而患不安”的治国主张。以下数章主要是有关德行、学识等方面的论说，一个比较显著的特点是，这里多记录了孔子以数字作出归纳的人生戒示，于简明生动之中见出内涵的深刻。本篇还记叙了孔子命其子鲤学诗与礼的情况，通过一个独特的镜头，再次反映了孔子关于诗与礼的见解。而从他对自己儿子的教育中，又能见出他对理论的真诚。文中陈亢叹美孔子在教育上对其子无偏私之心，实质上，无论是孔子的政治主张还是人伦主张，决定了孔子必然有如是态度。本篇末章内容略觉突兀，前人解说也多有歧义，或认为文首遗落“子曰”两字，或以为是后人在竹简空白处的附记。但竹简本就短小，不可能留下大片空白容纳这样一段文字，故后说遭到较多学者的否定。

季氏将伐颛臾[①]。冉有、季路见于孔子曰：“季氏将有事于颛臾[②]。”

孔子曰：“求！无乃尔是过与[③]？夫颛臾，昔者先王以为东蒙主[④]，且在邦域之中矣，是社稷之臣也。何以伐为？”

冉有曰：“夫子欲之，吾二臣者皆不欲也。”

孔子曰："求！周任有言曰[5]：'陈力就列[6]，不能者止。'危而不持，颠而不扶，则将焉用彼相矣[7]？且尔言过矣，虎兕出于柙[8]，龟玉毁于椟中[9]，是谁之过与？"

冉有曰："今夫颛臾，固而近于费[10]。今不取，后世必为子孙忧。"

孔子曰："求！君子疾夫舍曰欲之而必为之辞。丘也闻有国有家者，不患寡而患不均，不患贫而患不安[11]。盖均无贫，和无寡，安无倾。夫如是，故远人不服，则修文德以来之。既来之，则安之。今由与求也，相夫子，远人不服，而不能来也；邦分崩离析，而不能守也；而谋动干戈于邦内。吾恐季孙之忧，不在颛臾，而在萧墙之内也[12]。"

【注释】

①颛臾：国名，附属于鲁国。

②事：指战事。

③过：责怪。

④东蒙：即蒙山，在今山东蒙阴南。主：主持祭祀。

⑤周任：古代一位史官。

⑥陈：施展。列：指职位。

⑦相：扶助盲人的人。

⑧兕：雌性犀牛，或说野牛。柙：关兽的笼子。

⑨龟：龟甲，用以占卜。

⑩费(bì)：地名，季氏私邑。

⑪"不患寡而患不均"两句：前后句中"寡"与"贫"当互换，下有"均无贫，和无寡，安无倾"承应。

⑫"吾恐季孙之忧"三句：意谓季氏真实的用意不是针对颛臾，而是

针对鲁君。时季孙把持了鲁国国政，与鲁君存在矛盾，他要攻打颛臾，是担忧颛臾助鲁君而对自己构成威胁，所以孔子这样说。萧墙之内，指鲁君。萧墙，君王宫室内的屏风，臣来见君，至此即肃然起敬。这里萧即肃敬义。

【译文】

季氏准备攻打颛臾。冉有、季路去见孔子，说："季氏准备对颛臾用兵。"

孔子说："冉求！这难道不应该责备你吗？那颛臾，上代的君王曾让它主持蒙山的祭祀，况且又在鲁国境域之内，是鲁国国家的臣属。为什么要攻打它呢？"

冉有说："是季孙想这么做，我们两个人都不赞同。"

孔子说："冉求！周任说过这样的话：'能施展才力就任职，如果不行就辞职。'如果一个盲人有危险而不去扶持他，要摔倒了而不去搀扶他，那又何必要那个扶助的人呢？而且你说的话就是错误的，老虎和犀牛从笼中逃出，龟甲和美玉在匣中毁坏，这是谁的过失呢？"

冉有说："现在那颛臾城墙坚固，离季氏的费邑又很近，现今不将它攻取，以后一定成为子孙的祸患。"

孔子说："冉求！君子讨厌那种不实说自己的贪欲而另找藉口加以掩饰的做法。我所听说的是，有国的诸侯和有家的卿大夫，不担忧贫穷而担忧财富不均，不担忧人口不足而担忧不安定。财富平均就无所谓贫穷，关系和谐就不觉得人口不足，境内安定了也就不会有倾覆之事。做到这样，远方的人还不归服，就修治文德招他们来。他们来了，就让他们安心。如今仲由、冉求你们两人辅助季孙，远方的人不归服，你们不能去招来；国家分崩离析，你们不能保全；反而要在境内使用兵力。恐怕季孙的忧虑不在颛臾，而是在鲁君这里吧。"

孔子曰："天下有道，则礼乐征伐自天子出；天下无道，则礼乐征伐自诸侯出。自诸侯出，盖十世希不失矣[①]；自大夫出，五世希不失矣；陪臣执国命[②]，三世希不失矣。天下有道，则政不在大夫。天下有道，则庶人不议。”

【注释】

①希：同“稀”，少。

②陪臣：卿大夫的家臣。

【译文】

孔子说：“天下有道，那么制礼作乐及出兵征伐都决定于天子；天下无道，那么制礼作乐及出兵征伐都决定于诸侯。这些事决定于诸侯，大概传到十代就很少不丧失权位的；决定于大夫，传到五代就很少不丧失权位的；如果是家臣掌握国政，传到三代就很少不丧失权位的。天下有道，国政不会落在大夫手中。天下有道，普通百姓不会议论政事。”

孔子曰：“禄之去公室五世矣[①]，政逮于大夫四世矣[②]，故夫三桓之子孙微矣[③]。”

【注释】

①禄：指实行爵禄的权力，即国家政权。五世：指鲁宣公、成公、襄公、昭公、定公。

②逮：及，到。四世：指把持鲁国国政以后的季氏四代，即文子、武子、平子、桓子。

③三桓：鲁国三卿仲孙、叔孙、季孙都是鲁桓公的后代，故称三桓。微：衰微。

【译文】

孔子说：“国家失去爵禄之权已经五代了，国政落在大夫手里也已经四代了，因此桓公后代的三家子孙现在也衰微了。”

孔子曰：“益者三友，损者三友。友直，友谅，友多闻，益矣。友便辟[①]，友善柔[②]，友便佞[③]，损矣。”

【注释】

①便（pián）辟：谄媚逢迎。

②善柔：当面奉承背后诋毁。

③便（pián）佞：巧言善辩，夸夸其谈。

【译文】

孔子说：“有益的朋友有三种，有害的朋友有三种。与正直的人交朋友，与守信义的人交朋友，与见闻广博的人交朋友，是有益的。与谄媚逢迎的人交朋友，与当面奉承背后诋毁的人交朋友，与巧言善辩的人交朋友，是有害的。”

孔子曰：“益者三乐，损者三乐。乐节礼乐，乐道人之善，乐多贤友，益矣。乐骄乐，乐佚游，乐晏乐，损矣。”

【译文】

孔子说：“有益的快乐有三种，有害的快乐有三种。以礼乐的调节为快乐，以称扬别人的善处为快乐，以多有良友为快乐，这是有益的。以骄纵放肆为快乐，以放纵游荡为快乐，以沉迷酒食为快乐，这是有害的。”

孔子曰：“侍于君子有三愆：言未及之而言谓之躁，言及之而不言谓之隐，未见颜色而言谓之瞽。”

【译文】

孔子说："侍奉君子易犯三种过失：言谈尚未轮及他而抢先说，叫做急躁；言谈轮及他而不说，叫做隐瞒；不看君子脸色而贸然开口，如同盲人。"

孔子曰："君子有三戒：少之时，血气未定，戒之在色；及其壮也，血气方刚，戒之在斗；及其老也，血气既衰，戒之在得。"

【译文】

孔子说："君子有三种情况应该警戒：年轻的时候，血气尚未宁定，要警戒的是迷恋女色；到了壮年，血气正当旺盛，要警戒的是争强好斗；到了老年，血气衰弱，要警戒的是贪得无厌。"

孔子曰："君子有三畏：畏天命，畏大人①，畏圣人之言。小人不知天命而不畏也，狎大人②，侮圣人之言。"

【注释】

①大人：指位居高官的人。

②狎：轻慢。

【译文】

孔子说："君子有三种敬畏：敬畏天命，敬畏高官大人，敬畏圣人的言语。小人不懂得天命因而不加敬畏，对高官大人态度轻慢，对圣人的言语多有轻侮。"

孔子曰："生而知之者上也，学而知之者次也；困而学之，又其次也；困而不学，民斯为下矣。”

【译文】

孔子说：“生来就知道的人是上等，学了然后知道的人是次一等，遇到困难而去学习的人又次一等，遇到困难还不学习，平民百姓就是这种最下等的了。”

孔子曰：“君子有九思：视思明，听思聪，色思温，貌思恭，言思忠，事思敬，疑思问，忿思难，见得思义。”

【译文】

孔子说：“君子有九种考虑：看的时候考虑是否看明白了，听的时候考虑是否听清楚了，对于脸色考虑是否温和，对于容貌考虑是否恭敬，对于言谈考虑是否忠诚，做事时考虑是否认真，遇到疑问考虑如何向人请教，发怒时考虑有何后患，见有可得的时候考虑是否合乎道义。”

孔子曰：“见善如不及，见不善如探汤[①]。吾见其人矣，吾闻其语矣。隐居以求其志，行义以达其道。吾闻其语矣，未见其人也。”

【注释】

①汤：沸水。

【译文】

孔子说：“看见好的德行就像自己赶不上一样地努力追求，看见不好的德行就像手伸入沸水那样急忙摆脱。我看见过这样的人，我也听到过这样的话。能退避隐居而坚守自己的志向，能以义行事来实施所持之道。我听到过这样的话,但没有看见过这样的人。”

齐景公有马千驷,死之日,民无德而称焉。伯夷、叔齐饿于首阳之下[①],民到于今称之。其斯之谓与[②]?

【注释】

①首阳:山名。周武王灭商后,伯夷、叔齐隐居首阳山,采薇而食,后饿死。

②其斯之谓与:此句“斯”字所指内容不明确,此章起首又没有“子曰”二字,前人或认为有缺文。

【译文】

齐景公有四千匹马,死了以后,百姓对于他的德行没有什么可称颂的。伯夷、叔齐饿死在首阳山之下,百姓到今天还称颂他们。大概就是这个道理吧?

陈亢问于伯鱼曰:“子亦有异闻乎?”

对曰:“未也。尝独立,鲤趋而过庭。曰:‘学诗乎?’对曰:‘未也。’‘不学诗,无以言。’鲤退而学诗。他日,又独立,鲤趋而过庭。曰:‘学礼乎?’对曰:‘未也。’‘不学礼,无以立。’鲤退而学礼。闻斯二者。”

陈亢退而喜曰:“问一得三,闻诗,闻礼,又闻君子之远其子也[①]。”

【注释】

①远:不偏私的意思。

【译文】

陈亢问伯鱼说:“您在您父亲那里听到什么特别的教诲吗?”

伯鱼回答:“没有。父亲曾一个人站在庭中,我恭敬地走过。他问:‘学诗没有?’我回答说:‘没有。’父亲说:‘不学诗就不知如何说话。’我退回后便学习诗。又有一天,父亲又一个人站在庭中,我恭敬地走过。他问:‘学礼没有?’我回答说:‘没有。’父亲说:‘不学礼就不知如何立身。’我退回后便学习礼。我听到的就是这两点。”

陈亢退下后高兴地说:“我问一个问题却得到三个收获,知道了应该学诗,知道了应该学礼,还知道了君子对自己的儿子没有偏私之心。”

邦君之妻,君称之曰夫人,夫人自称曰小童;邦人称之曰君夫人,称诸异邦曰寡小君;异邦人称之亦曰君夫人。

【译文】

国君的妻子,国君称她为夫人,夫人自称为小童;国内的人称她为君夫人,对别的国家则称她为寡小君;而别国的人称她也为君夫人。

阳货篇第十七

【题解】

本篇共二十六章，所述内容甚富。本篇比较集中地记录了孔子对当时道德状况的批评，这在一定程度上反映出变动时期的社会风貌，也从否定现状的角度反映出孔子的道德标准。本篇有数章记录了孔子在诗、乐等文学艺术问题上的认识观念，其中有些论说对后世产生了深远的影响，如诗可以兴、观、群、怨的见解，全面反映了诗歌所产生的社会作用，成为中国古代文学理论的一个重要内容。此外，发生在孔子用世历程中的几个事件也在本篇得到生动记述，在具体的社会背景中展示了孔子的心理活动。《论语》中没有专门讨论人性的言辞，本篇“性相近也，习相远也”是孔子唯一直接说及性的语句，后人对此语的解说颇见分歧，孟子的性善论和荀子的性恶论，就是在不同的理解基础上形成的两种学说。其他如“唯上知与下愚不移”“唯女子与小人为难养也”等语，都是后人论说纷纭的话题，尤其后一语，虽然学人多有为孔子辩解者，但这句话反映的认识局限以及产生的消极影响，当不用为尊者讳。

阳货欲见孔子[①]，孔子不见，归孔子豚[②]。

孔子时其亡也[③]，而往拜之。

遇诸涂[④]。

谓孔子曰：“来！予与尔言。”曰：“怀其宝而迷其邦，可谓仁乎?”曰:“不可。好从事而亟失时⑤,可谓知乎?”曰:“不可。日月逝矣,岁不我与。”

孔子曰:“诺,吾将仕矣。”

【注释】

①阳货:季氏家臣,又名阳虎。季氏数代把持鲁国政权,当时阳货又把持了季氏的权力。

②归:通“馈”,赠送。豚:小猪,也泛指猪。

③时:伺,等候。亡:通“无”,这里指不在家。

④涂:同“途”。

⑤亟(qì):屡次。

【译文】

阳货想让孔子来拜见他,孔子不去,于是他送给孔子一头小猪。

孔子候他不在家时前往拜谢。

两人在途中相遇了。

阳货对孔子说:“来!我要与你说话。”他说道:“身怀才干而听任国家迷乱,这可算是仁吗?”他自己接着回答:“不可。喜欢参与政事而又屡屡失去机会,这可算是聪明吗?”他又自己回答:“不可。时光流逝,岁月不等人啊。”

孔子说:“好啊,我打算出来做官了。”

子曰:“性相近也,习相远也。”

【译文】

孔子说:“人的天性本来相近,因为习惯的影响才相去甚远。”

子曰:“唯上知与下愚不移。”

【译文】

孔子说:“只有上等的智者和下等的愚人是不能改变的。”

子之武城[1],闻弦歌之声。夫子莞尔而笑[2],曰:“割鸡焉用牛刀?”

子游对曰:“昔者偃也闻诸夫子曰:‘君子学道则爱人,小人学道则易使也。’”

子曰:“二三子!偃之言是也。前言戏之耳。”

【注释】

①武城:鲁国邑名,时子游为武城宰。

②莞尔:微笑的样子。

【译文】

孔子来到武城,听到弹琴唱歌的声音。孔子微笑着说:“杀鸡何必用牛刀呀?”

子游回答说:“当初我听老师说过:‘在官位的人学礼乐之道就会爱人,百姓学礼乐之道就容易听从使唤。’”

孔子说:“学生们,言偃的话说得对。我刚才的话只是与他开玩笑罢了。”

公山弗扰以费畔[1],召,子欲往。

子路不说,曰:“末之也已[2],何必公山氏之之也[3]?”

子曰:“夫召我者,而岂徒哉?如有用我者,吾其为东周乎!”

【注释】

①公山弗扰：或说即公山不狃，季氏家臣。以费畔：指公山弗扰盘踞在费城反叛季氏。畔，通“叛”。

②末：无。之：前往。

③“何必”句：前一“之”字是助词，后一“之”字是动词。

【译文】

公山弗扰盘踞在费城发动叛乱，召孔子，孔子想去。

子路很不高兴，他说：“没有可去之处那就算了，为什么一定要去公山氏那里呢？”

孔子说：“那召我的人，难道只是空召我去吗？如果真有人用我，我将能在东方兴起周道吧！”

子张问仁于孔子。孔子曰：“能行五者于天下为仁矣。”“请问之。”曰：“恭、宽、信、敏、惠。恭则不侮，宽则得众，信则人任焉，敏则有功，惠则足以使人。”

【译文】

子张问孔子怎样才是仁。孔子说：“能在天下实行五种品格就是仁了。”

子张说：“请问哪五种？”孔子说：“庄重，宽厚，诚信，勤敏，慈惠。庄重就不会遭受侮辱，宽厚就得众人之心，诚信就能被人任用，勤敏就能卓有成效，慈惠就能很好地使唤人。”

佛肸召[①]，子欲往。

子路曰：“昔者由也闻诸夫子曰：‘亲于其身为不善者，君子不入也。’佛肸以中牟畔[②]，子之往也，如之何？”

子曰："然，有是言也。不曰坚乎，磨而不磷[③]；不曰白乎，涅而不缁[④]。吾岂匏瓜也哉[⑤]？焉能系而不食？"

【注释】

①佛肸（xī）：晋国范氏、中行氏的家臣，任中牟邑宰。晋大夫赵简子攻范、中行，佛肸据中牟予以抗拒。

②中牟：晋国邑名。

③磷：薄。

④涅：染黑。缁：黑色。

⑤匏（páo）瓜：一种植物，果实比葫芦大，味苦不被食用。

【译文】

佛肸召孔子，孔子想去。

子路说："先前我听老师说过：'自身做过坏事的那种人，君子是不会去他那儿的。'佛肸依据中牟而叛乱，您却要去，这怎么说呢？"

孔子说："对，我说过这样的话。但是，不是有真正坚硬的东西吗，那是磨也磨不薄的；不是有真正洁白的东西吗，那是染也染不黑的。我难道是那匏瓜吗？怎么能只是悬挂着而不被食用呢？"

子曰："由也！女闻六言六蔽矣乎[①]？"对曰："未也。"

"居！吾语女。好仁不好学，其蔽也愚。好知不好学，其蔽也荡。好信不好学，其蔽也贼[②]。好直不好学，其蔽也绞[③]。好勇不好学，其蔽也乱。好刚不好学，其蔽也狂。"

【注释】

①蔽：弊病。

②贼：伤害。

③绞：偏激。

【译文】

孔子说："仲由呀，你听到过六个字概括的品德以及六种弊病吗?"子路回答："没有。"

孔子说："你坐下，我告诉你。喜爱仁德而不喜爱学习，它的弊病是愚而不明。喜爱聪明而不喜爱学习，它的弊病是放荡不羁。喜爱诚信而不喜爱学习，它的弊病是自己反受伤害。喜爱直率而不喜爱学习，它的弊病是偏激尖刻。喜爱勇敢而不喜爱学习，它的弊病是作乱惹祸。喜爱刚强而不喜爱学习，它的弊病是轻率狂妄。"

子曰："小子何莫学夫诗？诗，可以兴[①]，可以观，可以群，可以怨。迩之事父，远之事君。多识于鸟兽草木之名。"

【注释】

①兴：譬喻，引譬连类。

【译文】

孔子说："你们这些学生为什么没有人学习诗呢？学习诗，可以培养联想力，可以提高观察力，可以加强合群性，可以掌握讽讽方法。近可用于事奉父母，远可用于事奉君主，还能从中多学得一些鸟兽草木的名称。"

子谓伯鱼曰："女为《周南》、《召南》矣乎[①]？人而不为《周南》、《召南》，其犹正墙面而立也与[②]？"

【注释】

①《周南》、《召南》：现为《诗经》国风开头两部分篇名。

②正墙面而立：即面墙而立，意谓既不能看见任何东西，也不能往前行进。

【译文】

孔子对伯鱼说：“你学了《周南》、《召南》的诗吗？一个人如果不学《周南》、《召南》，那就好像面对墙壁而站立着吧！”

子曰：“礼云礼云，玉帛云乎哉？乐云乐云，钟鼓云乎哉？”

【译文】

孔子说：“礼呀礼呀，难道仅指玉帛等礼器而言吗？乐呀乐呀，难道仅指钟鼓等乐器而言吗？”

子曰：“色厉而内荏①，譬诸小人，其犹穿窬之盗也与②？”

【注释】

①荏（rěn）：怯弱。

②穿窬（yú）：穿洞翻墙，指偷盗行为。窬，通“踰”。

【译文】

孔子说：“外表严厉而内心怯弱的人，如果用小人作比喻，大概像那穿洞翻墙的小偷吧？”

子曰：“乡原①，德之贼也。”

【注释】

①乡原：乡里貌似忠厚，实则没有是非同流合污的人。原，通“愿”，

谨慎老实。

【译文】

孔子说："貌似忠厚而没有是非的人，是道德的败坏者。"

子曰："道听而涂说，德之弃也。"

【译文】

孔子说："在路上听到传言就四处传播，这是道德所摒弃的。"

子曰："鄙夫可与事君也与哉①？其未得之也，患得之②。既得之，患失之。苟患失之，无所不至矣。"

【注释】

①鄙夫：指品德庸俗低劣的人。

②患得之：或以为当作"患不得之"。

【译文】

孔子说："那种鄙夫，怎么能同他一起事奉君主呢？他在没有得到职位的时候，担心得不到。当他得到职位以后，又担心失去职位。如果担心失去职位，那就会无所不用其极了。"

子曰："古者民有三疾，今也或是之亡也。古之狂也肆，今之狂也荡；古之矜也廉①，今之矜也忿戾；古之愚也直，今之愚也诈而已矣。"

【注释】

①廉：棱角。比喻人方正峭厉，难以接近。

【译文】

孔子说："古代人有三种毛病，现在或许没有那个样子的毛病了。古代的狂人肆志直言，现在的狂人荡无所据；古代矜持的人锐不可近，现在矜持的人怒而好争；古代的愚人遂性直行，现在的愚人则是挟私欺诈罢了。"

子曰："巧言令色，鲜矣仁！"①

【注释】

①此章重出，已见《学而篇》第三章。

子曰："恶紫之夺朱也①，恶郑声之乱雅乐也②，恶利口之覆邦家者。"

【注释】

①紫之夺朱：古以朱为正色，紫是间色，即杂色。春秋时一些诸侯国国君以穿紫色衣服为时尚，渐以紫为贵，取代了朱色的地位。

②雅乐：纯正典雅的音乐。

【译文】

孔子说："我厌恶以紫色取代了朱色，厌恶郑国的音乐扰乱了典雅的正音，厌恶巧嘴利舌而颠覆了国家。"

子曰："予欲无言。"子贡曰："子如不言，则小子何述焉？"子曰："天何言哉？四时行焉，百物生焉，天何言哉？"

【译文】

孔子说："我想不再说什么了。"子贡说："如果您不说，那么我们传述什么呢？"孔子说："天说了什么呢？四季照样运行，百物照样生长，天说了什么呢？"

孺悲欲见孔子[①]，孔子辞以疾。将命者出户，取瑟而歌，使之闻之。

【注释】

①孺悲：鲁国人。《礼记·杂记》载有孺悲欲向孔子学士丧礼事。

【译文】

孺悲想见孔子，孔子以生病为由拒绝了。待传话的人刚走出门，孔子就取瑟边弹边唱，故意使孺悲听到。

宰我问："三年之丧，期已久矣。君子三年不为礼，礼必坏；三年不为乐，乐必崩。旧谷既没，新谷既升，钻燧改火[①]，期可已矣[②]。"

子曰："食夫稻[③]，衣夫锦，于女安乎？"

曰："安。"

"女安，则为之！夫君子之居丧，食旨不甘[④]，闻乐不乐，居处不安[⑤]，故不为也。今女安，则为之！"

宰我出。子曰："予之不仁也！子生三年，然后免于父母之怀。夫三年之丧，天下之通丧也。予也有三年之爱于其父母乎？"

【注释】

①钻燧:古代钻木取火的方法。燧,取火之木。改火:一年四季取火之木各不相同,一年一个轮回,称改火。

②期(jī):一周年。

③稻:古代北方以稻为贵,故居丧期间不食用。

④旨:美味。

⑤居处:这里指与平日相同的居住生活。古代父母之丧,孝子要另筑草庐而居。

【译文】

宰我问道:“父母死后要居丧三年,这个期限太长了。君子三年不习礼仪,礼仪必会废弃;三年不奏音乐,音乐必会亡失。陈谷已经吃完,新谷已经登场,取火之木的更换也经过了一个轮回,居丧一年也就可以了。”

孔子说:“居丧不到三年你就吃稻米,穿锦衣,你会心安吗?”

宰我说:“心安。”

孔子说:“如果你心安,那你就这么做好了。君子在居丧期间,吃美食无味,听音乐不快乐,住在家中不安适,因此不这样做。如今你觉得心安,那你就这样做好了。”

宰我退了出去。孔子说:“宰予不仁啊!儿女生下后,三年后才能离开父母的怀抱。那三年的丧期,是天下通行的呀。宰予对他死去的父母有三年之爱吗?”

子曰:“饱食终日,无所用心,难矣哉!不有博弈者乎①?为之,犹贤乎已②。”

【注释】

①博弈:博和弈是两种棋类游戏。

②贤:胜过。已:止。

【译文】

孔子说:“整日吃饱了饭,无处用心,难有出息呀!不是有棋类游戏吗?即使做这样的游戏,也比什么都不做好些。”

子路曰:“君子尚勇乎?”子曰:“君子义以为上,君子有勇而无义为乱,小人有勇而无义为盗。”

【译文】

子路说:“君子崇尚勇敢吗?”孔子说:“君子认为义是最可崇尚的,君子只有勇而没有义,就会逆反作乱;小人只有勇而没有义,就会成为强盗。”

子贡曰:“君子亦有恶乎?”子曰:“有恶。恶称人之恶者,恶居下流而讪上者①,恶勇而无礼者,恶果敢而窒者②。”

曰:“赐也亦有恶乎?”“恶徼以为知者③,恶不孙以为勇者,恶讦以为直者④。”

【注释】

①流:衍文,晚唐前《论语》无此字。讪:毁谤。

②窒:阻塞不通,指固执而不通事理。

③徼(jiǎo):抄袭。

④讦(jié):揭发别人的阴私。

【译文】

子贡说:“君子也有憎恶的事吗?”孔子说:“有憎恶的事。憎恶喜欢议论别人坏处的人,憎恶居下位而毁谤位高者的人,憎恶勇敢而不懂礼的人，憎恶果敢而顽固不化的人。”

孔子接着问：“赐，你也有憎恶的事吗？”子贡说：“我憎恶抄袭别人而自以为聪明的人，憎恶不懂谦虚而自以为勇敢的人，憎恶揭人阴私而自以为正直的人。”

子曰：“唯女子与小人为难养也，近之则不孙，远之则怨。”

【译文】

孔子说：“只有女子与小人是最难养的，与他们亲近了，他们就会不逊从；与他们疏远了，他们就会怨恨。”

子曰：“年四十而见恶焉，其终也已。”

【译文】

孔子说：“到了四十岁还被人厌恶，这个人的一生是无望了。”

微子篇第十八

【题解】

本篇共十一章，比较集中地记述了孔子在出仕问题上的观念和原则。虽然记述的事件和言语不在一地一时，表达的角度也各有所异，但反映的则是孔子一贯的政治原则和人生追求。孔子以他的不懈追求说明着一个基本道理，出仕不仅是为了行道，还在于其本身就具有维护伦理秩序的意义。如果说长幼之节是存在于人类中的天然现象，不可能人为地消除，那么，由此延伸的君臣之义就同样不可废除。于是，一个具有自觉意识的人，理应以自己的行动去维护这一层伦理关系，如果人只考虑自身的高洁而不出仕，那么没有了臣，又何来君王的至尊地位。与此同时，孔子认识到，君臣之间的正常关系，需要君臣共同加以维护。不过，他除了从周公等古代圣贤身上看到自己的理想，现实留给他的只是无尽的失望。孔子历尽挫折，终究未能在仕途上完成自己的使命，但他对学生的教育则始终贯彻着他的出仕原则，这在本篇也得到了充分表现。

微子去之①，箕子为之奴②，比干谏而死③。孔子曰："殷有三仁焉。"

【注释】

①微子：殷纣王的哥哥，名启，见纣王无道而离去。

②箕子：殷纣王的叔父，屡谏纣王而不听，于是装疯，被囚为奴。

③比干：殷纣王的叔父，强谏纣王而被杀。

【译文】

微子离开了殷纣王，箕子成为纣王的奴隶，比干进谏而被杀。孔子说："殷朝有三位仁人。"

柳下惠为士师[1]，三黜。人曰："子未可以去乎？"曰："直道而事人，焉往而不三黜？枉道而事人，何必去父母之邦？"

【注释】

①士师：官名，掌管律令刑狱。

【译文】

柳下惠担任典狱官，多次被罢免。有人对他说："您不可以离开鲁国吗？"他说："坚守正道而事奉人，到哪里不是屡被罢免？如果按照邪道事奉人，那又何必要离开自己的父母之国呢？"

齐景公待孔子曰："若季氏，则吾不能；以季、孟之间待之[1]。"

曰："吾老矣，不能用也。"孔子行。

【注释】

①季、孟之间：鲁国三卿中，季氏为上卿，位最贵，孟氏为下卿，故有此季、孟之间的说法。

【译文】

齐景公讲到如何对待孔子时说："像鲁君对待季氏那样来待孔子，我做不到，我以介于季氏和孟氏之间的待遇来对待他。"

后来他又说："我老了，不能够用他了。"于是孔子离开了齐国。

齐人归女乐[①]，季桓子受之[②]，三日不朝，孔子行[③]。

【注释】

①女乐：歌舞伎。

②季桓子：鲁国大夫季孙斯，鲁定公时为实际执政者。

③孔子行：事在鲁定公十三年，孔子时任鲁国司寇，他辞职离开鲁国即前往卫国。

【译文】

齐国向鲁国赠送一批歌姬舞女，季桓子接受了，且三天不行朝礼听政，于是孔子离开了鲁国。

楚狂接舆歌而过孔子曰[①]："凤兮凤兮！何德之衰？往者不可谏，来者犹可追。已而，已而！今之从政者殆而！"

孔子下，欲与之言。趋而辟之，不得与之言。

【注释】

①接舆：楚国一位装作狂人的隐者，接舆不是他的姓名，因接孔子之车舆，遂作此称。

【译文】

楚国狂人接舆歌唱着走过孔子坐的车，他唱道："凤呀凤呀！为什么你的德行这样的衰微？以往的已不可挽回，未来的还可以追补。罢了，罢了！现在的当政者都是些危殆不可救的人啊！"

孔子下车，想同他说话，接舆快步避开了，孔子没能和他交谈。

长沮、桀溺耦而耕[①]，孔子过之，使子路问津焉[②]。

长沮曰："夫执舆者为谁[③]？"

子路曰："为孔丘。"

曰："是鲁孔丘与？"

曰："是也。"

曰："是知津矣[④]。"

问于桀溺。

桀溺曰："子为谁？"

曰："为仲由。"

曰："是鲁孔丘之徒与？"

对曰："然。"

曰："滔滔者天下皆是也，而谁以易之[⑤]？且而与其从辟人之士也[⑥]，岂若从辟世之士哉？"耰而不辍[⑦]。

子路行以告。

夫子怃然曰[⑧]："鸟兽不可与同群，吾非斯人之徒与而谁与？天下有道，丘不与易也。"

【注释】

①长沮、桀溺：两个隐者，此不是真实姓名。耦而耕：两人并耕。

②津：渡口。

③执舆：即执辔，手持马缰绳。本是子路执辔驾车，因子路下车问津，故孔子代为执辔。

④是知津矣：这是讽刺孔子的话，意谓他长期在外周游，故熟知渡口。

⑤以：相当于"与"。

⑥而：你。

⑦耰(yōu):用土覆盖播下的种子。

⑧怃(wǔ)然:怅然失意的样子。

【译文】

长沮、桀溺两人一起在耕田,孔子从田边经过,让子路向他们问问渡口在哪里。

长沮说:"车上手持马缰绳的那个人是谁?"

子路说:"是孔丘。"

长沮问:"是鲁国的孔丘吗?"

子路说:"是的。"

长沮说:"他自己就知道渡口在哪里。"

子路又问桀溺。

桀溺说:"您是谁?"

子路说:"我是仲由。"

桀溺说:"您是鲁国孔丘的门徒吗?"

子路回答:"是。"

桀溺说:"如同那江水滔滔,遍天下都一般混乱,能够同什么人去改变它?而你与其跟从那逃避坏人的人,还不如跟从逃避社会的人。"他一面说,一面不停地耙土。

子路回来把这些话告诉孔子。

孔子怅然若失地说:"我们不可与鸟兽合群共处,我们不与人群交往又与什么交往呢?若天下有道,我也不用与你们一起进行变革了。"

子路从而后,遇丈人①,以杖荷蓧②。

子路问曰:"子见夫子乎?"

丈人曰:"四体不勤,五谷不分,孰为夫子?"植其杖而芸③。

子路拱而立。

止子路宿,杀鸡为黍而食之,见其二子焉。

明日,子路行以告。

子曰:“隐者也。”使子路反见之。至,则行矣。

子路曰:“不仕无义。长幼之节,不可废也;君臣之义,如之何其废之?欲洁其身,而乱大伦。君子之仕也,行其义也。道之不行,已知之矣。”

【注释】

①丈人:老人。

②荷:肩负。蓧(diào):用于除草的竹制农具。

③植:竖立。芸:除草。

【译文】

子路随从孔子行走时落在了后面,他遇见一位老人,老人用拐杖担着除草农具。

子路问他:“您看见我的老师吗?”

老人说:“你这人四肢不劳动,五谷不能分辨,什么人是你的老师呀?”说着,把拐杖插立在地上去除草了。

子路拱着手恭敬地站着。

老人留子路到他家宿夜,杀鸡做饭给他吃,并让自己的两个儿子与子路相见。

第二天,子路辞别,到孔子那里把这件事告诉了他。

孔子说:“这是一位隐士。”让子路再返回去见他。子路到了老人的家,老人却已出行。

子路说:“不肯做官是不合义的。长幼之间的关系是不可能废弃的,那么君臣之间的关系又怎么能废弃呢?想使自身保持高洁,却是损坏了君臣大伦。君子出来做官,也就是为了实行君臣之义。至于道不能够实行,这早就知道了。”

逸民[①]:伯夷、叔齐、虞仲、夷逸、朱张、柳下惠、少连[②]。子曰:“不降其志,不辱其身,伯夷、叔齐与!”谓“柳下惠、少连,降志辱身矣,言中伦,行中虑,其斯而已矣”。谓“虞仲、夷逸,隐居放言[③],身中清,废中权[④]。我则异于是,无可无不可”。

【注释】

①逸民:遗佚于世的人。

②虞仲、夷逸、朱张、少连:四人事迹不可确考。

③放言:不谈世事的意思。放,置。

④权:权变,因事制宜。

【译文】

遗佚于世的人有伯夷、叔齐、虞仲、夷逸、朱张、柳下惠、少连。孔子说:“他的志向不屈抑,他的人身不受辱,这是伯夷、叔齐吧!”又说:“柳下惠、少连,他们志有所屈身有所辱了,但言语合于伦理,行为经过思虑,也就这样罢了。”又说:“虞仲、夷逸,他们隐居而不谈世事,自身保持清白,废弃世事也合乎权变的道理。我则不同于这些人,我不是这样才可以,也不是这样就一定不可以。”

大师挚适齐[①],亚饭干适楚[②],三饭缭适蔡,四饭缺适秦,鼓方叔入于河[③],播鼗武入于汉[④],少师阳、击磬襄入于海[⑤]。

【注释】

①大师：鲁国乐官之长。大，通“太”。挚：人名。

②亚饭：乐师，古代天子诸侯吃饭时都奏乐，每次吃饭所奏音乐各异，亚饭即第二次进食时奏乐的乐师。以下三饭、四饭也由此得名。干：人名。以下缭、缺皆人名。

③鼓：击鼓者。方叔：人名。

④播：摇。鼗（táo）：一种摇鼓。武：人名。

⑤少师：乐官名。阳：人名。襄：人名。

【译文】

太师挚去了齐国，亚饭乐师干去了楚国，三饭乐师缭去了蔡国，四饭乐师缺去了秦国，击鼓的方叔入居黄河一带，摇小鼓的武入居汉水一带，少师阳和击磬的襄入居海边。

周公谓鲁公曰①：“君子不施其亲②，不使大臣怨乎不以③。故旧无大故④，则不弃也。无求备于一人。”

【注释】

①鲁公：周公的儿子伯禽，封于鲁。

②施：通“弛”，遗弃，忘却。

③以：用。

④大故：指严重的罪恶过失。

【译文】

周公对鲁公说：“君子不冷落他的亲族，不使大臣怨恨自己没被任用。老臣故友没有严重的过错，就不要遗弃他。不要对一个人求全责备。”

周有八士：伯达、伯适、仲突、仲忽、叔夜、叔夏、季随、季騧[1]。

【注释】

①八人的事迹不可考。

【译文】

周朝有八位士人：伯达、伯适、仲突、仲忽、叔夜、叔夏、季随、季騧。

子张篇第十九

【题解】

本篇共二十五章，全部是孔子学生的言论。这些言谈当发生在孔子去世以后，故先于孔子去世的一些学生，如颜回、子路等均未出现。本篇结构即以孔子五个学生的先后排列而成。在孔子身后，这五个学生都有比较大的影响。《韩非子·显学》称孔子以后儒分为八，子张之儒列于第一。子夏授学于西河，门下多有知名儒者。子游、曾参均设坛讲学，孟子理论受到他们的影响甚多。子贡则以政事见长，建有不少实际功绩。本篇所论既有君子士人的学习、品行、立身行事等内容，也有同门间对某些问题的讨论交流，同时也可看到学生们对孔子的久远怀思。

子张曰："士见危致命，见得思义，祭思敬，丧思哀，其可已矣。"

【译文】

子张说："士人遇见危险能献出生命，见有所得能考虑是否合乎义，祭祀时想到恭敬，居丧时想到哀伤，那也就可以了。"

子张曰："执德不弘，信道不笃，焉能为有？焉能为亡[①]？”

【注释】

①“焉能为有”两句：意谓这样的人有不足为重，无不足为轻。

【译文】

子张说：“持守道德却不能光大，信仰大道却不忠诚，这种人怎能算他有？又怎能算他没有？”

子夏之门人问交于子张。子张曰：“子夏云何？”

对曰：“子夏曰：‘可者与之，其不可者拒之。’”

子张曰：“异乎吾所闻。君子尊贤而容众，嘉善而矜不能[①]。我之大贤与，于人何所不容？我之不贤与，人将拒我，如之何其拒人也？”

【注释】

①矜：同情，怜悯。

【译文】

子夏的学生问子张怎样交友。子张问：“子夏怎么说呢？”

学生答道：“子夏说：‘可以为友的就与他相交，不可为友的就拒绝与他相交。’”

子张说：“我所听到的与此不同。君子尊重贤人而容纳众人，称赞善人而怜悯无能的人。我若是个大贤呢，对什么人不能容纳？我若是个不贤之人，那别人就会拒绝我，我怎么可能去拒绝别人呢？”

子夏曰：“虽小道，必有可观者焉，致远恐泥[①]，是以君子不为也。”

【注释】

①泥:滞陷不通。

【译文】

子夏说:“即使是小技艺,也必有可取的地方,但恐怕妨碍远大事业的实现,所以君子不从事小技艺。”

子夏曰:“日知其所亡,月无忘其所能,可谓好学也已矣。”

【译文】

子夏说:“每天能知道自己原来所不知道的,每月能不忘记自己已经学到的,这可说是好学的了。”

子夏曰:“博学而笃志,切问而近思,仁在其中矣。”

【译文】

子夏说:“广博地学习,并能坚守志趣;问与自己所学切近的问题,并思考近前的事,仁就在其中了。”

子夏曰:“百工居肆以成其事[①],君子学以致其道。”

【注释】

①肆:手工业作坊。

【译文】

子夏说:“各种工匠居于作坊来完成他们的工作,君子通过学习来获得道。”

子夏曰："小人之过也必文。"

【译文】

子夏说："小人有了过错必作掩饰。"

子夏曰："君子有三变：望之俨然，即之也温，听其言也厉。"

【译文】

子夏说："君子有三个变化的形象：远远望去庄重威严，与他接近温和可亲，听他说话义正词严。"

子夏曰："君子信而后劳其民；未信，则以为厉己也[①]。信而后谏；未信，则以为谤己也。"

【注释】

①厉：虐害，欺压。

【译文】

子夏说："君子在取得信任后才使唤百姓；未取得信任就这样做，百姓会以为是虐害他们。君子在取得信任后才进谏君主；未取得信任就这样做，君主会以为是诽谤他。"

子夏曰："大德不逾闲[①]，小德出入可也。"

【注释】

①闲：栅栏等阻隔物，这里指界限。

【译文】

子夏说："大的德行不可逾越界限，小的德行有些出入是可以的。"

子游曰："子夏之门人小子，当洒扫应对进退，则可矣，抑末也。本之则无，如之何？"

子夏闻之，曰："噫！言游过矣！君子之道，孰先传焉？孰后倦焉[①]？譬诸草木，区以别矣。君子之道，焉可诬也？有始有卒者，其惟圣人乎！"

【注释】

①"孰先传焉"两句：意谓传授君子之道，哪里是刻板地确定什么在先什么在后，而放在后面传授的也不表示倦于教诲，其实只是根据弟子的学业情况区别对待而已。倦，这里用"诲人不倦"的语义，即倦教的意思。

【译文】

子游说："子夏的这些学生啊，让他们担当洒水扫地及以言辞仪容应对宾客，那是可以的，但这只是细枝末节罢了。至于根本的道理却没有学到，这怎么行呢？"

子夏听到了这番话，说："咳！言游的话错了！君子之道，哪里是什么内容一定先传授？什么内容放在后面就倦于教诲？其实就像草木，是要对不同种类加以区别的。君子之道，怎么可以欺诬？而能对道按本末顺序、有始有终贯通的，大概只有圣人了！"

子夏曰："仕而优则学，学而优则仕。"

【译文】

子夏说："做官而有余力便去学习，学习而有余力便去做官。"

子游曰："丧致乎哀而止。"

【译文】

子游说："居丧能充分表达哀情就可以了。"

子游曰："吾友张也为难能也，然而未仁。"

【译文】

子游说："我的朋友子张可说是难能可贵的了，但还没有达到仁。"

曾子曰："堂堂乎张也[①]，难于并为仁矣。"

【注释】

①堂堂：形容容貌仪表壮伟。或说形容为人高不可及，不平易亲近。今从前说。

【译文】

曾子说："子张仪容堂堂，难于和他共行仁道啊。"

曾子曰："吾闻诸夫子：人未有自致者也[①]，必也亲丧乎！"

【注释】

①致:竭尽,这里指真情不能自已而尽其极。

【译文】

曾子说:"我听老师说过:人没有自己竭尽其情的,如有,一定是遇到父母去世的时候吧!"

曾子曰:"吾闻诸夫子:孟庄子之孝也①,其他可能也,其不改父之臣与父之政,是难能也。"

【注释】

①孟庄子:鲁国大夫,姓仲孙,名速。其父仲孙蔑,即孟献子,也是鲁国大夫,有贤德。

【译文】

曾子说:"我听老师说过:孟庄子的行孝,别的方面还可做到,而他不换父亲所用的人,不变父亲所实行的政事,这是很难做到的。"

孟氏使阳肤为士师①,问于曾子。曾子曰:"上失其道,民散久矣。如得其情,则哀矜而勿喜!"

【注释】

①阳肤:曾子学生。

【译文】

孟氏命阳肤任典狱官,阳肤向曾子请教。曾子说:"在上位的人不按道行事,民心离散已久。如果你审知犯罪实情,应该哀悯他们,而不要高兴自己的明察!"

子贡曰:“纣之不善[1],不如是之甚也。是以君子恶居下流[2],天下之恶皆归焉。”

【注释】

①纣:商朝末代君王。

②下流:地势低下的处所,比喻恶名归集的地位。

【译文】

子贡说:“纣王的不善,也不像如今传说的那样厉害。所以君子不肯居于下流之地,以致天下的恶名都归集到他身上。”

子贡曰:“君子之过也,如日月之食焉。过也,人皆见之;更也,人皆仰之。”

【译文】

子贡说:“君子的过失犹如日食月食。有过失的时候,人人都能看见;改正的时候,人人都仰望着。”

卫公孙朝问于子贡曰[1]:“仲尼焉学?”子贡曰:“文武之道,未坠于地,在人。贤者识其大者,不贤者识其小者。莫不有文武之道焉。夫子焉不学?而亦何常师之有?”

【注释】

①公孙朝:卫国大夫。

【译文】

卫国的公孙朝问子贡说:“仲尼的学问是从哪里学得的?”子贡说:“文王武王之道并没有流失,就存在人世。贤者认识到它的大处,不贤者只知道它的枝节。没有一处不存有文王武王之道。我的老师何处不能学习？又哪里有固定的传授之师呀？”

叔孙武叔语大夫于朝曰[①]:“子贡贤于仲尼。”

子服景伯以告子贡。

子贡曰:“譬之宫墙[②],赐之墙也及肩,窥见室家之好。夫子之墙数仞[③],不得其门而入,不见宗庙之美,百官之富[④]。得其门者或寡矣。夫子之云[⑤],不亦宜乎!”

【注释】

①叔孙武叔:鲁国大夫,名州仇,谥号武。

②宫墙:围墙。

③仞:古代长度单位,一仞为七尺,或说八尺。

④官:房舍。

⑤夫子:指叔孙武叔。

【译文】

叔孙武叔在朝中对诸大夫说:“子贡比仲尼更优秀。”

子服景伯把这话告诉子贡。

子贡说:“就用围墙作比方吧,我家的围墙只有肩膀那么高,人们可以直接望见墙内房屋的美好。我老师的围墙高达数丈,不找到大门进入,就不能看到宗庙的华美和房舍的富丽。而能找到大门的人或许不多吧。那位先生这样说,不也是自然的吗?”

叔孙武叔毁仲尼。子贡曰:“无以为也!仲尼不可毁也。他人之贤者,丘陵也,犹可逾也。仲尼,日月也,无得而逾焉。人虽欲自绝,其何伤于日月乎?多见其不知量也[①]。”

【注释】

①多:通“祇”,不过。

【译文】

叔孙武叔毁谤仲尼。子贡说:“不要这样做!仲尼是毁谤不了的。其他贤者好比是丘陵,还可以逾越。仲尼好比是日月,不可能逾越。即使有人自己要与日月决绝,那对日月又有什么损害呢?这只是显出他的不自量罢了。”

陈子禽谓子贡曰:“子为恭也,仲尼岂贤于子乎?”

子贡曰:“君子一言以为知,一言以为不知,言不可不慎也。夫子之不可及也,犹天之不可阶而升也。夫子之得邦家者,所谓立之斯立,道之斯行,绥之斯来,动之斯和。其生也荣,其死也哀,如之何其可及也?”

【译文】

陈子禽对子贡说:“你不过是恭谦吧,难道仲尼真比你优秀吗?”

子贡说:“君子可由一句话显出他的聪明,也可由一句话显出他的无知,所以出言不可不谨慎啊。我的老师是不可企及的,犹如天不可用阶梯攀升一样。如果我的老师得国为诸侯,或得封邑为卿大夫,那真如我们所说的,教百姓立身于世,百姓就会立身于世;引导百姓,百姓就前行;安抚百姓,百姓就来归附;鼓动百姓,百姓就齐心协力。他生而享有尊荣,死而令人哀痛,他怎么能够企及呢?”

尧曰篇第二十

【题解】

本篇共三章。首章记叙尧、舜、禹、商汤及周武王治理天下的重要言论，并进而提出了当今治政的基本原则。次章记叙孔子与子张关于治政的对话，中心内容是如何治理教化人民的问题，孔子提出的“五美”“四恶”集中表达了他对从政者的理想化要求。末章为孔子知命立身之论。关于本篇内容后人多有存疑者。《汉书·艺文志》云：“《论语》古二十一篇。出孔子壁中，两《子张》。”有人据此认为本篇后两章当别为一篇，与以上第十九篇构成两个《子张篇》，并以为产生这种情况是因为《论语》非一人所撰。又有人认为本篇首章相当于全书的后序。也有人认为本篇继历代圣君而陈述后王之法，实乃战国末年出现的观念，故疑此文字为后人附加。可谓诸说纷呈，莫衷一是。不过，认为本篇文字有脱佚，则是大多数学者所认同的。

尧曰：“咨！尔舜！天之历数在尔躬①，允执其中②。四海困穷，天禄永终。”

舜亦以命禹。

曰：“予小子履敢用玄牡③，敢昭告于皇皇后帝④：有罪不敢赦。帝臣不蔽，简在帝心⑤。朕躬有罪⑥，无以万方。万方有罪，罪在朕躬。”

周有大赉[7]，善人是富。“虽有周亲[8]，不如仁人。百姓有过，在予一人。”

谨权量[9]，审法度[10]，修废官，四方之政行焉。兴灭国，继绝世，举逸民，天下之民归心焉。

所重：民、食、丧、祭。

宽则得众，信则民任焉[11]，敏则有功，公则说。

【注释】

①历数：指帝王相继的次序。

②允：诚信。

③履：商汤的名字。玄牡：黑色的公牛。或说这一段是商汤祈雨之词。

④昭：明白。后帝：天帝。

⑤简：即简阅，考察。

⑥朕：我。自秦始皇以后专作皇帝的自称。

⑦赉（lài）：赏赐，这里指封诸侯。

⑧周亲：至亲。或说此下四句即周武王封诸侯之辞。

⑨权：秤。量：斗斛。

⑩法度：指量长度的寸、尺、丈等。

⑪信则民任焉：有多个版本无此句，故有人疑此句为衍文。

【译文】

尧说：“唉！舜啊！上天所定的帝王列位已经落到你身上了，要忠实地执行正确原则。如果四海百姓陷入穷困之中，上天赐你的禄位也就永远终结了。”

舜也以同样的话告诫禹。

商汤说：“我小子履谨用黑色公牛作祭品，明白地禀告庄严伟大的天帝:对于有罪的人我不敢擅自赦免。对于天帝臣仆的善恶,我也不会欺瞒掩盖,天帝心中自是明察一切。我若有罪,不要牵累天下万方。天下万方若有罪,则归我一人承担。”

周朝广封诸侯,使善人都富贵起来。“我虽有至亲,但不如有仁人。如果百姓有过失,由我一人承担。”

谨慎检验并审定度量衡,修复废弃不全的官职,四方的政令就通行了。复兴灭亡的国家,再续受封者断绝的后代,举用遗逸的人才,天下的百姓都会诚心归附了。

所重视的是:人民、粮食、丧礼、祭祀。

宽厚就得民心,诚信就得人任用,勤敏就会有功绩,公平就会使百姓高兴。

子张问于孔子曰:“何如斯可以从政矣?”

子曰:“尊五美,屏四恶①,斯可以从政矣。”

子张曰:“何谓五美?”

子曰:“君子惠而不费,劳而不怨,欲而不贪,泰而不骄,威而不猛。”

子张曰:“何谓惠而不费?”

子曰:“因民之所利而利之,斯不亦惠而不费乎?择可劳而劳之,又谁怨?欲仁而得仁,又焉贪?君子无众寡,无小大,无敢慢,斯不亦泰而不骄乎?君子正其衣冠,尊其瞻视②,俨然人望而畏之,斯不亦威而不猛乎?”

子张曰:“何谓四恶?”

子曰:“不教而杀谓之虐;不戒视成谓之暴;慢令致期谓之贼;犹之与人也③,出纳之吝谓之有司④。”

【注释】

①屏:除去。

②瞻视:指外观,仪容。

③犹之:均之,同样。

④出纳:这里是"出"的意思。有司:指负责具体事务的小吏,这里表示治理政事不可像有司处理具体事务那样刻板琐细。

【译文】

子张问孔子说:"怎样才可以从事政治?"

孔子说:"尊崇五种美德,屏除四种恶政,这样就可以从事政治了。"

子张问:"五种美德指什么?"

孔子说:"君子施惠于民而自己无所耗费,使唤百姓而百姓不怨恨,有意欲而无所贪求,安泰而不骄傲,威严而不凶猛。"

子张问:"怎样才是施惠于民而自己无所耗费?"

孔子说:"根据百姓能够得到利益的具体所在而使他们得利,这不就是施惠于民而自己无所耗费吗?选择可以使唤百姓的时候而使唤他们,又有谁会怨恨呢?意欲仁道而达到仁道,又贪求什么呢?无论人多人少,无论势力大小,君子都不敢怠慢,这不就是安泰而不骄傲吗?君子衣冠整齐,仪容尊严,庄重的神情令人望见就生出敬畏之心,这不就是威严而不凶猛吗?"

子张问:"四种恶政是什么呢?"

孔子说:"不先行教育就加杀戮叫做虐;不先告戒而要求立即成功叫做暴;政令下达后,前期懈怠,后突然限期紧迫叫做贼;同是给人财物,却锱铢必较,这是具体办事人员的作派。"

孔子曰:"不知命,无以为君子也。不知礼,无以立也。不知言,无以知人也。"

【译文】

孔子说："不懂得命，不能成为君子。不懂得礼，不能立身于社会。不懂得辨析别人的言语，不能了解人。"

大　学

徐儒宗　译注

前言

《大学》是一部以“德治”为指导思想的政治哲学。它的书名含义，就是在大学(又称太学，古代全国的最高学府)里所讲授的博大而精深的圣王之学，也称为“大人之学”。

现存《礼记》中的《大学》原文，编次颇多错乱，经后儒修订，故有多种改本，而以朱子《大学章句》所定的分章层次最为分明而有系统，又最为大家所熟悉，所以本编的正文也采用了这一编次。

《大学》的作者为谁，史无明文记载，据朱子考定为孔子的学生曾子所作，后人多从其说。清代曾有学者提出《大学》为汉儒所作的观点，但因证据不足，未被人们所普遍接受。故本编仍沿用朱子旧说，定为曾子所作。

关于《大学》的宗旨，朱子认为《大学》是“为学纲目”，是“修身治人底规模”，好像盖房子，读《大学》等于搭好房子的“间架”，以便将来“却以他书填补进去”。这就是说，无论从做学问研究儒家诸多经典出发，还是从实践上从事修己治人的人生事业出发，《大学》都已为人们指明了全局的规模、前进的方向和具体的步骤。所以，《大学》既是学者“初学入德之门”，又是整个儒家思想体系的最高纲领。

《大学》虽然可以作为每个人立身处世、进德修业的指南，然而从《大学》的立言本旨而言，显然是把在位执政者作为对象的，尤其是对最高统治者——天子提出的严格要求。这是因为，天子是决定天下治乱的关键人物，天子的品德才智可以左右天下的兴衰和人民的祸福，所以，《大学》的全部内容基本上都是从天子及其最高统治集团的立场出发的，因而历代学者都把《大学》视为“帝王之学”。

《大学》依据孔子“仁”的思想，以“德治”作为指导，阐明了儒家“修己以安人”的圣王之道。所谓圣王之道，可以分为两大部分：一是属于“内圣”范围的“修己”工夫，一是属于“外王”范围的“安人”事业。对此，全书提出了三条基本原则和八个具体步骤。三条基本原则就是“明明德”、“亲(新)民”、“止于至善”，即谓之“三纲领”。《大学》认为，人生来就具有善良的“明德”，但入世以后，“明德”被利欲所掩，需要经过“大学之道”的教育，重新发扬明德，然后推己及人以革新民心，共同达到道德完善的境地。具体说来，就是要通过八个步骤进行努力，这就是“格物”、“致知”、“诚意”、“正心”、“修身”、“齐家”、“治国”、“平天下”，即谓之“八条目”。在“八条目”中，“修身”是根本，前四项是“修身”的前提，后三项是“修身”的目的。

《大学》认为，“修身”的先务是“格物”、“致知”，就是首先要明白事物的道理，然后对于善恶、吉凶的因果关系才有所认识，并促使自己除去被利欲所染的习气以恢复固有的善性，从而趋向于“至善”之境；既已认识到以达到“至善”为自己奋斗的目标，然后通过“诚意”和“正心”的修养工夫，追求道德、才智上的自我完善，其中格物、致知属于知识修养范围，诚意、正心属于道德修养范围，知识和道德兼修并进，以期达到“修身”的目的。这就是三纲领中的“明明德”之事，亦即“内圣”范围内的“修己”之道。修养好德才兼备的自身，就为进一步从事齐家、治国、平天下的济世安民事业打下了基础。齐家、治国、平天下三者就是三纲领中的“亲(新)民”之事，亦即“外王”范围内的“安民”乃至“安百姓”的事业。“明明德”和“亲(新)民”两方面的最后成功，达到天下太平，人民安居乐业，那就是达到了“内圣”与“外王”高度统一的“至善”之境。若能长久保持这种“至善”之境而不失，则三纲领中的最后一项“止于至善”的最高目标也就达到了。因此，只有天子能首先严格要求自己而自明其明德，并能以身作则推及天下之民而与之更新，然后普天下才能臻乎至善之境。天子若能以忠恕之心，行仁义之政，是诚可谓“放诸四海而皆准，百世以俟圣人而不惑”的道理。这一理论体系，建立了整个儒学的框架，从而获得了儒家思想中的崇高地位。

当然，就《大学》的内容和教导的实际而言，是要求人人能正心、诚意，个个能修身、齐家。正心、诚意，是“大人”和常人修己的起点；齐家，更是人人的希望和职责；治国、平天下，也是一国之人乃至普天下之人的共同愿望；何况治国、平天下的共同基础，又是建立在每个人的正心和修身之上！这说明《大学》不仅是“大人”之学，更是人人所需要的常人之学。学好《大学》，用功久了，功夫纯熟了，自然就能成为知识渊博、道德理想高尚的“大人”，不因地位的高低、职业的尊卑而受影响。所以，这样的“大人”，是人人都能做到的。

如果用现代意识来解构《大学》，我们不但可以将其视为政治上的领导哲学、企业上的管理哲学，而且可以将其视为我国古代思想政治教育大纲。“三纲领”是中国古代教育的总纲领，“八条目”是它的具体措施、步骤和主要内容，而其中的“修身”则是它的中心任务。更准确地说，《大学》是我国古代大学的教育路线和方针。这条教育路线是以品德教育为核心的德才并重的教育。这个教育方针包括教育纲领、教育目标、教育任务、教育原则、教育内容、教育方法、教育措施和途径等内容，旨在培养合格的修身、齐家、治国、平天下的栋梁之才。这对于提高全民素质，创建和谐社会来说，更有其取之不尽的文化资源。

经文

【题解】

经文是《大学》的总纲，也是《大学》的宗旨，具有统摄全书的重要作用，是其余各章的根据。所以朱子的《大学章句》认为“经一章，盖孔子之言，而曾子述之；其传十章，则曾子之意而门人记之也”，即认为本章是孔子的话，由他的学生曾子记录下来，所以被称为神圣的“经”，使之与以下十章区分开来；而以下十章则是对本章经文的阐发，故称为“传”。

孔子在这里以非常精练的语言，阐述了“大学之道”亦即儒家的政治哲学的基本纲领，提出了关于圣王“修己以安人”的三大原则和八项具体步骤，简称为“三纲领”、“八条目”。“三纲领”是明明德、亲（新）民、止于至善；“八条目”是格物、致知、诚意、正心、修身、齐家、治国、平天下。文中首先论述了“三纲领”的次序和由“明明德”达到“止于至善”的方式方法，以及三者之间的本末关系；其次论述了“八条目”的先后次序和其间的关系，以及由“格物”达到“平天下”的具体步骤；最后提出“修身”是“大学之道”的根本，以及正确掌握“本末”关系的重要性。这“三纲八目”基本上包含了古代儒家学说的全部精神，只要我们把握了这几条纲目，就能清楚理解儒家学说的深文奥义，也就是找到了登堂入室的钥匙和门径。

“三纲”和“八目”又是一个总体目标和具体步骤的关系。“三纲”是人生追求的终极目标，“八目”是达到这一目标的舟楫阶梯。“三纲八目”本身又分为两大方面，即“修己”和“安人”。“修己”是向内“明明德”的功夫，其途径包括格物、致知、诚意、正心、修身五级，相当于“内圣”之学；“安人”是向外“新民”的事业，包括齐家、治国、平天下三级，相当于所谓“外王”之学；而其中“修身”又是两大方面的枢纽。其总体目标则在于达到道德和功业亦即“内圣”与“外王”高度统一的“至善”境界。

大学之道①，在明明德②，在亲民③，在止于至善④。

知止而后有定⑤，定而后能静，静而后能安，安而后能虑，虑而后能得⑥。

物有本末⑦，事有终始。知所先后，则近道矣⑧。

【注释】

①大学：即“太学”，相对于小学而言。《大戴礼记·保傅》说：“束发而就大学，学大艺焉，履大节焉。”道：本义是道路。在中国古代哲学、政治学里，“道”有时指宇宙万物的本原、本体，有时指原则、规律，有时指一定的世界观、政治观或思想体系，有时指方法、办法。这里可理解为大学里的教育方针。

②明明德：前一个明，动词，使显明；明德，天然赋予人的光明美善的德性。儒家认为，人生来具有善良的德性，即明德。后天因为受到物质利益的蒙蔽，个人褊狭气质的拘束，明德受到压抑，所以要经过教育，使明德显露出来。

③亲民：亲，小程子认为当作“新”；新，用作动词，革新的意思。新民，引导人们革除旧染的恶习，以彰明其天然固有之善。

④止于至善：达到最完善的境界。至，极，最。

⑤止：用作名词，指所止之地，即至善境界。定：确定（方向）。

⑥得：指有所收获，得到至善。

⑦本末：指树木的根部与树梢，引申为事物的根本与枝节之间的关系。

⑧道：指大学的原则。

【译文】

大学里所讲的圣王之道，在于发扬人心固有的光明的德性，在于革新人们的不良习俗，在于使人们达到最完善的道德境界。

知道了应该到达的境界，然后才能确定志向；志向确定了，然后意念才能宁静而不妄动；意念宁静了，然后心情才能所处而安；心情安适了，然后考虑问题才能周详；考虑问题周详了，然后处理事情才能恰到好处而达到预期的目的。

万物都有根本和枝末，万事都有开端有结局。知道了事物的先后次序，也就接近于学习和修养“大学之道”的方法了。

古之欲明明德于天下者①，先治其国②；欲治其国者，先齐其家③；欲齐其家者，先修其身；欲修其身者，先正其心；欲正其心者，先诚其意；欲诚其意者，先致其知④；致知在格物⑤。

物格而后知至；知至而后意诚；意诚而后心正；心正而后身修；身修而后家齐；家齐而后国治；国治而后天下平。

自天子以至于庶人⑥，壹是皆以修身为本⑦。其本乱而末治者⑧，否矣；其所厚者薄，而其所薄者厚，未之有也！

【注释】

①天下：古代指中国的全部领土。

②国：周朝实行分封制，最高统治者天子将部分土地连同百姓分封给其兄弟、亲属及功臣，叫他们世为统治，被封者称为诸侯，诸侯

的封地叫做国。

③齐其家：意为使家族齐心协力，和睦相处。齐，有整顿、治理和管理之意。家，家族。周朝的贵族阶层实行封建宗法制，组成以血缘关系为纽带的家族，不同于现代意义上的“家”或者“家庭”。

④致其知：达到明确的认识。致，求得，达到。知，认识。

⑤格物：推究事物的原理。格，明辨，领悟。物，儒家的哲学观念，指事物的“理”。

⑥庶(shù)人：泛指没有官爵的平民百姓。

⑦壹：全，都。

⑧“其本乱”句：本乱，意为本性败坏。末治，意为国家治理成功。

【译文】

古代凡是想在天下发扬明德的人，必须首先治理好自己的邦国；想治理好自己的邦国的人，必须首先整顿好自己的家族；想整顿好自己家族的人，必须首先修养好自身的品德；想修养好自身品德的人，必须首先端正自己的心思；想端正自己的心思的人，必须首先使自己的意念真诚；想使自己意念真诚的人，必须首先要有明确的认识；获得明确认识的方法，在于学习和研究事物的道理。

学习和研究事物的道理之后，认识才能明确；认识明确了，意念才能真诚；意念真诚了，心思才能端正；心思端正了，自身品德才能修养好；自身品德修养好了，家族才能整顿好；家族整顿好了，邦国才能治理好；邦国治理好了，天下才能太平。

从天子到平民，人人都要以修养自身的品德为根本。一个人，他的根本已乱而枝末却能治理好，这是不可能的；正如他尊重的人却对他轻蔑，他轻蔑的人却对他尊重，这样的事是没有的。

传文

第一章　释“明明德”

【题解】

这章以下的文字，朱子认为是曾子的见解，对孔子的经文作了阐释和发挥，而由曾子的学生记录下来，所以称之为“传”；并将其分为十章，认为“前四章统论纲领指趣，后六章细论条目功夫”。“传”是用来解释“经”的文体，其作用在于阐发“经”的涵义。所以，下面“传”的内容主要是引经据典，对“经”的“三纲八目”依次进行论证。

本章是解释“三纲领”中的第一项内容“明明德”的传文。全章引用《尚书》中《康诰》、《太甲》和《尧典》三篇之中的有关文字，旨在论证“明明德”的重要性、必然性和现实性，以期提高人们进行品德修养、追求至善的主体自觉性。人只有通过格物、致知、诚意、正心等修身的功夫以除去被利欲所引诱而染上的杂念和恶习，从而恢复其人性所固有之明德，使自己的视、听、言、动都能自觉地符合道德规范，才能达到“内圣”的最高道德境界。

《康诰》曰①：“克明德②。”《大甲》曰③：“顾諟天之明命④。”《帝典》曰⑤：“克明峻德⑥。”皆自明也。

【注释】

①《康诰》：《尚书·周书》中的一篇，是周公封其弟康叔为卫侯时的

诰命。《尚书》又名《书》、《书经》，主要是唐、虞、夏、商、周至春秋以前的政治文告和历史资料的汇编，内分《虞书》、《夏书》、《商书》和《周书》。汉代以后，学者把它列为“五经”之一。

②克明德：《康诰》原句为：“惟乃丕显考文王，克明德慎罚。”周公赞扬文王的话，意在勉励康叔以先考文王为榜样。克，能够。

③《大(tài)甲》：《尚书·商书》中的篇名，分上、中、下三篇，传为记录伊尹告诫商王太甲以及太甲的往复之辞，这里指的是《太甲上》。太甲是商汤的嫡长孙，伊尹是商朝初年的大臣。大，同“太”。

④顾諟(shì)天之明命：《太甲》原句为：“伊尹作书曰：先王顾諟天之明命，以承上下神祇。”史载，商王太甲不明于德，颠覆汤之典刑，故伊尹使太甲居忧于桐宫，要他反省思过，自己代摄国政。太甲居桐宫三年，悔过自新，于是伊尹又把他迎归复位，终于成为贤王。“先王顾諟天之明命”就是伊尹告诫太甲的话，意谓先王(指商汤)念念不忘上天授予的光辉命令。顾，回顾，思念。諟，“是”的古字，此。明命，光辉的命令，也即明德。

⑤《帝典》：即《尧典》，《尚书·虞书》中的一篇，主要记述尧、舜二帝的事迹。

⑥克明峻德：《尧典》原句为：“曰若稽古帝尧……克明俊德，以亲九族；九族既睦，平章百姓；百姓昭明，协和万邦，黎民于变时雍。”峻，即“俊”，高大，崇高。

【译文】

《尚书·康诰》篇说：“要能够发扬你自己所固有的光明的德性。”《尚书·太甲》篇说：“要时常顾念着这上天所赋予你的光明的德性。”《尚书·帝典》篇说：“要能够彰明发扬你那伟大而崇高的德性。”以上所说，都在于引导人们能够把自己内心所固有的美德得以自觉地彰显和发扬。

第二章　释“新民”

【题解】

本章是解释“三纲领”中的第二项内容“新民”的传文。即要求在位的执政者必须以“德治”的思想作指导，在不断完善自我的同时，还要推己及人，引导广大民众人人都能求得自新，达到完善。然而对于光明美好品德的培养，不是一朝一夕的事情，重在坚持不懈，日日图新，所以在位的君子必须善于引导，才能获得“新民”的成效。故全章引用《尚书》和《诗经》集中阐述了“新民”思想。首先引用汤的《盘铭》以说明自新必须持之以恒；其次引用《康诰》，意在说明所谓“新民”并非将统治者的意志强加于民，而是加以正确的引导和鼓励，使民自新其德；其三则引用《诗经》以证明推行“新民”所获得的巨大效果；最后提出君子必须想尽一切办法引导人民真正做到“日新其德”。

全章对“新民”思想的反复强调，实际上就是试图用儒家所倡导的伦理道德观念来更新人们的思想，以期达到“至善”之境。

汤之《盘铭》曰①：“苟日新②，日日新，又日新。”《康诰》曰：“作新民③。”《诗》曰④：“周虽旧邦⑤，其命惟新⑥。”是故，君子无所不用其极⑦。

【注释】

①汤：又称商汤，即商朝的开国君主成汤，后被儒家称为古代圣王

之一。《盘铭》:刻在浴盆上的用以自警的铭文。盘,上古时代用青铜制成的沐浴器具。铭,古时镂刻在器皿上的文辞,后来演变为一种文体,叫铭文。

②苟:假如,果真。日新:天天更新。新,本指洗涤身上的污垢,焕然一新;这里双关通过自身修养去恶从善以达到自我更新之意。

③作新民:《康诰》的原句为:"已,汝惟小子,乃服惟弘王,应保殷民。亦惟助王宅天命,作新民。"是周公告诫其弟康叔之辞,意在指示康叔受封后应从事弘扬王业,保护殷民,以助王安定天命,引导人民自新。作,振作,鼓励。新民,使民自新,成为一个全新的人。此句证明"经文"中的"在亲民"应为"在新民"。

④《诗》:即《诗经》,是我国最早的一部诗歌总集,收有周初至春秋时期的诗歌三百零五篇,包括《国风》、《小雅》、《大雅》和《颂》四个部分,相传经孔子删定,汉代儒家把它列为"五经"之一。这里的诗引自《诗经·大雅·文王》篇。

⑤周:周朝。旧邦:古老的国家。周自后稷开国,到周文王时代,立国已百余年,故称"旧邦"。

⑥其命惟新:指周文王承受上天之命,能够不断自新其德。其命,指周朝所承受的天命。惟,句中语气词,帮助判断。

⑦君子:在儒学中有二义:一是从道德上说,指具有高尚品德的人;二是从政治地位而言,指执政者及其政治思想代表。这里指的是第二义,即执政者。极:顶点,最高的境界,这里指"至善"。

【译文】

商汤在沐浴用的铜盘上镂刻的铭辞说:"如果一天能够洗涤自身的污垢,从而焕然一新,那么就该天天这样清洗,天天有新的面貌,并应持之以恒,从不间断,一天又一天地加以清洗,便能永远出现新的面貌。"《尚书·康诰》篇说:"做国君的就该引导人民振作起来,除恶从善,改过自新。"《诗经·大雅·文王》篇说:"周朝虽然是一个古老的诸侯国,但是它所秉承的天命却在于不断地自我更新。”所以说，作为统治者，无论何时何地，都要尽一切努力去追求引导人民自我更新，以达到“至善”的最高境界。

第三章　释“止于至善”

【题解】

本章传文旨在阐发“三纲领”中的第三项“止于至善”的涵义。“止于至善”是《大学》所设想的在政治上所应达到的最终目标，也是人生修养的最高境界。我们做人，首先要确立自己的奋斗目标，既要确立事业上的目标，更要确立道德修养的目标。然而对于负有政治责任的统治者来说，必须以使普天下之民都能达到“至善”之境作为自己的最高目标。故传文首先引用《诗经》的《玄鸟》、《绵蛮》之诗，意在说明“止于至善”的必要性，强调一个人必须有所“止”，且应“止于至善”之处；接着又引《诗经·文王》之诗，意在举出“止于至善”的具体内容，使人有所遵循而加以实行；然后引用《诗经·淇奥》之诗，目的在于说明达到“至善”的修养功夫，鼓励人们能够切实践履；最后引用《诗经·烈文》之句，咏叹前王至善至美，使民不断革新的功劳，后世之人永不相忘，意在表彰“止于至善”的成效。

《诗》云[1]：“邦畿千里[2]，惟民所止[3]。”《诗》云[4]：“缗蛮黄鸟[5]，止于丘隅[6]。”子曰[7]：“于止[8]，知其所止，可以人而不如鸟乎！”

《诗》云[9]:“穆穆文王[10],於缉熙敬止[11]。”为人君,止于仁;为人臣,止于敬;为人子,止于孝;为人父,止于慈;与国人交,止于信。

《诗》云[12]:“瞻彼淇澳,菉竹猗猗[13]。有斐君子,如切如磋,如琢如磨[14]。瑟兮僩兮,赫兮喧兮[15]。有斐君子,终不可諠兮[16]。”如切如磋者,道学也;如琢如磨者,自修也;瑟兮僩兮者,恂栗也[17];赫兮喧兮者,威仪也。有斐君子,终不可諠兮者,道盛德至善,民之不能忘也。

《诗》云[18]:“於戏!前王不忘[19]。”君子贤其贤而亲其亲[20],小人乐其乐而利其利[21],此以没世不忘也[22]。

【注释】

①《诗》:以下的诗引自《诗经·商颂·玄鸟》篇。

②邦畿(jī)千里:指王畿的广大地区。周朝实行封建制,先在天子所居的都城周围划定纵横千里的区域作为直属于天子管辖的地区,称为“王畿”,然后把其他的土地分封为诸侯。

③惟:为。所止:所居住的地方。止,停留,居住。

④《诗》:以下的诗引自《诗经·小雅·绵蛮》篇。

⑤缗蛮(mínmán):黄鸟的叫声。缗,《诗经》原文作“绵”。

⑥止:指鸟儿栖息。丘隅(yú):山边弯曲之处。

⑦子:古代对男子的尊称。《大学》中“子曰”的“子”,都是对孔子的称呼。

⑧于止:在鸟要停止的时候。

⑨《诗》:以下的诗引自《诗经·大雅·文王》篇,这是一篇歌颂周文王的诗。

⑩穆穆:庄重深远的样子。文王:周文王,姓姬,名昌,原为周国之

君，其子周武王代商后追谥为“文王”。

⑪於（wū）：表示赞叹的语气词，相当于“啊”。缉（jī）：继续。熙（xī）：光明。敬止：能端庄恭敬而安于所止之地；一说，止，语气助词。

⑫《诗》：以下的诗引自《诗经·卫风·淇奥》篇，这是一篇赞美卫国国君卫武公的诗。

⑬“瞻彼”两句：瞻，远望。淇，淇水，是卫国境内的河流，在今河南省北部。澳（yù），河岸转弯处，《诗经》原文作“奥”。菉（lù），《诗经》原文作“绿”。猗猗（yī），形容植物长得光泽而茂盛的样子。

⑭“有斐（fěi）君子”三句：斐，文质彬彬、才华丰茂的样子。切，用刀截断，这里指把骨头切削成各种器物。磋（cuō），用锉锉平，这里指把象牙磋制成各种器物。琢，用刀雕刻。磨，用沙石磨光。这里“琢”和“磨”都是指把玉石制作成各种艺术品的过程。以上两句是用切、磋、琢、磨的功夫来比喻君子修身治学的精益求精。

⑮“瑟（sè）兮僩（xiàn）兮”两句：瑟，严肃庄重的样子。僩（xiàn），威武刚毅的样子。赫，显耀，盛大。喧，通“煊”，显著，光明。

⑯諠（xuān）：忘记。

⑰恂栗（xúnlì）：诚惶诚恐的样子，这里引申为恭敬而谨慎的意思。

⑱《诗》：以下的诗引自《诗经·周颂·烈文》篇。

⑲“於戏（wūhū）”两句：於戏，同“呜呼”，感叹词。前王，原诗主要是指周文王和周武王，一般也可泛指前代的贤王。

⑳贤其贤：第一个“贤”字是动词，尊重、以之为贤的意思；第二个“贤”字是名词，指有德才的贤人。亲其亲：第一个“亲”字是动词，亲近，与之相亲的意思；第二个“亲”字是名词，指亲人。

㉑小人：在儒学中有二义：一是从道德上说，指品德卑劣的人；二是从政治地位而言，指平民。两义按所在的文义各有所指，必须细加辨别，不宜相混。这里用的是第二义，指平民。

㉒此以：因此。没（mò）世：终身，一辈子，这里指永远的意思。

【译文】

《诗经·商颂·玄鸟》篇说:“天子管辖的广大地区,方圆千里,是民众所向往的居住地方。”《诗经·小雅·绵蛮》篇说:“那‘绵蛮’地歌唱着的黄色鸟儿,栖息在山丘边那茂盛的树林之中。”孔子读了这两句诗后,深有感触地说:“啊!在栖息的时候,黄鸟儿都知道挑选那最适合于自己栖息的地方,而作为万物之灵的人,又怎么可以连鸟儿的见识还不如呢?”

《诗经·大雅·文王》篇说:“端庄严肃、德行深远的周文王啊!他在不断地发扬着正大光明的美德,随时能恭敬地安居于所止的至善境界。”所以说,凡是当君主的,要竭尽一片仁爱之心来对待臣民;做人臣的,要竭尽一片恭敬之心来对待君主;做子女的,要竭尽一片孝顺之心来对待父母;做父母的,要竭尽一片慈爱之心来对待子女;与国人结交来往,要竭尽一片忠诚之心、坚守信义来对待朋友。

《诗经·卫风·淇奥》篇说:“看那淇水弯曲的地方,绿竹生长得多么光泽而茂盛。有位文质彬彬的君子,好像精心制作骨角那样,既已切好,还要磋平;又好像精心雕刻玉石那样,既已雕琢,还要磨光。他的内心多么端庄而又刚毅啊,他的形象多么盛大而又光明啊!这样文质彬彬的君子,终究令人难以忘怀啊。”诗中所谓“好像精心制作骨角那样,既已切好,还要磋平”,是说他精益求精的治学态度;所谓“好像精心雕刻玉石那样,既已雕琢,还要磨光”,是说他追求至善的自我修养的功夫;所谓“性格多么端庄而又刚毅”,是说他具有严肃而谨慎的意志;所谓“形象多么盛大而又光明”,是说他具有威武而爽朗的仪表;所谓“这样文质彬彬的君子,终究令人难以忘怀啊”,是说他道德修养达到了盛大而至善的最高境界,使人民永久铭刻在心而无法忘记他。

《诗经·周颂·烈文》篇说:“啊!从前圣王的恩泽永远不会被人忘怀。”这是说,后世的君子得惠于从前圣王遗留下来的淳美教化,因而推崇他们所推崇的贤德，亲爱他们所亲爱的人；后世的百姓也能得惠于从前圣王遗留下来的恩泽，享受他们所创造的安乐，享受他们所遗留的利益。因此，从前的圣王虽然早已去世，但是人们永远也不会忘怀。

第四章　释“本末”

【题解】

本章传文解释经文中的“本末”之义。全章征引孔子的一句关于听讼的名言，以之论述“明明德”是根本，听讼是末节的道理。

世界上的事物都有本末先后，只有先抓住了根本性的事物，也就是抓住了主要矛盾，其他事情就会迎刃而解。具体到《大学》里，什么是“本”呢？就是“修身”；而如齐家、治国、平天下等大事业，都是在“修身”的基础上逐步展开的。为政者只有修养好了自己的品德，才能管理好自己的家庭；能够管理好自己的家庭，才能治理好一国；能够治理好一国，才能够治理好天下。然而“修身”是以“明明德”为内容的，而齐家、治国、平天下都属于“新民”的事业，所以，从“明明德”与“新民”的关系而言，“明明德”是本，“新民”是末；而从“新民”与“听讼”的关系而言，则“新民”是本，“听讼”是末。因此，若要从根本上治理狱讼这一社会现象，只有首先抓住“新民”这项治国之本，并由此而追溯到“明明德”这项本中之本，才是治理狱讼的治本之道。

子曰①：“听讼②，吾犹人也③，必也使无讼乎！”无情者，不得尽其辞，大畏民志，此谓知本④。

【注释】

①子曰：孔子的这句话亦见《论语·颜渊》篇。

②听讼：听取诉讼，审理案件。讼，诉讼，打官司。

③犹人：同别人一样。犹，如同。

④本：根本的道理。

【译文】

孔子说："听断诉讼案件，我与别人并无什么区别。要是我能够做到使人们都自觉地以礼义自持，不再互相攻击打官司，那才是我理想中的最终目标吧。"（如何才能达到孔子所说的这一目标呢？）就是要做到使那些本来理屈而没有实情的坏人，不敢尽情地陈说他那编造的谎言，这是平日施行教化，足以畏服民众心志的效果。（能够取得这样的效果，是因为在位的执政者能够自己做到"明明德"，然后推己及人，施行"新民"的教化，使百姓人人都能自觉地遵守道德规范，达到无讼可诉。）这样，才可以称为认识根本的道理。

第五章　释“格物、致知”

【题解】

本章的两句话，原在经文的末尾，朱子把它抽出来列为"传之五章"，认为是解释经文"八条目"中的"格物"、"致知"两条意义的传文，并称本章"乃明善之要"，与下章"乃诚身之本"同为"在初学尤为当务之急"的内容，因而特别加以重视。但由于古书的缺简脱文，本章的主题很难表述。所以他作了一章"补传"，主要阐述了"格物致知"是为学之先务，必须与修养自身品德相结合。

朱子在本章中明确划分了认识的主体与认识的对象的界限：认识的主体是人心的“知”，因而说“盖人心之灵，莫不有知”；认识的对象是事物的“理”，所以说“而天下之物，莫不有理”。认识的方法是“格物”，认识的目标是“致知”，总而言之则是“即物以穷理”。朱子主张获得知识的途径在于穷究事物的原理，这是一个重要的哲学观点，具有积极的意义。他突破了过去一直强调的主要从书本上获取知识的圈圈，而强调从实践中获取知识，接近了“实践是认识的惟一源泉”这一现代哲学命题。

此谓知本[①]。此谓知之至也[②]。

【附：朱子补传】

传之五章，盖释格物、致知之义，而今亡矣。间尝窃取程子之意以补之曰：所谓致知在格物者，言欲致吾之知，在即物而穷其理也[③]。盖人心之灵，莫不有知；而天下之物，莫不有理。惟于理有未穷，故其知有不尽也。是以大学始教，必使学者即凡天下之物，莫不因其已知之理而益穷之，以求至乎其极。至于用力之久，而一旦豁然贯通焉，则众物之表、里、精、粗无不到，而吾心之全体大用无不明矣[④]。此谓物格，此谓知之至也。

【注释】

①此谓知本：这句与上章的末句重复，故程子认为“此谓知本”是衍文。

②此谓知之至也：从全书的体例和这句的语气上推断，这句当是一段文字之后的结束语，前面应有一段传文，可能是在流传的过程中遗失了。故朱子认为“此句之上别有阙文，此特其结语耳”。朱子还进而推断出，所缺的一段应为解释“格物致知”之义的传

文，于是他补作了一段，附于此句之后。

③理：是儒家之“道”的精微化，宋明理学的最高范畴。

④体：本体。用：作用。“体”和“用”是中国哲学的一对重要范畴。

【译文】

这就叫知道了根本，这就叫认识达到了顶点。

朱子认为：上面是传文的第五章，大概是解释“格物”、“致知”的意义，然而现在已经佚失了。间隙之时，我曾经私自采用程子的观点加以补足如下：经文所说的“达到明确认识在于探究物理”，意思是说，要想让我们达到有明确的认识，就需要接触外界的事物并且极力探究其中的规律。一般地说，人的心都具有灵敏的特征，所以没有谁不具有认识事物的能力；而宇宙之间的一切事物，也无不包含着一定的规律。只是由于人们对于事物所包含的规律没有彻底弄清楚，所以人的认识水平才有不完全之处。因此，在大学里开始教育时，就必须首先教导学习的人对于凡是宇宙之间的一切事物，都要根据自己已经认识的道理，去进一步探究它，以期达到认识的极限。如此长久地苦下功夫，终有一天会豁然开朗，并且融会贯通。这样一来，众多事物的现象与本质、精微与粗浅等道理就无不认识到了；而自己对于全面的本体和巨大的作用方面无不洞察明白、了然于心了。这就叫做事物的道理尽被探索，这就叫做认识事物的最高境界。

第六章　释“诚意”

【题解】

本章传文解释经文“八条目”中的“诚意”之义。从“八条目”的顺序而言,“诚意”上承“格物、致知”两条认识项目,下启“正心、修身、齐家、治国、平天下”五条实践项目,是由认识活动进入实践活动的枢纽;若从人生修养的整体而言,“诚意”又是从事一切认识活动和实践活动所必须具备的基本品质。故朱子称本章“乃诚身之本”,与上章“乃明善之要”同为“在初学尤为当务之急”的重要内容。是《大学》全书的关键。

所谓“诚意”就是使自己的意念真诚,其实质就是“毋自欺”。只有做到不自欺,才能做到不欺人。然而,若要做到不自欺,首先应该在“慎独”上下功夫。所以,考验人是否真正“诚意”,就在于看他能否“慎独”。能够做到“慎独”,乃是君子“不自欺”的表现;而不能“慎独”,正是小人“自欺而又欺人”的表现。因此,能否“慎独”,是判断是否“诚意”的试金石;而是否“诚意”,则是界定君子和小人的标准。

全章运用比喻的手法和引用曾子的话阐述“诚意”的必要性,认为“诚意”是修养道德的基础,而只有真心诚意地修养道德,才能使自己达到心胸宽广、安泰舒适的境界。

所谓诚其意者①,毋自欺也,如恶恶臭②,如好好色③,此之谓自谦④,故君子必慎其独也⑤!

小人闲居为不善,无所不至,见君子而后厌然⑥,掩其不善,而著其善。人之视己,如见其肺肝然,则何益矣?此谓诚于中,形于外,故君子必慎其独也。

曾子曰⑦:“十目所视,十手所指,其严乎!”

富润屋,德润身,心广体胖,故君子必诚其意。

【注释】

①诚其意:使意念真诚。诚,使真诚。意,意念,志意。

②恶(wù)恶(è)臭(xiù):前一个“恶”字用作动词,厌恶,讨厌;后一

个“恶”字是形容词，不好。恶臭，难闻的气味。臭，气味。

③好(hào)好(hǎo)色：前一个“好”字用作动词，喜爱；后一个“好”字是形容词，美好。好色，美丽的容貌。

④自谦(qiè)：自求快意的满足。谦，同“慊”，满足，惬意。

⑤慎其独：在独自一人的时候要谨慎不苟。慎，谨慎，一丝不苟。独，指一人独处的时候。

⑥厌(yā)然：躲藏掩饰的神态。

⑦曾子：姓曾，名参(shēn)，字子舆，春秋时鲁国人，孔子晚年的入室弟子，传为《大学》的作者。

【译文】

经文所说的使自己的意念真诚，就是不要自己欺骗自己。对于邪恶事物的憎恨，应当像厌恶那难闻的气味一样；对于美好事物的喜爱，应当像喜爱美丽的容貌一样。如果能这样发自内心地恨其所当恨而爱其所当爱，这就叫做自我满足，心安理得。所以，凡是有道德的君子，在一人独处、别人看不见时，务必要小心谨慎地注意自己的言行举动。

然而，那些道德修养不高的小人，在别人看不见的时候干坏事，什么都能干得出来。可是当他们看到道德修养高的君子时，就躲躲闪闪地将自己伪装起来，力图掩盖自己邪恶的行为，特意显现自己善良的行为。可是，人们一眼便看透了他们的邪恶本质，就像看透了他们的心肝肺腑一样。这样看来，那些邪恶小人的伪装又有什么用处呢？这就是说，内在的真实德性，一定会有相应的形象表现出来。所以，凡是有道德的君子，在一人独处、别人看不见的时候，务必要小心谨慎地注意自己的言行举动。

曾子说：“当一个人独处而别人看不见时，要时刻警惕，就好像有许多双眼睛在注视着自己，许多只手在指点着自己，这是多么严密的监督啊！”

当一个人有了充足的财富时，便可以花钱来装饰他的房屋，使之富丽堂皇;当一个人的道德达到一定程度时,就会有益于修养身心,使人变得高尚。如果一个人心胸开阔,身体自然会舒适安泰。所以,君子一定要使自己的意念真诚。

第七章　释“正心、修身”

【题解】

本章传文阐述“八条目”中“正心”与“修身”的关系,提出“正心”是“修身”的前提。因为“心”是身体的灵魂,是一切行为的主宰,所以必须不断自我净化心灵,端正心术,达到思想纯正,才能使一切言行举止合乎道德规范,从而提高自身的品德修养。

“修身”之所以要先“正心”,这是因为假若心术不端正,必然会做出许多邪僻的行为;假若心态不端正,内心存有诸如愤懑之情、恐惧之情、喜爱之情、忧虑之情等等偏颇的感情,则行为就不能恰如其分;或者有所分心,则注意力就难于集中,行为也就收不到应有的效果。总之,任何私心杂念、喜怒哀乐的过分偏激以及用心不专,都会影响自我道德修养的完整性。因此,只有做到克制情欲,驾驭情欲,用理智战胜情欲,从而端正自己的心术和心态,并能随时做到专心致志,这样,行为才能合乎道德规范,才能真正达到修身养性的目标。

所谓修身在正其心者,身有所忿懥①,则不得其正;有所恐惧,则不得其正;有所好乐,则不得其正;有所忧患,则不得其正。

心不在焉，视而不见，听而不闻，食而不知其味。此谓修身在正其心。

【注释】

①身：程子认为当作“心”，即思想。忿懥（zhì）：愤怒。

【译文】

经文所说的修养自身品德在于首先端正自己的心态，这是因为：如果心中有所愤怒的事，那么心态就不能端正；如果心中有所恐惧的事，那么心态就不能端正；如果心中有所爱好的事，那么心态就不能端正；如果心中有所忧患的事，那么心态就不能端正。

假若心态不端正，心思不能集中在正在做的事情上，那么，虽然在看一件东西，却好像没有看见一样；虽然在听一种声音，却好像没有听见一样；虽然在吃一种食物，却不知道它是什么滋味。这就是修养自身品德在于首先端正自己心态的道理。

第八章　释“修身、齐家”

【题解】

本章传文阐述“修身”与“齐家”的关系，提出“修身”是“齐家”的前提。《大学》所设计的人生进修阶梯，是由内逐步向外生发的。在“八条目”中，格物、致知、诚意、正心四者是向内的修养，为的是修身，也就是“明明德”的过程；齐家、治国、平天下三者是向外的生发，是修身的扩展，也就是由“明明德”扩展为“新民”的过程；故修身一环节，正处于由向内修养到向外生发的过渡点上，只有完成了修身，才能齐家、治国、平天下，所以，“修身”就显得格外重要。这正是经文所谓“自天子以至于庶人，壹是皆以修身为本”的命意所在。本章提出的“修身齐家”论，正是依据儒家的伦理道德学说，说明要想达到“齐家、治国、平天下”的目标，就必须先“修身”，以“修身”为中心，强调个人道德修养与齐家、治国、平天下的一致性。

全章用主观上的好恶不同而容易导致偏见为例，说明要想管理好自己的家族和家庭，首先要修养好自己的身心，从而论证了修身是齐家之前提的道理。

所谓齐其家在修其身者，人，之其所亲爱而辟焉①，之其所贱恶而辟焉，之其所畏敬而辟焉，之其所哀矜而辟焉②，之其所敖惰而辟焉③。故好而知其恶④，恶而知其美者⑤，天下鲜矣⑥！

故谚有之曰：“人莫知其子之恶，莫知其苗之硕⑦。”此谓身不修，不可以齐其家。

【注释】

①辟（pì）：偏激，偏见。

②哀矜（jīn）：同情，怜悯。

③敖（ào）：通“傲”，骄傲，傲慢。惰：懈怠。

④好（hào）：喜爱。恶（è）：缺点，坏处。

⑤恶（wù）：厌恶，讨厌。

⑥鲜（xiǎn）：少。

⑦硕（shuò）：壮，大；这里指禾苗茁壮。

【译文】

经文所说的要整治好自己的家族和家庭，在于首先修养好自身的品德，这是因为，普通的人，对于自己所亲近或怜爱的人，往往会过分地亲近怜爱他，因而不可避免地会有所偏爱；而对于自己所鄙视和厌恶的人，往往会因心有成见而过分地鄙视厌恶他，因而也不可避免地会有所偏恶；对于自己所畏服恭敬的人，往往会过分地畏服恭敬他，因而不可避免地会有所偏敬；对于自己所怜悯同情的人，往往会过分地怜悯同情他，因而不可避免地会有所偏护；对于自己所傲视和怠慢的人，往往会过分地傲视怠慢他，因而不可避免地会有所偏轻。所以说，喜欢一个人而同时又能认识到他的缺点，憎恶一个人而同时又能认识到他的优点，能够这样中正公平地看待事物、处理事物的人，天下真是太少了。

所以民间谚语里有这样的说法：“（溺爱子女的）人往往难于知道自己孩子的坏毛病，（贪得无厌的农夫）永远不会认为自己田里的禾苗是长得茁壮的。”这就是说，自身的品德没有修养好，就不可能整治好自己的家族和家庭。

第九章　释“齐家、治国”

【题解】

本章传文阐述“八条目”中“齐家”与“治国”的关系，说明家国一理，治家和治国的原则相通，所以齐家是治国的前提。

传文着重论述“齐家”对于“治国”的重要性。所谓“家齐而后国治”，就是指用以协调家族内部关系的“孝”、“悌”、“慈”等根本道德原则，也同样适用于协调国家中君与臣、君与民、官与民的关系。若把这些道德原则从家族内部推广到国家政治生活中，即把“孝”和“事君”、“悌”和“事长”、“慈”和“使众”联系起来，就可以使整个国家的各种复杂的政治关系得以协调发展。

“仁”和“让”仍然是中华民族的传统美德。只有在位执政者的家庭兴起仁让之风，才能带动全国兴起仁让之风；如果在位执政者贪婪暴戾，整个国家就会大乱。所以，尧舜身为仁义的表率，天下百姓也从而效法之；而桀纣带头暴戾，国家只有走向灭亡。这就是讲求“治国在齐其家”的契机所在。本章中反复强调的“宜其家人，而后可以教国人”，正是把“齐家”作为“治国”的基础。

所谓治国必先齐其家者，其家不可教，而能教人者，无之。故君子不出家而成教于国：孝者，所以事君也；弟者①，所以事长也；慈者，所以使众也。

《康诰》曰：“如保赤子②。”心诚求之，虽不中，不远矣。未有学养子而后嫁者也。

【注释】

①弟（tì）：同“悌”，指弟对兄所应有的尊敬态度。

②如保赤子：《尚书·周书·康诰》篇作“若保赤子”，是周武王告诫康叔的话，意思是说保护平民要像母亲保护初生的婴儿一样。赤子，初生的婴儿。

【译文】

经文所说的治理好国家必须首先整治好自己的家族，这是因为，如果连自己家族中的人尚且不能教育好，反而能教育好别人，那是没有的事。所以，君子（只要把品德修养好了，家族也整治好了，）即使不出家门，也可以向全国人民成功地推行教化。因为在家族中讲求对父母应尽的孝道，在政治上就可以相应地用来侍奉国君；在家族中讲求对兄长应尽的悌道，在政治上就可以相应地用来侍奉尊长；在家族中讲求对子女应有的慈爱，在政治上就可以相应地用来指使民众。

《尚书·康诰》篇说：“保护人民要像保护初生的婴儿一样。”只要内心能够真诚地去力求保护他，那么即使不完全符合要求，也就不会相差太远了。生活中没有见过先学会了养育孩子然后才出嫁的女人（出嫁后之所以能养育好孩子，完全是出于母爱的一片真诚而已）。

一家仁，一国兴仁；一家让①，一国兴让；一人贪戾②，一国作乱。其机如此③。此谓一言偾事④，一人定国。

尧、舜帅天下以仁⑤，而民从之；桀、纣帅天下以暴⑥，而民从之；其所令，反其所好，而民不从。是故君子有诸己而后求诸人⑦，无诸己而后非诸人。所藏乎身不恕⑧，而能喻诸人者⑨，未之有也。故治国在齐其家。

【注释】

①让：谦逊。

②戾（lì）：专横暴虐。

③机：弓弩上的发射机关，这里引申为“关键”。

④偾（fèn）事：败坏事业。偾，败坏。

⑤尧：唐尧。舜：虞舜。唐尧和虞舜是传说中原始社会后期的部落联盟的两位领袖，均为远古“五帝”之一，是儒家所最为推崇的两位圣君。帅：率领，统率。

⑥桀（jié）：夏代最后一位君主。纣（zhòu）：商代最后一位君主。历来均被认为是亡国的暴君。

⑦诸：“之于”二字的合音。

⑧恕：恕道，是儒家的道德哲学范畴，意为自己不愿意别人做的，也不去对别人做，儒家把这种推己及人的品德称为“恕”。

⑨喻：明白，这里是使明白的意思。

【译文】

（作为国君，就是一国的榜样，）他只要在自己一家中推行仁爱相亲之道，那么一国的臣民也会兴起仁爱相亲的风气；他只要在自己一家中推行谦恭礼让之道，那么一国的臣民也会兴起谦恭礼让的风气；反之，假若他一个人贪婪暴戾，那么一国的民众都会起来犯上作乱。事物的关键就是这样。这就叫做，（国君的）一句话说错了，便有可能败坏事情；一个人向善，整个国家就会安定。

唐尧和虞舜用仁爱之道来统率天下，天下的民众都跟着效法他们；夏桀和商纣用暴虐之政来统率天下，天下的民众也都跟着效法他们。但若国君下达了命令，而自己的所作所为却与命令相反，人民是不会听从这样的命令的。因此，道德高尚的君子，首先要自己具有了美德，然后才能要求别人修养美德；自己没有沾染恶习，然后才去责备别人接近恶习。如果自身隐藏着不符合恕道的念头，却能晓谕别人实行恕道，那是从来未曾有过的事。因此说，要想治理好国家，就在于首先要整治好自己的家族。

《诗》云①：“桃之夭夭，其叶蓁蓁②。之子于归，宜其家人③。”宜其家人，而后可以教国人。

《诗》云④：“宜兄宜弟。”宜兄宜弟，而后可以教国人。

《诗》云⑤：“其仪不忒⑥，正是四国。”其为父子兄弟足法，而后民法之也。

此谓治国在齐其家。

【注释】

①《诗》：以下的诗引自《诗经·周南·桃夭》篇。

②“桃之夭夭（yāo）”两句：夭夭，鲜嫩，艳丽。这里形容鲜艳的桃

花。蓁蓁(zhēn),树叶茂盛的样子。

④“之子于归”两句:之,代词,这个。子,这里指女子。归,出嫁。宜,和睦,这里是使和睦的意思。

④《诗》:以下的诗引自《诗经·小雅·蓼(lù)萧》篇。

⑤《诗》:以下的诗引自《诗经·曹风·鸤鸠(shījiū)》篇。

⑥仪:仪表,威仪。这里系兼指言行举止而言。忒(tè):差错。

【译文】

《诗经·周南·桃夭》篇说:“桃树长得多么娇嫩美好,它的叶子多么茂盛。这个女子(在这桃花盛开的季节)出嫁了,一定会与全家人和睦相处。”自己家族的人都和睦相处了,然后才可以教化全国的人民。

《诗经·小雅·蓼萧》篇说:“敬重兄长,爱护幼弟。”只有家族内部的兄弟之间和睦团结了,然后才可以教化全国的人民。

《诗经·曹风·鸤鸠》篇说:“他的言行举止没有什么差错,可以作为四方各国的表率。”(作为国君,)当他无论处于父亲、子女、兄长、弟弟的位置,都能符合与之相应的道德规范,从而成为整个家族效法的榜样时,然后人民才会效法他。

以上这些,都说明了要想治理好国家,前提就在于首先要整治好自己家族的道理。

第十章　释“治国、平天下”

【题解】

本章传文论述“治国”与“平天下”的关系,提出“治国”是“平天下”的前提,而“平天下”则是“大学之道”的终极目标。

传文重点阐述治国平天下的几条属于根本性的施治原则，认为要实现“平天下”这一最高目标，在坚持以“德治”为指导思想的前提下，还必须从以下几个方面入手：其一，要以身作则，讲求“絜矩之道”。所谓“絜矩之道”，乃是一种以推己度人为标尺，以期求得各类人际关系达到协调平衡的法则，若能遵循“絜矩之道”，可以创建一个各阶层、各行业统力合作的和谐社会，这是平治天下的基本法则。其二，要为政以德，赢得民心。因为得民心者得天下，失民心者失天下，而要赢得民心，必须加强自己的道德修养，应与百姓同好恶，急其所急，想其所想，并坚持德本财末、散财于民的原则，才能取得人民的拥护，这是平治天下的指导思想。其三，举贤任能，正确用人。为政的关键莫过于得人，主要在于任用具有容人之量的贤人，而摒退心胸狭窄、妒贤嫉能的小人，这是平治天下的首要条件。其四，要重视生财用财之道，并正确处理“义”与“利”的关系。儒家历来主张“见利思义”的义利统一观，而反对见利忘义的不道德行为，治理国家强调的就是“不以利为利”，而要“以义为利”，这是国家理财的基本原则。这些理论，陈说广博，意义深远，实为平治天下的不易之道。

所谓平天下在治其国者：上老老①，而民兴孝；上长长②，而民兴弟③；上恤孤④，而民不倍⑤。是以君子有絜矩之道也⑥。

所恶于上⑦，毋以使下；所恶于下，毋以事上；所恶于前，毋以先后；所恶于后，毋以从前；所恶于右，毋以交于左；所恶于左，毋以交于右：此之谓絜矩之道。

【注释】

①老老：第一个“老”字用作动词，指对待老人的态度，即尊敬的意

思;第二个“老”字是名词,老人。

②长长(zhǎng):第一个“长”字用作动词,指对待兄长或长辈的态度,即尊重的意思;第二个“长”字是名词,指兄长或长辈。

③弟:同“悌”。

④恤(xù):体恤,周济。孤:幼年丧父称“孤”。

⑤倍:通“背”,违背。

⑥絜矩之道:儒家伦理思想的一种处理人际关系的法则,其内容在于以推己度人为标尺,以求得人际关系的协调平衡。絜(xié)矩,絜是量度,矩是画方形的工具,引申为法度。

⑦恶(wù):讨厌,厌恶。本节的几个“恶”字均为此意。

【译文】

经文所说的要使天下太平在于首先治理好自己的国家,这是因为:处于上位的人能够尊敬老人,那么民众就会兴起孝敬之风;处于上位的人能够尊重长辈,那么民众就会兴起敬长之风;处于上位的人若能抚恤孤儿,那么民众照样不会违背这一公德。因此,君子要有推己度人以协调平衡人际关系的絜矩之道。

自己若厌恶处在上位的人对待自己的某种行为,那就不要用同样的行为去对待处于下位的人;自己若厌恶处于下位的人对待自己的某种行为,那就不要用同样的行为去对待处在上位的人;自己若厌恶前辈对待自己的某种行为,那就不要用同样的行为去对待后辈;自己若厌恶后辈对待自己的某种行为,那就不要用同样的行为去对待前辈;自己若厌恶右边的人对待自己的某种行为,那就不要用同样的行为去对待左边的人;自己若厌恶左边的人对待自己的某种行为,那就不要用同样的行为去对待右边的人。这就叫做道德上推己度人以达到人与人之间协调平衡的絜矩之道。

《诗》云①:“乐只君子②,民之父母。”民之所好,好之;民之所恶，恶之。此之谓民之父母。

《诗》云[3]：“节彼南山，维石岩岩[4]。赫赫师尹，民具尔瞻[5]。”有国者不可以不慎。辟[6]，则为天下僇矣[7]。

《诗》云[8]：“殷之未丧师，克配上帝[9]。仪监于殷，峻命不易[10]。”道得众则得国，失众则失国。是故君子先慎乎德。

有德此有人，有人此有土，有土此有财，有财此有用。德者，本也；财者，末也。外本内末[11]，争民施夺。是故财聚则民散，财散则民聚。是故言悖而出者[12]，亦悖而入；货悖而入者，亦悖而出。

《康诰》曰：“惟命不于常[13]。”道善则得之，不善则失之矣。

【注释】

①《诗》：以下的诗引自《诗经·小雅·南山有台》篇。

②只：句中语气助词，无意义。

③《诗》：以下的诗引自《诗经·小雅·节南山》篇。

④“节彼南山”两句：节，高大、险峻的样子。维，句首语气词。岩岩，山石矗立高峻的样子。

⑤“赫赫师尹”两句：赫赫，势位显盛的样子。师，太师的简称；太师是周代最高的官职“三公”（太师、太傅、太保）之一。尹，尹氏，太师的姓。具，通“俱”，都，全。尔瞻，看着你。尔，你。瞻，看。

⑥辟：邪僻；这里指偏离儒家的道德规范。

⑦僇（lù）：同“戮”，本义是杀戮，这里引申为推翻。

⑧《诗》：以下的诗引自《诗经·大雅·文王》篇。

⑨“殷之未丧师”两句：殷，商朝从盘庚迁都到殷（今河南安阳）以后，即称为殷或殷商。丧师，丧失众人，引申为失去民心。师，

众，民众。克配上帝，能够配得上祭祀上帝，意指接受“天命”做天子。

⑩“仪监于殷”两句：仪监，《诗经》原文作“宜鉴”，宜以……为借鉴。峻命，大命，即“天命”。峻，大。不易：不容易。

⑪外本内末：这句的意思是：将道德这个根本作为表面文章，而将财富这个枝末当作实际利益，意为喧宾夺主，本末倒置。外，表面化的。本，指德。内，实质性的。末，指财。

⑫悖（bèi）：逆，违背，意为违背正理。

⑬惟命不于常：意思是指统治者如果不按“明德”行事，上天赋予的统治权就不能长久保留。惟，句首语气词。命，指“天命”。常，始终如一。

【译文】

《诗经·小雅·南山有台》篇说：“和善快乐的君子，犹如人民的父母。”这是因为，人民所喜欢的，他也喜欢；人民所厌恶的，他也厌恶。这样的君子，就叫做百姓的父母官。

《诗经·小雅·节南山》篇说：“那巍峨险峻的终南山啊！山石矗立势不可攀。赫赫有名的太师尹氏啊！人民都在仰望着你。”所以，作为统治国家的人不可以不谨慎，如果偏离了道德规范，就会被天下的人所推翻。

《诗经·大雅·文王》篇说：“当殷朝还没有丧失民心的时候，能够符合配享上帝的资格。（后来因为失去了民心，于是被周武王推翻了。）后世的君王应该用殷朝作为借鉴，得到天命真不容易！”这就是说，统治者只有得到人民的拥护才能保有国家的政权，如果失去人民的支持就会失去国家的政权。因此，国君（若要得到人民的拥护，）首先应该慎重地修养自己的品德。

只有具备好的德行，才能得到人民的拥护；有了人民的拥护，才能占有广阔的国土；占有了广阔的国土，才能拥有充足的财富；有了充足的财富，才可供给国家的用度开支。由此可见，道德是治国的根本，财富是治国的枝末。如果表面虽讲道德而内心唯财是重，那就会与民争利并导致人民互相争夺起来。所以说，如果把财富聚集于国库，那么民心却离散了；如果把财富施散给人民，那么民心却凝聚起来了。因此，如果君主违背民心而发号施令，那么人民也会以违背君心的话来回敬他；如果君主违背民心而聚敛财富，那么人民也会以违背君心的方式使财富丧失掉。

《尚书·康诰》篇说："天命是没有个定准的。"这是说，行善积德就能得到天命，不行善积德就会失去天命。

《楚书》曰[①]："楚国无以为宝，惟善以为宝[②]。"舅犯曰[③]："亡人无以为宝[④]，仁亲以为宝。"

《秦誓》曰[⑤]："若有一个臣，断断兮[⑥]，无他技，其心休休焉[⑦]，其如有容焉[⑧]。人之有技，若己有之；人之彦圣[⑨]，其心好之。不啻若自其口出[⑩]，寔能容之[⑪]，以能保我子孙黎民，尚亦有利哉。人之有技，媢疾以恶之[⑫]；人之彦圣，而违之俾不通[⑬]。寔不能容，以不能保我子孙黎民，亦曰殆哉[⑭]！"唯仁人放流之，迸诸四夷[⑮]，不与同中国。此谓唯仁人为能爱人，能恶人。

见贤而不能举，举而不能先，命也[⑯]；见不善而不能退，退而不能远，过也。好人之所恶，恶人之所好，是谓拂人之性，灾必逮夫身[⑰]。是故君子有大道，必忠信以得之，骄泰以失之。

【注释】

①《楚书》：指《国语》中的《楚语》，记载春秋时期楚国的史事，凡二

卷。楚，周朝诸侯国名，在今湖南、湖北一带。

②"楚国"两句：参看《国语·楚语下》和刘向《新序·杂事》。楚昭王派王孙圉(yǔ)出使晋国。晋国赵简子问楚国的珍宝白珩(美玉名)所值几何。王孙圉答道：楚国从来没有把美玉当作珍宝，只是把善人如观射父(人名)等这样的大臣看作珍宝。

③舅犯：晋国大臣，姓狐名偃，字子犯，是晋国公子重耳的舅舅，曾追随重耳流亡在外十九年，辅助重耳复国即位，佐成霸业，故尊称为舅犯。

④亡人：流亡在外的人，指晋国的公子重耳，因晋国内乱而逃亡在外，历十九年之久，才回国创建霸业，就是春秋时期"五霸"之一的晋文公。

⑤《秦誓》：《尚书·周书》中的一篇。秦穆公伐郑，在崤(xiáo)地被晋击败，归后悔过，告诫群臣，作《秦誓》。以下所引的一段话，在《秦誓》中略有不同，原文为："如有一介臣，断断猗无他技，其心休休焉，其如有容。人之有技，若己有之；人之彦圣，其心好之。不啻如自其口出，是能容之。以保我子孙黎民，亦职有利哉。人之有技，冒疾以恶之；人之彦圣，而违之俾不达，是不能容，以不能保我子孙黎民，亦曰殆哉！"

⑥断断：真诚不二的样子。兮：《秦誓》原文作"猗"，语气词。

⑦休休：平易宽广、善良敦厚的样子。

⑧有容：有容人之量，能够宽容他人。

⑨彦圣：指德才兼美的人。彦，俊美。圣，聪明。

⑩不啻(chì)若自其口出：不仅只是口中说出来，意谓说话与思想一致。不啻，不但。若，《秦誓》原文作"如"。

⑪寔(shí)："实"的异体字，实在，确实；《秦誓》原文作"是"，下同。

⑫媢(mào)疾：妒忌。媢，《秦誓》原文作"冒"。疾，通"嫉"。

⑬违：阻碍，反对。俾(bǐ)：使。通：《秦誓》原文作"达"。

⑭殆(dài):危险。

⑮迸(bǐng):通"摒",驱逐。四夷:四方之夷,即东夷、西戎、南蛮、北狄,古代对四方边境少数民族的泛称。夷,古代特指东方部族,泛指周边部族以及所有外国。

⑯命:当作"慢",怠慢。

⑰逮(dài):及,到。夫(fú):助词,此。

【译文】

《国语·楚语》中说:"楚国没有什么可以当作珍宝,只有那善德的人才是真正的珍宝。"舅犯说:"逃亡在外的人没有什么可以作为珍宝,只有把以仁爱之心来对待亲人当作珍宝。"

《尚书·秦誓》说:"假如有这样一个臣子,他很忠诚老实,但没有什么技能,他的心地宽厚善良,很有容人之量。他看到别人有技能,就像他自己拥有一样;别人有美好的德行,他从心底里敬佩喜欢。一如从自己口中说出的那样,这样的人实在能包容别人,因而一定能够保护我的子孙和百姓,对我是有利的啊!反之,另外有一种人,看到别人有技能,就心怀妒忌地加以憎恶;别人有美好的德行,就加以压制阻碍使之不能上达于国君。这样的人实在是不能包容别人,因而势必不能保护我的后代和百姓,(要是重用这种人,)也可称得上是危险的啊!"只有那有仁德的国君才会把这种人流放,驱逐到东夷、西戎、南蛮、北狄居住的边远之地,不许他与贤人一起在中原地区居住。这就是说,只有具备仁德的人才能做到爱憎分明,能够亲爱应该亲爱的人,憎恨应该憎恨的人。

发现了贤人而不能加以选拔,即使选拔了也不能尽早重用,这是对贤人的怠慢;发现了不善的人而不能加以罢免,即使罢免了也不能放逐到边远的地方去,这是政治上犯了过分宽纵的错误。如果好恶颠倒,喜欢人们所憎恶的,或是憎恶人们所喜欢的,这就叫做违逆常人的本性,灾难一定会降临到他的身上。所以,身居上位的君子有一条修己治人的大道理:一定要以忠诚信实待人,才会得到人民的拥戴;如果骄傲放肆，就会为人民所离弃。

生财有大道：生之者众，食之者寡；为之者疾，用之者舒，则财恒足矣。

仁者以财发身，不仁者以身发财。未有上好仁，而下不好义者也；未有好义，其事不终者也；未有府库财①，非其财者也。

孟献子曰②：“畜马乘③，不察于鸡豚④；伐冰之家⑤，不畜牛羊；百乘之家⑥，不畜聚敛之臣⑦，与其有聚敛之臣，宁有盗臣。”此谓国不以利为利，以义为利也。

长国家而务财用者，必自小人矣。彼为善之，小人之使为国家，灾害并至。虽有善者，亦无如之何矣！此谓国不以利为利，以义为利也。

【注释】

①府库：古代国家收藏财物文书的地方。府，指机构。库，指建筑物。

②孟献子：姓仲孙，名蔑，春秋时鲁国大夫。

③畜马乘(shèng)：指大夫之家。战国以前，马一般都是用来驾车的，在当时社会中的人由于等级不同，驾车所用马的数量也不同，大夫用四匹马，士用两匹马。畜，豢养，这里是有的意思。乘，四匹马拉的车子。

④不察于鸡豚(tún)：意为做了大官的人，不应该关注养鸡养猪的财利。察，关注。豚，小猪，这里泛指猪。

⑤伐冰之家：丧祭时有条件用冰保鲜的家族，指公卿之家。

⑥百乘(shèng)之家：拥有一百辆车乘的家族，指有封邑采地的大

家族。

⑦聚敛之臣：搜括钱财的家臣。聚，聚集。敛，征收。

【译文】

创造财富有一条重要的原则：生产财富的人要多，消耗财富的人要少；管理财富的人要勤快，使用财富的人要节俭适度。这样，财富便会长久地保持充裕了。

仁德的人利用财富来完善自身的修养，不仁的人不惜用生命去积聚财富。从来没有处于上位的人爱好仁德，而处于下位的人不喜欢道义的；从来没有喜欢道义的人，却不能把事业进行到底的；从来没有府库中用仁义得来的财物，最终不属于自己所有的。

孟献子说："养得起四匹马拉车的大夫之家，就不应该考虑喂鸡养猪的利益；丧祭时具有用冰保鲜条件的公卿之家，就不应该从事饲养牛羊的利益；官做到拥有百辆车乘地位的家族，就不应该豢养聚敛财富的家臣，与其有聚敛财富的家臣，宁可有盗窃主人财物的家臣。"这就是说，治理国家的人，不应该以谋求私利为利益，而是应该立足于道义，以谋求全民的公利为利益。

作为一国之长的君主，如果专门注重积聚货财，这一定是受小人的误导了。君主还以为这种小人是好人，其实，如果任用小人来治理国家，那么灾难祸害必将一齐到来。（等到民心离散之后，）即使有善人贤者，也已无法挽救了！这就是说，治理国家的人，不应该以谋求私利为利益，而是应该立足于道义，以谋求全民的公利为利益啊！

中　庸

徐儒宗　译注

前言

《中庸》是儒家论述人生修养境界的一部道德哲学专著，在儒学发展史上有其重要的作用和影响。

关于《中庸》的作者，据《史记·孔子世家》载，子思“困于宋，作《中庸》”。子思（前483—前402），姓孔，名伋，字子思，鲁国人。他是孔子之孙，又为曾子的弟子。他在《中庸》中，通过对孔子中庸思想的阐发，完善和深化了孔子的道德伦理思想，因而被后世尊为“述圣”。孟子受业于子思（或作受业于子思的门人），将其学说进一步发扬光大，形成了思孟学派，所以子思又是儒家思想发展中承前启后的重要人物。

《中庸》就是阐述中庸之道的书，它的内容可概括为：以“仁”为指导，以“诚”为基础，以“中庸”为方法的人生哲学，旨在追求人类社会协调和谐地正常发展。中庸之道在儒家学说中，既是哲学意义上的认识论和方法论，又是道德伦理上的行为准则。所谓“中”，就是适度、正确、合宜而含有真理之意，体现了处理事物的正确性；所谓“庸”，就是平凡、普遍并含有运用之意，体现了适用于一切事物的普遍性。所以，“中”与“庸”的结合，乃是理论上的基本原则与实践中的具体运用两者之间的辩证统一，故所谓“中庸”，就是正确而普遍适用的真理。

在认识论上，中庸之道表现为“叩其两端”以取“中”的全面调查研究的方法。既反对主观而片面的武断，也反对人云亦云地随声附和，而是一种力求与客观实际适相符合的实事求是的认识方法。

在方法论上，中庸之道的基本法则是坚持“中”，戒“过”而勉“不及”。“过”与“不及”同为“中”之对立面，“中”为“是”，“过”与“不及”为

"非",故中庸之道的实质乃是坚持"是"而反对"非",既不是在"不及"与"过"两端之间机械地对半折中,也不是在"是"与"非"之间取其中性。因而作为方法论的中庸之道可以包括如下几项内容:其一,在调节同一事物内在的两极之间的关系时,中庸之道体现为在相反相成的关系中,要求达到既"中"且"正"的"中正"思想,而决不是折中主义;其二,在协调不同事物之间的关系上,中庸之道体现为"因中致和"与"和而不同"的"中和"思想,而决不是调和主义;其三,在历史发展观上,中庸之道体现为因时制宜、与时俱进的"时中"思想,既非随波逐流地赶时髦,更非顽固的保守主义;其四,在对待事物变化规律的"常"与"变"的关系上,中庸之道体现为原则性与灵活性高度统一的"执中达权"思想,既反对没有灵活性的"执一不通"而死守教条,也反对没有原则性的"见风使舵"或任意妄为。正由于中庸之道包含了"时中"和"执中达权"的权变内容,故它并非死的教条而是活的灵魂,其功用在于推动事物协调和谐地正常发展。

在人的品德修养上,中庸之道作为伦理道德的行为标准,要求必须遵循戒其"过"、勉其"不及"的"中行"准则,以期达到"从心所欲,不逾矩"的至德境界,而决不是同流合污的乡愿或无原则的老好人哲学。

若从哲学的高度进行考察,"仁"是整个儒学的宗旨,就是以人为本的哲学;"礼"是为了实行"仁"的宗旨而设的具体条文;而"中庸"则是贯穿于"仁"与"礼"两者之间的方法论。"礼"必须根据"仁"的宗旨并遵照"中庸"的法则才能制订出最合理、最适用的条文;"仁"只有遵照"中庸"的法则并通过"礼"的实施,才能有效地实现其宗旨。"仁"与"礼"两者相为表里,并通过"中庸"而达到辩证地统一。因此,"仁"、"礼"和"中庸"三者构成了儒学的基本框架。不过,作为哲学方法论的"中庸",体现在人伦道德方面就是"义"。"义"者,宜也,正相当于"中庸"的正当、适宜、合理等涵义。因此,"中庸"与"仁"和"礼"的关系,也相当于"义"与"仁"和"礼"的关系。所以也可以说,仁、义、礼三者构成了儒家关于人伦道德学说的基本框架。

然而，由仁、礼、中庸构成的整个儒学框架，又是建立在“诚”这个基础之上的。“诚”作为重要的哲学范畴，是为真实；作为道德范畴，是为诚实。而内心之“诚”体现为对人尽心时则谓之“忠”；“诚”之外在表现则是取信于人的“信”。“忠”和“信”都是儒学重要的基本德目，二者虽然有内在和外现之不同，而其本原则同出于“诚”。所以，“诚”可谓是实行“仁”的最根本的素质。假若没有“诚”，一切德目都无从谈起；只有具备了“诚”的素质，建立其他德目才有了坚实的基础。但是，无论“诚”或“忠”和“信”都必须贯穿有“中庸”这一方法和准则。不“诚”固然有违“中庸”品德；然而无原则地片面地求“诚”，也会由于“失中”而有害于“仁”。例如在军事机密的问题上，只有严守保密的原则才是合乎中道的“诚”；假若无原则地向他人表示“诚”，就会造成泄密的危害，这就违背中道而有害于“仁”了，因而不能算是正确意义上的“诚”。

总之，“仁”是整个儒学的总纲，“诚”是整个儒学得以建立的基础，而“中庸”则是贯穿于儒学的一切德目之中而起到方法和准则的作用。只有在“诚”的基础之上，准确地把握“中庸”这一方法和准则，才能指导儒学最有效地从事“修己以安人”乃至“赞天地之化育”的伟大事业，最终实现“仁”的最高境界。因此，在今天从事现代化文明的建设中，《中庸》所阐述的关于“中庸”和“诚”的哲学，不但没有过时，而且还将发挥其更为巨大的积极作用。

徐儒宗

第一章

【题解】

开卷第一章是全书的纲领。朱子认为，这章书是“子思述所传之意以立言：首明道之本原出于天而不可易，其实体备于己而不可离，次言存养省察之要，终言圣神功化之极。盖欲学者于此反求诸身而自得之，以去夫外诱之私，而充其本然之善，杨氏所谓一篇之体要是也”。全章内容分为三节。第一节首先提出“性”“道”“教”三个范畴，用以探求人生从事道德修养和道德教化的哲学原理。第二节指出“道”贯穿于一切事物之中，“道”不可脱离事物而存在，事物亦不可脱离“道”而存在。而作为人道，“道”与“人”是完全一体的，不可片刻分离的，因而提出了“慎独”的修养方法。“慎独”的本质即在于修养“诚”的品德，这为后文深入探讨“诚”的哲学而张本。第三节以调节人性中所固有的喜、怒、哀、乐等感情为根据来阐明中和之道。首先提出了“未发之中”和“中节之和”两个重要命题；然后断言“中”是大本，“和”是达道；最后极力描述“致中和”的功效及其所达到的最高境界。

天命之谓性①，率性之谓道②，修道之谓教③。

道也者，不可须臾离也④，可离非道也。是故君子戒慎乎其所不睹⑤，恐惧乎其所不闻。莫见乎隐⑥，莫显乎微。故君子慎其独也⑦。

喜怒哀乐之未发[8]，谓之中[9]；发而皆中节[10]，谓之和[11]。中也者，天下之大本也；和也者，天下之达道也[12]。致中和[13]，天地位焉[14]，万物育焉[15]。

【注释】

①天命：自然所赋予的。性：指天然赋予人的禀赋。

②率性：遵循人的自然禀赋。率，遵循、依照、顺从的意思。道：原义为“道路”，引申为“道理”，一般指事物运动变化的普遍规律。《中庸》所讲的道，系兼指天道和人道而言，但主要是指人道。所谓天道，就是宇宙自然运行的客观规律；所谓人道，就是人类社会发展的普遍规律。这里主要是指“性”的外在表现形式而言。

③修：这里是修养、推行的意思。教：教育、教化、教养的意思。儒家一向主张对百姓进行伦理教化，以使他们的言行符合道德规范。

④须臾（yú）：片刻，一会儿的意思，表示很短的一段时间。

⑤君子：在儒家的观念中，君子一般指有教养、有知识、有道德的人。不睹：看不见的地方。睹，看见。

⑥见（xiàn）：同“现”，显现，表现出来。隐：暗处，深处，不易被人觉察的地方。

⑦慎其独：慎独是儒家的一种“内求”的道德修养方法。慎，慎重，谨慎。独，指一人独处之时。

⑧发：表现出来，流露出来。

⑨中：儒家的重要哲学范畴，意为不偏不倚，无过无不及，指处理事情达到恰如其分、适得事理之宜的适中状态。

⑩中（zhòng）节：符合天然赋予人的本性，即符合常理，符合道德规范。中，符合的意思。节，节度的意思。

⑪和：儒家的重要哲学范畴，意为协调、和谐，指多种事物的协调

统一。

⑫达道：一切事物遵循的普遍规律。这里指人们共同遵行的原则。

⑬致：致于、达到的意思。

⑭位：位置，这里用作动词，即各在其位、安于所处的位置的意思。

⑮育：成长发育，生生不息。

【译文】

天然赋予人的禀赋叫做“性”，遵循本性自然发展的规律而行动叫做“道”，把道加以修明并推广于民众叫做“教”。

作为道，是人们片刻不可离开的；可以离开的，也就不是道了。正因为如此，道德高尚的君子在没有人看见的时候也总是谨慎地进行检点，在没有人听见的地方也总是心怀恐惧，不敢怠慢。没有比处于隐蔽的时候更容易表现出本色，没有比在细节的事情中更容易显露出真情。所以，道德高尚的君子总是更加小心谨慎地对待一人独处的时侯。

欢喜、愤怒、悲哀、快乐等各种感情还没有表现出来，就叫做“中”；表现出来时，没有太过和不及，都能恰如其分地符合于自然之理，就叫做“和”。所谓“中”，是天下一切道理的最大根本所在；所谓“和”，是天下一切事物最普遍的规律。能够达到“中和”的境界，那么天地就可以各就其位而运行不息，万物便能够各随其性而生长发育了。

第二章

【题解】

从本章到第十一章，都是子思引述孔子的话，以阐明第一章的意蕴。本章征引孔子的话，阐述君子与小人对中庸所持的不同态度及其原因。中庸虽然是一个处理事物的平常原则,但也不是所有的人都能够很容易地做到,只有那些注重道德修养、具有良好品性的人,才能真正地把握中庸的原则,而且能够时时刻刻做到中庸,始终运用中庸之道处理一切事物;相反,不注重品德修养的人,是不讲求中庸之道的,因而处理事物就会无所顾忌,甚至肆无忌惮,做出违反中庸的事来,导致严重的后果。所以,要学会中庸之道,首先要加强自己的品德修养,即《大学》里所讲的“修身”。

仲尼曰①:“君子中庸②,小人反中庸③。君子之中庸也,君子而时中④;小人之[反]中庸也⑤,小人而无忌惮也⑥。”

【注释】

①仲尼:孔子的字。孔子(前551—前479),名丘,字仲尼,鲁国陬邑(今山东曲阜南)人。春秋末期伟大的思想家、政治家、教育家,儒家学派的创始人。

②中庸:儒家学说的方法论和道德准则。“中”指不偏不倚、无过无不及的适得事理之宜的正确状态而言,“庸”指平凡而普遍适用的常道而言,故“中庸”一词,意为普遍适用的真理。这里指人生修养的最高道德标准。

③小人:儒家用来指那些没有修养的思想愚昧、品德卑劣的人。

④时中:时刻符合中庸之道。时,时时,经常。

⑤反:此字佚失,今本据王肃本补。

⑥无忌惮:没有什么顾忌和畏惧的。忌,顾忌。惮,害怕,畏惧。

【译文】

孔子说:“有道德修养的君子,他们的言论和行动都能符合中庸的准则;而没有道德修养的小人,他们的言论和行动偏要违背中庸的准则。君子的言行之所以能符合中庸之道,是因为他们随时能按照所处的环境而保持适得事理之宜的最佳状态;小人的言行之所以会违背中庸之道,是因为他们没有什么顾忌心和畏惧心,因而总要恣意妄为。”

第三章

【题解】

本章是把中庸之道作为人生修养的最高道德标准加以阐述的。全章借孔子的感叹之语,一方面赞美中庸之德的崇高可贵,一方面则感叹能够实行中庸之道的人太少了。中庸之道本是正确而普遍适用的真理,质言之,也就是平凡的常理。只有事事合乎平凡的常理,才可以称之为“至德”;也正因为是平凡的常理,才往往被人们所忽视,很少有人能长久地坚持它。其中含蕴着深刻的辩证思维。

子曰①:“中庸其至矣乎②!民鲜能久矣③。”

【注释】

①子:古时对男子的尊称;《中庸》书中的“子曰”都是指孔子的说话。孔子的这句话亦见《论语·雍也》而略有差异,其文为:“子曰:‘中庸之为德也,其至矣乎!民鲜久矣。’”

②其:语气词,表示揣度之意,恐怕、大概的意思。至:最高,至高无上。

③民鲜能久:素有两种解释,一种解释是“老百姓很少能够做到,已经很久了”;另一种解释是“老百姓已经很少能够长久地做到了”。其实,两种解释并无矛盾,其意义是可以相通的。民,民

众,百姓。《中庸》书中所说的“民”一般指普通的平民百姓。鲜,很少,少有的意思。

【译文】

孔子说:“中庸之道可以说是最高最好的道德标准了吧!可惜老百姓很少能够做到,已经很久了。”

第四章

【题解】

本章征引孔子的话,进一步探索中庸之道所以“不明”和“不行”的原因在于“过”与“不及”两个偏向,以揭示上一章所说的“民鲜能久”的根源。中庸之道既是为人处世的正确而平凡的准则,又是一个最高的道德标准,所以真正施行起来就很难做到恰如其分。那些品行、才能优秀的人物,他们处理事物的标准可能较高,因而容易走向偏激;那些品行、才能比较差的人,他们对自己的要求可能低得多,因而往往达不到中庸的标准。也就是说,在大多数情况下,人们处理问题,要么做得过了头,要么做得不到火候,难以恰到好处地达到“中行”的境界。这样,中庸之道就难于推行开来。所以,孔子也不得不感叹“道之不行”和“道之不明”了。

子曰:“道之不行也①,我知之矣:知者过之②,愚者不及也③;道之不明也,我知之矣:贤者过之④,不肖者不及也⑤。人莫不饮食也,鲜能知味也⑥。”

【注释】

①道：指中庸之道。

②知(zhì)者：聪明而有智慧的人。知，通“智”，聪明，智慧。

③愚者：愚蠢的人，愚笨的人。

④贤者：有道德、有才能的人。

⑤不肖(xiào)者：不贤的人，道德卑劣的人，有时也指无所作为的普通人。

⑥味：滋味，引申为中庸之道所蕴含的精华。

【译文】

孔子说：“中庸之道之所以不能够推行于世，我知道它的原因了：因为聪明的人做事往往超过了它的标准，而愚笨的人做事却又达不到它的标准；中庸之道之所以不能够彰明于世，我知道它的原因了：因为贤能的人的认识往往超过了它的标准，而不贤能的人的认识却又达不到它的标准。就像人没有不喝水、不吃饭的，但因为习以为常，所以很少有人能真正品尝出饮食的滋味了。”

第五章

【题解】

本章紧承上章智、愚、贤、不肖者都不能行、不能明中庸之道而来。人们既已不能明白中庸之道的真正意义，也就不会去实行它了。因而记述了孔子担心中庸之道在天下难以实行的慨叹，以阐明圣人所常怀于心的忧患意识。其作用在于承上启下，以引起下章论舜的话。

子曰:“道其不行矣夫①!”

【注释】

①其:表示大概、恐怕等推测的语气助词。矣夫(fú):表示感叹的语气助词,相当于现代汉语的“啊”、“啦”等感叹词。

【译文】

孔子说:“中庸的道理,(大家全不明了,)大概是不能够实行了啊!”

第六章

【题解】

《中庸》以智、仁、勇三达德为入道之门,故此下数章分别举大舜、颜渊、子路作为智、仁、勇的代表以论述三达德与中庸之道的关系。本章首先举大舜为智者的代表,征引孔子之言,论述大舜能够以他的最大智慧运用中庸之道来治理百姓的事例。

孔子认为,舜之所以能成为“大智”,并不在于显示自己个人的聪明,而在于调动大众的聪明智慧而加以合理运用。他能广泛听取群众的意见,然后详加分析选择,对于不合理的意见则隐而不宣,对于好的意见则大加赞扬。由于他如此豁达大度,胸襟宽阔,所以人们都乐于以善言相告。而于众多善言之中,又能把握住“过”与“不及”之两端进行审察,选取其中最合理的方案加以施行。这样,他的政策就毫无过、不及的偏差而完全合乎中庸之道了。这是合全天下之人的智慧为一身的智慧,所以称之为“大智”。这就是舜之所以能成为“大智”的原因,也是每个领导者所应取法的经验。

子曰："舜其大知也与①！舜好问而好察迩言②，隐恶而扬善，执其两端③，用其中于民④，其斯以为舜乎⑤！"

【注释】

①舜：姓姚，有虞氏，名重华，史称虞舜，我国原始社会后期部落联盟的首领，尧把首领的地位和权力禅让给他，成为传说中的"五帝"之一。在儒家学说中，常以"尧舜"并称，是儒家最为推崇的古代圣君。大知（zhì）：即极其富有智慧的聪明人。知，通"智"，聪明，有知识，有智慧。与（yú）：同"欤"，表示疑问的语气助词。

②好（hào）：喜好，喜欢。迩言：浅近的话语，指老百姓说的通俗易懂的话。迩，意为近，浅近。

③执其两端：把握事物的两个极端。执，把握，把持。两端，两头，两个极端，指同一事物中相互对立的两个方面，此处指"过"与"不及"这两个极端。

④用其中：（权衡事物的两端后）采纳适中之处加以运用。

⑤斯：此，这个。

【译文】

孔子说："虞舜可算是一个具有大智慧的聪明人吧！舜喜欢向别人请教，而又善于考察分析浅近平凡的言论；他能够包涵别人的短处，而宣扬人们的善行；他能把握认识上的'过'和'不及'这两个方面，而采用最合理的适中办法治理百姓。这就是舜之所以能成为舜的原因吧！"

第七章

【题解】

本章承上章能坚持运用中庸之道的“大知”而言，认为不能坚持中庸之道的“小知”之不足取，并引出下章颜回能够坚持中庸之道的事。运用比兴的艺术手法，阐述人们为物质的私欲所笼罩而难行中庸之道。

孔子在前面两次感叹“道之不行”，在这一章他再一次表露出中庸之道难以推行的心情。他认为，有些自以为聪明的人，往往要被聪明所误，有时明知道遇到祸害却不知避让，有时甚至自投罗网却不知道。可见，真正要持守中庸之道，是一件多么难的事情。既然中庸之道如此难以推行，为什么孔子又要极力推行呢？因为他认为，中庸之道是为人处世的最好原则，即使我们不能时刻做到，也要努力去做，要尽量去靠近它。只有这样，社会才能进步，自己的品德修养才能提高。

子曰：“人皆曰予知①，驱而纳诸罟擭陷阱之中②，而莫之知辟也③；人皆曰予知，择乎中庸而不能期月守也④。”

【注释】

①予：我，第一人称用词，此处作“自己”解。知(zhì)：通“智”，聪明，有知识，有智慧。

②纳：本义是纳入，引申为落入。诸：“之于”两字的合音。罟擭(gǔ huò)：泛指捕捉野兽的器具。罟，罗网的总称。擭，装有机关的捕获野兽的木笼。陷阱：为捕捉野兽而挖掘的地坑。

③莫：没有谁，没有人。辟(bì)：通“避”，回避，躲避。

④期(jī)月：一整月，一周月；这里用以比喻时间不长。

【译文】

孔子说："人人都认为自己是明智的，可是在利欲的驱使下，他们却像野兽那样落入危机四伏的罗网或陷阱之中，竟谁都不知道如何躲避；人人都认为自己是明智的，可是当他们选择了中庸这一道德准则后，却连一个月这样短暂的时间都不能坚持下去。"

第八章

【题解】

孔子曾谓"力行近乎仁"，而颜子能力行中庸之道，故本章以颜子作为"仁"的代表，盛赞他能够坚持实行中庸之道的品德。

正如上章所言，中庸之道难于做到，但要努力去做，颜子就是这方面的榜样。颜子是孔子最得意的学生，一是他的品行好，二是他好学，所以，孔子又赞扬颜子，说他体会到了中庸之道的奥妙，认识到了中庸之道的好处，因而牢牢将它记在心坎，惟恐将它失去。因此，虽然说中庸之道难于做到，但也要像颜子一样，努力去做。只要努力了，就一定会进步。

子曰："回之为人也①，择乎中庸，得一善②，则拳拳服膺③，而弗失之矣④。"

【注释】

①回：颜回（前 521—前 490），字子渊，鲁国人，比孔子小三十岁，是孔子最得意的学生。

②善：指中庸的道理。

③拳拳服膺：牢牢记在心里。拳拳，这里指牢握不舍的意思。朱熹注："拳拳，奉持之貌。"引申为很恳切的意思。服膺，紧贴胸前，表示牢记在心，真诚信服之意。服，着，放置。膺，胸怀。

④弗：不。

【译文】

孔子说："颜回的做人方式，在于选择了中庸之道，如果从中领悟到一条有益的道理，就牢牢地记在心里，真诚信服，而且永远不把它丢失。"

第九章

【题解】

本章引孔子的话，还是围绕中庸之道难于做到加以申说。孔子用极难做到的三件事，衬托中庸之道看似易行，其实很难，目的仍在于引起人们对中庸之道的重视。天下有些事情看起来很难，但还是能够做到；有些事情看起来容易，但做起来很难。像治国平天下，看起来很难，但还是能够做到；像官位俸禄，看起来难以舍弃，但还是能够舍弃；像尖锐锋利的刀刃，看起来很可怕，但也能鼓起勇气一踩而过。可是要持久地坚守中庸之道，看起来是一件容易的事情，却是难于做到的。

子曰："天下国家可均也①，爵禄可辞也②，白刃可蹈也③，中庸不可能也④。"

【注释】

①天下:在古代中国,天下的概念是指天子统治下的全部土地,意为全中国。国家:中国古代所讲的国家不同于今天“国家”一词的含义。国,指天子分封的诸侯国,如鲁国、齐国、郑国等。家,指诸侯分封给卿大夫的家族和封地,即采邑。诸侯的封地和卿大夫的采邑合称为“国家”。均:平定,公平治理。

②爵禄:爵位和俸禄。周代按照功勋的大小、血缘的亲疏以区别地位的高下,分为公、侯、伯、子、男五等爵位。辞:推却,辞让。

③白刃:明晃晃的刀刃。蹈:踏上,踩上。

④能:做到,实行。

【译文】

孔子说:“天下和国家是可以平定治理的,爵位和俸禄是可以推辞不受的,明晃晃的锋利刀刃是可以踩踏而过的,但要求符合于中庸之道的标准,则是不容易做到的。”

第十章

【题解】

本章论述孔子针对子路的好勇性格,为子路分析“南方之强”与“北方之强”的相异之处,并鼓励子路在本身具有“北方之强”的基础之上更应吸取“南方之强”的长处,进而坚守中庸之道,达到更高的君子之强。

同样是“强”,但有“南方之强”和“北方之强”的区别。南方风气柔弱,能够以宽容的精神对待人,含容巽顺,逆来顺受,故以含忍之力胜人为强,有近于君子之道;北方风气刚劲,勇武好斗,寤寐不离兵甲,随时准备效命疆场，故以果敢之力胜人为强，这是一种纯刚性的强者之道。

然而孔子认为，像子路这样血气方刚、勇猛无比的人，“北方之强”是他本身已经具备的，所以指引他更应兼取“南方之强”的长处，再加以德义涵养，才能达到合乎中庸之道的“强”。这种强，待人和气而又不迁就别人；保持中立而能不偏不倚；国家有道时虽居高位而不改变穷困时的志向；国家无道时至死不改变自己一贯的志向。做到了这四点，那才是真正的强。这乃是一种刚柔相济的、符合中庸之道的品德高尚的“强”。

子路问强①。子曰：“南方之强与②？北方之强与？抑而强与③？宽柔以教④，不报无道⑤，南方之强也，君子居之⑥。衽金革⑦，死而不厌⑧，北方之强也，而强者居之。故君子和而不流⑨，强哉矫⑩！中立而不倚，强哉矫！国有道⑪，不变塞焉⑫，强哉矫！国无道⑬，至死不变，强哉矫！”

【注释】

①子路（前542—前480）：姓仲，名由，字子路，也字季路，鲁国卞（今山东泗水）人，孔子的学生。子路性格直爽勇敢，曾任季孙氏的宰（家臣），后任卫大夫孔悝的宰，在贵族内讧中被杀。强：坚强，势力过人。

②与：同“欤”，表示疑问的语气助词。

③抑：抑或，还是，表示选择。而：在这里作第二人称代词，相当于“尔”。

④宽柔：南方习气宽厚柔弱，以忍胜人。

⑤报：报复。无道：残暴无礼，指违反道德规范的言行。

⑥君子居之：儒家认为宽柔为君子之道。居，持有，处于。

⑦衽(rèn)金革:枕着武器睡觉,意为随时准备战斗。衽,古代人睡觉时铺垫的席子;这里作动词用,即躺卧之意。金革,指作战用的兵器和铠甲。

⑧厌:这里是后悔的意思,不厌即不后悔。

⑨和而不流:性格平和而不随波逐流。和,指待人温和。流,丧失原则立场地迁就别人,即随大流的意思。

⑩哉:古汉语中表示感叹意义的语气助词,常用于句尾,但此处用在句中。矫(qiáo):强悍刚毅的样子。

⑪国有道:国家政治清明。有道,指统治者治理国家方面遵从礼制与德治的原则。

⑫不变塞:不改变既定的志向。塞,堵塞,阻碍,不通达的意思;这里指穷困潦倒时的志向。

⑬国无道:国家政治昏乱。

【译文】

子路问怎样才算是强。孔子说:"你所问的,是南方人所说的强呢,还是北方人所说的强呢?或者是你自己所要学的强呢?用宽厚柔和的道理教导别人,不向无理欺负我的人进行报复,这是南方人的强,君子应当具备这种素质。睡卧时以兵器为枕头,用铠甲当卧席,即使是战死沙场也无所悔恨,这是北方人的强,强悍勇武的人应当具备这种素质。所以说,君子与人平和相处而又不同流合污以丧失自己的原则立场,这真可以算是矫矫不群的强啊!君子恪守中庸之道,岿然卓立,不偏不倚,这真可以算是矫矫不群的强啊!处于国家政治清明之时,(可以出仕以行其道,但又能身居高位而不为富贵所腐蚀,)不改变自己穷困潦倒时的气节,这真可以算是矫矫不群的强啊!处于国家政治昏暗、社会混乱之时,(虽然没有机会以行其道,但却能安贫乐道,)一直到死都不会改变自己的道德节操,这真可以算是矫矫不群的强啊!"

第十一章

【题解】

本章承上章“问强”之义，又引孔子之言，从反面指出若要真正做到强者，也必须注意“过”与“不及”两种倾向，以期达到中庸之道。

有种人专门探求隐僻之理，过为怪诞之行，故作高深，行为诡秘，目的在于欺骗世人，获取虚名，这是将智慧用过了头而不择乎善道，行为走向了诡异而不合乎中道，亦即犯了“过”的错误，违背了中庸之道，属于不当强而强的一类；另一种人则虽能择乎善道，并能遵循中道而行，但由于未能持之以恒，以致半途而废，这是他的智慧已能选择中道，但是行为有所不逮，亦即犯了“不及”的错误，未能达到中庸之道，属于当强而不强的一类。作为有志于中庸之道的君子来说，既不为索隐行怪，也不应半途而废，而是在任何情况下都应该无怨无悔地遵循中庸之道而行，做到善始善终，才是真正的强者，才能臻乎圣人之境。

子曰：“素隐行怪①，后世有述焉②，吾弗为之矣③。君子遵道而行，半途而废，吾弗能已矣④。君子依乎中庸，遁世不见知而不悔⑤，唯圣者能之⑥。”

【注释】

①素：据《汉书·艺文志》应为“索”字。索，即探索，寻求。隐：隐僻，这里指不合乎常规的理论。索隐，探索隐僻的事理。行怪：指违背常理而做怪异的事情。索隐行怪，寻求隐僻的道理，专做

怪诞的事情(以欺世盗名)。

②述:称述,记述。

③弗:不。

④已:止,停止。

⑤遁世:逃避世俗,指隐居。遁,逃避,离去。见知:被了解,被任用。

⑥圣者:即圣人,儒家把道德修养和知识水平最高的人称为圣人。

【译文】

孔子说:“有的人专爱探索隐僻不正的道理,做些奇异怪诞的事情(以欺世盗名),后世虽然也会有人称述他的行为和学说,而我是绝对不会这样做的。讲求道德的君子,应该遵循正道行事,有的人却半途而废了,而我是绝对不能中途停止的。真正有德的君子,凡事都依照中庸之道去做,即使不得已而避世隐居起来,终身不被人们所了解和任用,也绝不悔恨,这只有圣人才能做到。”

第十二章

【题解】

本章直承首章所提出的“道”的范畴,并根据其“道不可离”的涵义,论述了中庸之道其大无外,其小无内,时时处处,无所不在之意。

“君子之道费而隐”是全章的宗旨,以下即围绕第一章中的“道也者,不可须臾离也,可离非道也”的论点进行阐发。中庸之道既广大又精微,既具有普遍性又具有特殊性。从广大方面来说,它无时不在,无处不在,充满天地之间,能够作用于万事万物;从精微方面来说,它又是极高深精妙的道理,不是一时一刻就能学会,不是很容易就能持守,需要加强品德的修养，努力向它靠近；从普遍性来说，它是人人都可以学习的，可以实践的，匹夫匹妇，普通男女，在日常生活居处中都离不开它；从特殊性方面来说，它的高深，即使连圣人也不能穷尽。正因为中庸之道具有“费而隐”的特点，所以应该针对各种不同档次之人的具体情况，提出不同的修道要求。只有这样，中庸之道才能够得以切实推行。

本章是以下八章的纲领。以下从第十三章到第二十章，均是围绕着“道不可离”这一观点进行论述的。

君子之道，费而隐①。夫妇之愚②，可以与知焉③，及其至也④，虽圣人亦有所不知焉；夫妇之不肖⑤，可以能行焉，及其至也，虽圣人亦有所不能焉。

天地之大也，人犹有所憾⑥。故君子语大⑦，天下莫能载焉；语小⑧，天下莫能破焉⑨。

《诗》云⑩：“鸢飞戾天⑪，鱼跃于渊⑫。”言其上下察也⑬。君子之道，造端乎夫妇⑭，及其至也，察乎天地。

【注释】

①费而隐：广大而精微。费，广泛、广大的意思。隐，隐蔽、精细而微妙的意思。

②夫妇：匹夫匹妇，指普通的男女老百姓。

③与（yù）：同“预”，参预。

④至：极，最，此处指最高深而精妙的境界。

⑤不肖（xiào）：即不贤的意思；这里指普通的无所作为的匹夫匹妇。

⑥憾：遗憾，指思想上有不满足的地方。

⑦语：此处用作动词，即说话的意思。大：指宏观之道而言。

⑧小：指微观之道而言。

⑨破：解析，剖析。

⑩《诗》：指《诗经》，这是我国最早的一部诗歌总集，收有西周到春秋时期的诗歌三百零五篇，包括《国风》、《小雅》、《大雅》、《颂》四部分。这里所引的诗，见《诗经·大雅·旱麓》篇。

⑪鸢（yuān）：鸟名，一种鹰类的凶猛的鸟。戾（lì）：至，到达的意思。

⑫渊：较深的水塘。

⑬察：洞察，观察。

⑭造端：开始，开端。乎：于。

【译文】

君子所恪守的中庸之道，用途广大，无穷无尽；而其本体却又精细隐微，无处不在。就其浅显处说，即使是普通的匹夫匹妇那样愚昧，也可以知道一些有关中庸之道的内容；至于中庸之道的最高深、最精妙的道理，即使是大智大慧的圣人，也有不能领悟的地方。就其浅近处说，即使是普通的匹夫匹妇那样无所作为，也可以做一些力所能及的符合中庸之道的事情；至于中庸之道的最高深、最精妙的境界，即使是才能超迈的圣人，也有不能达到的地方。

天地那么广大公正，然而人们对它仍有感到不满足的地方。所以，有道德的君子，若从中庸之道的宏观方面而言，那么天下没有人能够承担它；若从中庸之道的微观方面而言，那么天下没有人能够剖析它。

《诗经·大雅·旱麓》篇说："鹞儿飞腾上青天，鱼儿跳跃入深渊。"这两句诗可以比喻中庸之道上达于天，下至于地，都可以洞察贯彻。君子所恪守的中庸之道，是从普通的匹夫匹妇都可以知、可以行的浅近的道理开始的；至于达到中庸之道的最高深、最精妙的境界时，就可以洞察贯彻于天地之间的一切事物了。

第十三章

【题解】

本章宗旨在于申说中庸之道不可离之意。中庸之道是任何人都可以学习、可以实践的。如果自以为中庸之道浅近卑琐不足学,而一味好高骛远,追求一些不切实际的目标,这是自己远离中庸之道。就像砍伐斧柄一样,心中始终装有斧柄的模样,你一定能够砍伐到一把很好的斧柄;如果心不在焉,或者以为那是一桩非常简单的事情,不值得留意,那么即使眼前有一把斧柄作样式,你也不会砍伐出一把好的斧柄来。所以"以人治人"的"忠恕"原则乃是达到中庸之道的不易之法。于是,孔子提出用孝、悌、忠、信四种道德治己治人,鼓励人们言行一致,提高修养。你自己不想做的事情,你也不要求别人去做;你要求别人做到的事情,你自己首先要做到。知道自己的不足,就应该努力去改变它;知道自己平时有些话说过了头,就应该努力做到谨慎;自己所说的,自己要努力去做到;自己所做的,一定要符合自己所说的。惟有如此,距离中庸之道就不远了。

子曰:"道不远人①;人之为道而远人,不可以为道。《诗》云②:'伐柯伐柯③,其则不远④。'执柯以伐柯⑤,睨而视之⑥,犹以为远。故君子以人治人,改而止。忠恕违道不远⑦,施诸己而不愿⑧,亦勿施于人。

"君子之道四⑨,丘未能一焉⑩:所求乎子以事父⑪,未能也;所求乎臣以事君,未能也;所求乎弟以事兄,未能也;所求乎朋友先施之,未能也。庸德之行⑫,庸言之谨⑬,有所不足,不敢不勉;有余,不敢尽。言顾行,行顾言,君子胡不慥慥尔⑭!”

【注释】

①远:用作动词,远远地离开。

②《诗》:以下的诗引自《诗经·豳(bīn)风·伐柯》篇。

③伐:砍伐。柯:斧柄。

④则:法则,样式,引申为做斧柄的样板。

⑤执:握着,拿着。

⑥睨(nì):斜着眼睛看。

⑦忠恕:尽己之心为“忠”,推己及人为“恕”,两者都是儒家学说的道德哲学范畴。“忠恕”是实行“仁”的方法和途径,是儒家思想的重要组成部分。违道:相距于道。

⑧诸:“之于”二字的合音。

⑨君子之道四:指孝、忠、悌、信四种道德规范。

⑩丘:孔子的名,这里是孔子自称。

⑪乎:于的意思。

⑫庸德:平凡的德行。庸,平常,平凡。

⑬庸言:平凡的言论。

⑭胡:怎么,为什么。慥慥(zào)尔:忠厚诚实的样子。

【译文】

孔子说:“中庸之道并不远离于人;假若有人修道而故弄玄虚、故作高深,以致道远离了人,那就不可以称为修中庸之道了。《诗经·豳风·伐柯》篇说:‘砍伐树木做斧柄,砍伐树木做斧柄,斧柄的样式就在眼前。’手握着斧柄砍伐树木做斧柄,斜着眼睛瞄着手中所握的斧柄,斧柄的样式好像还离得很远。所以,君子按照人所共有的道理来治理人,别人如果有过错,改正了也就可以了。如果能做到忠和恕,那么相距中庸之道也就不远了。凡是不愿意别人施加给自己身上的事情,也不要把它施加到别人身上去。

"讲求中庸之道的君子所应做到的内容有四项,可我孔丘还没有一件能做到呢。想用要求子女孝顺我的道理来侍奉父母,我还未能做到;想用要求臣下尽忠于我的道理来侍奉君主,我还未能做到;想用要求弟弟敬奉我的道理来侍奉兄长,我还未能做到;想用要求朋友对待我的道理先去对待朋友,我还未能做到。我只是在那平常的德行上要尽力实行,在那平常的言论上要小心谨慎。所行的有所不足,就不敢不努力加以勉励;所说的还有未能做到的,就不敢把话说尽。说话时要考虑能不能实行,行动时要考虑是否与所说的相符。(如果真能这样言行一致,)君子怎么还能不是忠厚诚实的呢?"

第十四章

【题解】

本章紧承上章"道不远人"之意,进而阐述人必须适应所处环境的重要性,所以,"素其位而行"乃是本章的宗旨,主要是谈个人的道德修养问题。任何一个人都应该正确面对现实,恰如其分地把握好自己所拥有的客观条件和主观能力,从切合实际出发,在努力做好本职工作的基础上追求合理的发展。当然,这并不是说不要树立远大的理想。要知道,远大的理想是靠一步步脚踏实地的努力工作去实现的,即所谓千里之行始于足下。只有在适应现实的基础上再追求学业、事业上的成功,这才符合中庸之道。假若脱离客观实际地好高骛远,甚或不顾条件是否允许铤而走险,希冀侥幸成功,这是不符合中庸之道的,因而其后果也是不堪设想的。这也是中庸之道在生活中的实际应用。

君子素其位而行[①]，不愿乎其外[②]。素富贵，行乎富贵；素贫贱，行乎贫贱；素夷狄[③]，行乎夷狄；素患难，行乎患难。君子无入而不自得焉。

在上位，不陵下[④]；在下位，不援上[⑤]。正己而不求于人，则无怨。上不怨天，下不尤人[⑥]。故君子居易以俟命[⑦]，小人行险以徼幸[⑧]。

子曰："射有似乎君子，失诸正鹄[⑨]，反求诸其身。"

【注释】

①素其位而行：安于平时所处的位置，做自己应该做的事。素，平素，素来，向来。

②愿：这里是羡慕的意思。外：分外，此处指等级名分之外的。

③夷狄：古代历史上，中原地区称东方的民族为夷，北方的民族为狄。这里泛指周边的落后部族。

④陵：同"凌"，欺凌，欺压。

⑤援：攀附，巴结。

⑥尤：怨恨，责怪。

⑦居易：处于平易而安全的境地。易，平易，安易。俟(sì)：等待。

⑧行险：冒险，铤而走险。徼(jiǎo)幸：指希望获得意料以外的东西，企图因偶然的机会而获得成功。徼，同"侥"。

⑨正鹄(zhēnggǔ)："正"和"鹄"是两种鸟名，古人在布做成的箭靶子中心画上正的图案，在皮革做成的箭靶子中心画上鹄的图案，故以"正鹄"作为箭靶子中心的代称。

【译文】

讲求中庸之道的君子，安心地处于平素的位置上做自己应该做的事，不羡慕本分以外的名利。若平素处于富贵的地位，那就做富贵者应该做的事；若平素处于贫贱的地位，那就做贫贱者应该做的事；若平素居于夷狄之境，那就依夷狄的处境行事；若平素处于患难之境，那就依患难的处境行事。这样的话，君子无论处于什么境地，都可以自得其乐而泰然处之。

君子居于上位，不会仗势欺凌居于下位的人；居于下位，不会巴结奉迎居于上位的人。端正自己的行为而不苛求于别人，这样就不会有怨恨之心。对上不抱怨老天，对下不责怪别人。所以，讲求中庸之道的君子，安分守己居于平坦之地以等待时机；而肆无忌惮的小人，却敢于铤而走险以期侥幸获得非分的东西。

孔子说："射箭的道理，与君子行道有相似之处：如果箭没有射中靶心，就应该回过头来从自己身上寻找原因。"

第十五章

【题解】

本章上承第十二章"君子之道费而隐"之意，阐述君子讲求中庸之道和实行中庸之道，必须由浅近进入深远，由平凡达到高明，循序渐进，切不可好高骛远。就像行远和登高必须遵照由近及远、由低到高的顺序那样。

具体到实践当中，在上章所讲的"素其位而行"的个人道德修养的基础上再前进一步，就必须从自己最切近的家庭开始。只有正确处理好家庭中的夫妇关系、父母与子女关系、兄弟姊妹关系等，从而达到全家协调和谐、亲爱欢乐的境界，才能使合家成员享受天伦之乐。然后才可以扩展到社会上立身处世乃至治国、平天下的事业。这与《大学》“身修而后家齐，家齐而后国治”的顺序是一致的。不过，治国、平天下毕竟主要是少数在位者的事，而家庭则是每个人必须面对的问题，所以，本章就专以描摹家庭之间的天伦之乐来阐明推行中庸之道必须循序渐进之义。

君子之道，辟如行远[①]，必自迩[②]；辟如登高，必自卑[③]。《诗》曰[④]：“妻子好合[⑤]，如鼓瑟琴[⑥]。兄弟既翕[⑦]，和乐且耽[⑧]。宜尔室家[⑨]，乐尔妻帑[⑩]。”子曰：“父母其顺矣乎[⑪]！”

【注释】

①辟：通“譬”。

②迩(ěr)：近的意思。

③卑：低下。

④《诗》：以下的诗引自《诗经·小雅·棠棣》篇。

⑤好合：和睦相处，关系融洽。这里指夫妻关系和谐。

⑥鼓：用作动词，弹奏。瑟：古代和琴略同的一种乐器。

⑦翕(xì)：聚合，引申为和顺，融洽。

⑧且：而且，又。耽(chén)：快乐的样子；《诗经》原文作“湛”，深厚的意思。

⑨宜：适宜，使人和睦。尔：你，你的。

⑩妻帑(nú)：妻子儿女的统称。帑，同“孥”，指子孙。

⑪顺：舒心和气。

【译文】

君子讲求中庸之道，由浅入深。譬如行走远路，一定得从近处出发;譬如攀登高山,一定得从低处起步。

《诗经·小雅·棠棣》篇说:"你与妻子儿女的关系很融洽,就像弹奏瑟琴发出的乐曲那样和谐。兄弟之间团聚友爱,和睦安乐感情深厚。你的家庭和睦融洽了,你的妻子儿女都很快乐愉悦。"孔子评价这诗说:"(一家如果能这样的话,)父母亲大概就可以称心如意了吧!"

第十六章

【题解】

本章引用孔子谈论鬼神的话,其意在于用孔子阐述鬼神的道理,来说明君子之道,既盛极隐微,又不远离于人的意思。儒家认为,宇宙之间的一切事物,都是由阴阳二气的化育而形成的,也是由阴阳二气的相互作用而变化发展的。而鬼神之道,就是阴阳之道的形象化,神代表阳气,鬼代表阴气,故用鬼神之德来比拟自然界在无形之中变化发展的巨大功能。它虽然看不见,听不着,摸不到,但它无处不在,无时不在,万事万物都离不开它。"中庸"就是贯穿于这种巨大功能中的客观规律,而"诚"则是这种巨大功能得以体现的本质,因而它们同样具有不闻不见、隐藏不露的特征,又具有无处不在、无时不在、体现在万事万物之中的特征。因此,处理任何事情,都应本乎诚的本质,遵循中庸之道的原则。

子曰:"鬼神之为德,其盛矣乎!视之而弗见①,听之而弗闻,体物而不可遗②。使天下之人,齐明盛服③,以承祭祀。洋洋乎如在其上[4]，如在其左右。《诗》曰[5]：'神之格思[6]，不可度思[7]，矧可射思[8]？'夫微之显[9]，诚之不可揜如此夫[10]！"

【注释】

①弗：不，没有。

②体物：体现在事物之中。

③齐（zhāi）：通"斋"，斋戒。在祭祀之前沐浴斋戒，以表示诚心。明：洁净。盛服：华美庄重的祭服，意为穿戴整齐。

④洋洋乎：形容鬼神盛大而飘忽的样子。

⑤《诗》：以下的诗引自《诗经·大雅·抑》篇。

⑥格：降临。思：句尾语气助词，没有意义，下同。

⑦度（duó）：揣度、估计、猜测的意思。

⑧矧（shěn）：况且，怎么可以。射（yì）：因厌恶而怠慢不敬。

⑨微之显：指鬼神之事既隐微虚无，又昭明显现。

⑩揜（yǎn）：同"掩"，掩盖的意思。夫：感叹词，相当于"啊"。

【译文】

孔子说："鬼神显示的功德，是多么的盛大啊！看它却看不见它的形象，听它却听不到它的声音，它体现在万事万物之中，无微不至而又无所不在。能使天下的人都斋戒沐浴，清洁身心，穿上华美庄重的祭服，虔诚地来恭行祭祀。那浩渺而盛大的气象，仿佛飘浮在人们的上方，又仿佛流动在人们的身旁。《诗经·大雅·抑》篇说：'鬼神的降临，不可以揣度，（虔诚地敬奉，还怕有疏忽，）何况对他们懈怠不恭呢？'鬼神的形象虽然隐微虚无，而其功德却又昭明显现，其真诚的德行是不可加以掩盖的，就像这鬼神的道理吧！"

第十七章

【题解】

本章引用孔子赞颂虞舜的话，来阐发修养中庸之道对于人生的巨大功效，旨在鼓励人们遵守中庸之道，以创造自己力所能及的最佳人生。

虞舜本来出身于庶人，但由于他具有崇高的道德和卓越的才智，不仅以他的孝行感化了顽劣的父母兄弟，感化了社会，而且还辅佐唐尧治理天下，全心全意为民办事，受到全民的爱戴。民心所向，天命攸归，故在唐尧逝世之后，被天下推戴为天子。于是，在受到天下之民的爱戴的同时，也使父母获得了最高的享受和荣誉。可以说，虞舜是以“爱民”的实际行动来躬行“孝亲”的，因而是儒家心目中“爱民”与“孝亲”高度统一的最高典范。故孔子称之为“大孝”，并认为他所得到的帝位、俸禄、名誉和年寿等都是他作为“大德”之人的应有结果。于是，进一步提出了“栽者培之，倾者覆之”，亦即自己的命运由自己决定的观点。任何一个人，只要不断加强自己的品德修养，提高自己的才能，并在学习、工作和生活中努力遵循中庸的原则，最终就会获得自己应该获得的一切。

子曰：“舜其大孝也与①！德为圣人，尊为天子，富有四海之内②，宗庙飨之③，子孙保之④。故大德必得其位，必得其禄，必得其名，必得其寿。故天之生物，必因其材而笃焉⑤。故栽者培之⑥，倾者覆之⑦。《诗》曰⑧：‘嘉乐君子⑨，宪宪令德⑩。宜民宜人⑪，受禄于天。保佑命之，自天申之⑫。’故大德者必受命。”

【注释】

①舜：见前第六章注释。

②四海之内：中国古代的人们认为中国四周全是大海，中国位居中央，故所谓"四海之内"就是指全中国。

③宗庙：中国古代的天子或受封的诸侯、大夫、士等祭祀祖先的地方。飨(xiǎng)：意为用酒食款待人；这里指用祭品供奉祖先。

④子孙保之：意思是说子孙后代保持不断。按：周代的陈国就是舜的后代，历夏、商、周三代延续不断。

⑤因：依，顺着。材：资质，本性。笃(dǔ)：厚待，这里指精心培养。

⑥栽者：指那些能够成材之人。

⑦倾者：歪邪不正的，指不能成材之人。覆：毁坏，毁灭之意。

⑧《诗》：以下的诗引自《诗经·大雅·假乐》篇。

⑨嘉乐：和善而安乐。

⑩宪宪：《诗经》原文作"显显"，光明、显著、兴盛的意思。令德：美好的德行。

⑪民：指民众。人：指百官。

⑫申：陈述、说明。

【译文】

孔子说："大舜真可以称得上是个大孝的人了吧！他具有圣人的崇高品德，居于天子的尊贵地位，拥有普天下的财富。死后人们建立宗庙来祭祀他，子子孙孙永远保有这种祭祀。因此说，具有大德的人，必定会得到他所应有的地位，必定会得到他所应有的俸禄，必定会得到他所应有的名誉，必定会得到他所应有的寿考。所以，大自然化生万物，必定是根据它能否成材的本质来判断是否应该加倍地培养它。所以，能够栽培成材的就培育它，倾斜枯萎的就让它覆没掉。正如《诗经·大雅·假乐》篇所说：'和善而安乐的君子，具有显著光明的美好品德。他使平民和百官都和善相安，所以能够获得上天赐予的福禄。上天保佑他呵，授命他为天子，还一再使之能永久享受福禄。’因此说，具有大德的人，必定能够秉承天命。”

第十八章

【题解】

本章引用孔子的话，阐述周文王、周武王、周公旦都能宏扬中道的优良传统。文王之所以“无忧”，在于有贤德的父亲王季创业于前，有圣德的儿子武王继志于后，而自己就在这一无所忧虑的环境之中宏扬了中道，成就了圣德。武王宏扬中道的业绩在于，当兹商纣王极端暴虐、天下离心、民不聊生之际，武王能将君臣之礼加以变通，毅然吊民伐罪，拯救万民于水火之中，建立了周朝。周公宏扬中道的业绩在于，能完成乃兄武王的未竟之业，忠诚地辅佐幼主，创建了符合中道的礼乐制度。他们这种父作子述、圣德相传、创建王业以及制礼作乐的业绩，都对宏扬中道起了重大的作用。

子曰：“无忧者，其惟文王乎①！以王季为父②，以武王为子③，父作之④，子述之⑤。

“武王缵大王、王季、文王之绪⑥，壹戎衣而有天下⑦，身不失天下之显名⑧，尊为天子，富有四海之内，宗庙飨之，子孙保之。

“武王末受命⑨，周公成文武之德⑩，追王大王⑪、王季，上祀先公以天子之礼⑫。斯礼也，达乎诸侯⑬、大夫及士⑭、庶人[15]。父为大夫，子为士，葬以大夫，祭以士；父为士，子为大夫，葬以士，祭以大夫。期之丧，达乎大夫[16]；三年之丧，达乎天子[17]。父母之丧，无贵贱一也。”

【注释】

①惟：只有，仅有。文王：即周文王，姓姬名昌，是周朝开国之君周武王的父亲，本为商朝末年的西方诸侯，周武王建立周朝，追谥为“文王”。他是历代儒家所推崇的古代“圣人”之一。

②王季：周文王的父亲，名季历，商朝末期的西方诸侯，号称西伯，周成王时追谥为“王季”。

③武王：即周武王，姓姬名发，因推翻商纣王的残暴统治而建立周朝，也是历代儒家所推崇的“圣人”之一。

④作：开创。

⑤述：继承。

⑥缵(zuǎn)：继承的意思。大(tài)王：季历的父亲古公亶父，商朝后期在西部兴起，号称西伯，奠定了周朝王业的基础，周成王时追谥为“太王”。绪：功业。

⑦壹戎衣而有天下：一披上战袍就拥有了整个天下(意指周武王推翻商朝获取天下之迅速)；一说，“壹戎衣”意为统一军队。戎衣，战袍。

⑧显名：盛名、威名、赫赫天下的名声。

⑨末：末年，晚年。受命：接受天命，即做天子。

⑩周公：姓姬名旦，是周武王之弟。武王死后，成王年幼，由周公摄政。传说周公是周代典章制度的创设者，因而也是历代儒家所推崇的“圣人”之一。

⑪追王(wàng)：生前未称王，死后追谥为王。古公亶父、季历在世时未曾封王，周朝建立以后，才追谥他们为王，称之为大(tài)王、王季。王，用作动词，尊为君王的意思。

⑫祀:祭祀。先公:指古公亶父以上的周朝的历代祖宗。

⑬诸侯:周代实行封建制,天子将土地分封给同姓亲属或异姓功臣,受封者为诸侯。

⑭大夫:诸侯在其所封之国中,将部分土地分封给同姓亲属或异姓功臣,受封者为大夫。士:古代社会位于大夫与庶民之间的一个知识分子阶层。

⑮庶人:平民。

⑯期(jī)之丧,达乎大夫:这是就为旁亲服丧而言。大夫位尊,为旁亲只服一年的齐衰丧,而不必服大功(九个月)以下的丧;至于天子、诸侯则只为父母服三年之丧,而不必服齐衰以下之丧。期,一周年。期之丧,又称期服,指服丧一年的服制,一般是对叔伯(包括未出嫁姑母)、兄弟(包括未出嫁姊妹)、儿子(包括未出嫁女儿)及长媳所服的服制。

⑰三年之丧,达乎天子:三年之丧是丧礼中最重的一种。依照周礼的规定,无论平民乃至天子都要为父母服丧三年。

【译文】

孔子说:"无忧无虑的人,大概只有周文王吧!他有贤德的王季作为父亲,有圣明的武王作为儿子;父亲给他开创了基业,儿子又继承了他的遗愿,完成他未竟的事业。

"周武王继承了他曾祖父太王、祖父王季、父亲文王的功业,穿上战袍讨伐商纣王,便一举推翻了纣王的残暴统治而拥有了整个天下。(由于他讨伐的是独夫民贼,所以)他自身并未丧失显扬于天下的盛名,成为尊贵的天子,拥有普天之下的财富,死后有后人在宗庙里祭祀他,子子孙孙永久保持周朝的王业。

"周武王晚年才秉受天命成为天子,故由周公辅佐成王,完成了文王、武王的德业,追谥太王、王季为王,又用天子之礼去祭祀太王以前的更远的祖先。这种礼制,一直实行到诸侯、大夫、士以及庶人之中:如果父亲是大夫，儿子是士，父亲死后用大夫的礼制安葬，儿子祭祀时则用士的礼制；如果父亲是士，儿子是大夫，父亲死后用士的礼制安葬，儿子祭祀时则用大夫的礼制。为旁亲服一年齐衰丧的礼制，从庶人实行到大夫为止；为父母亲服三年斩衰丧的礼制，一直实行到天子。为父母亲服丧，则没有贵与贱的区别，无论天子抑或庶人都是一样的。”

第十九章

【题解】

本章紧承上章，仍引孔子的话阐述周武王和周公“善继人之志，善述人之事”的孝行。他们上承先祖之德，修宗庙，行郊祀，用礼治理天下，所作所为合乎中庸之道，故谓之“达孝”。

这里讲述了周代关于祭祀之礼的若干规定。这些祭祀之礼实际上都是围绕着一个“孝”字而制定的。要做到“孝”，首先就要恪守周礼，尤其要恪守周礼中的祭祀之礼。这是以血缘宗法关系为基础的礼仪，严格规定了每个人在社会上和家族中应有的地位。其实，这里讲的一大段关于宗庙祭祀之礼，都是铺垫，点睛之笔在本章的最后一句，即了解了祭祀天地之礼和祭祀祖先之礼的意义，那么治理国家也就不难了。这也反映了儒家的“齐家”、“治国”、“平天下”的一致性。由于时代的发展，这些祭祀之礼的具体仪式早已废弃不用，不过，若能吸取其中某些合理的内核，例如把继承父母的遗志与从事利国利民的事业联系起来，亦可视之为今天具有进步意义的“达孝”。

子曰：“武王、周公，其达孝矣乎[1]！夫孝者，善继人之志，善述人之事者也。春秋修其祖庙[2]，陈其宗器[3]，设其裳衣[4]，荐其时食[5]。

“宗庙之礼，所以序昭穆也[6]；序爵[7]，所以辨贵贱也；序事[8]，所以辨贤也；旅酬下为上[9]，所以逮贱也[10]；燕毛[11]，所以序齿也[12]。践其位[13]，行其礼，奏其乐，敬其所尊，爱其所亲，事死如事生[14]，事亡如事存，孝之至也。

“郊社之礼[15]，所以事上帝也；宗庙之礼，所以祀乎其先也[16]。明乎郊社之礼，禘尝之义[17]，治国其如示诸掌乎[18]？”

【注释】

①达孝：通达的孝。

②春秋：泛指四季，这里指祭祀祖先的时节。

③陈：陈列，摆上。宗器：祭器，宗庙里祭祀所用的器物。

④裳（cháng）衣：古时侯，裳指遮蔽下体的衣裙，衣指上衣；这里泛指祖先生前穿过的衣服。

⑤荐：进献。时食：四季应时的食品。

⑥序昭穆：就是把父子、长幼、亲疏的次序排列出来。序，次序。此处用作动词，排列次序的意思。昭穆，古代宗庙里排列牌位的次序。按照周代宗法制度规定的次序，始祖牌位居于中央，始祖以下，二世、四世、六世……的牌位放置在始祖牌位的左方，称为“昭”；三世、五世、七世……的牌位放置在始祖牌位的右方，称为“穆”。参加祭礼的子孙也按昭穆次序排列。这种次序，也表现在墓冢的排列上。

⑦爵：爵位，这里主要指公、侯、卿、大夫等贵族等级。

⑧事：职事，这里指祭祀进献祭品时所担任的职务。

⑨旅酬：古代一种众人同饮的礼节，一般在祭礼尾声时进行。旅，

指众人；酬，指敬酒。下为上：下指那些位卑职轻年幼的人；上指那些位尊职重年长的人。下为上是说位卑年幼的人向位尊年长的人敬酒。

⑩逮贱：指先祖的恩惠下达到卑贱者。逮，到。

⑪燕：通“宴”，这里指祭祀完成后举行的宴会。毛：即须发，这里用作动词，指按须发的颜色即年龄排定座次。

⑫齿：这里指年龄。

⑬践：登上，踩上。

⑭事：侍奉，服侍。

⑮郊社：古代祭祀名。周代的天子和诸侯，冬至日在都城的南郊举行祭天仪式，称为“郊”；夏至日在都城的北郊举行祭地仪式，称作“社”。

⑯先：这里指祖先。

⑰禘(dì)：古代一种只有天子才能举行的极为隆重的祭祀祖先的大祭，五年一次在宗庙里举行。尝：古代祭礼名，本是天子、诸侯在秋天举行的宗庙祭祀，这里借指四季的祭祀之礼。天子、诸侯四季都在宗庙里祭祀祖先，据《礼记·王制》记载：“天子诸侯宗庙之祭，春曰礿，夏曰禘，秋曰尝，冬曰烝。”

⑱示：同“置”，放置。

【译文】

孔子说：“周武王和周公，可以称得上是通达的孝道了！所谓孝道，就是善于继承先人的志向，善于传承先人未竟的事业。每逢春秋两季举行祭祀之时，要修缮好先祖的宗庙，陈列好祭祀的器具，摆设祖先曾经穿过的衣服，向祖先进献应时的新鲜食品。

“宗庙里举行的祭祀之礼，是用来排列左昭右穆的顺序的；助祭的人按照爵位高低排列，是用来区别贵贱的；进献祭品的人按照在祭祀中担任职事的主次排列，是用来区别才能之高低的；众人共同劝酒时，位卑年幼的人应向位尊年长的人敬酒，是用来表明先祖的恩惠下达到位卑年幼者的身上的；宴会时依照须发黑白的程度来排列座位，是用来区分老少长幼的次序的。让祖先的牌位登上先王的位置，举行先王所制定的祭礼，演奏先王所传下的音乐，敬重先王所尊敬的列祖列宗，爱护先王所亲爱的子孙臣民，侍奉已去世的祖先就像他还活着的时候那样，侍奉已亡故的祖先就像他还存在着一样，这是孝道的最高境界。

“举行祭天的郊礼和祭地的社礼，是用来报答皇天后土之功德的；宗庙的祭祀之礼，是用来报答祖先之恩德的。如果能明白郊祭和社祭之礼，懂得禘祭和尝祭的意义，那么治理国家，大概就像把放在自己手掌上的东西指给别人看一样容易了。”

第二十章

【题解】

本章引用孔子的话，以继承大舜、文、武、周公之绪，对第十二章所提出的“费而隐”的中庸之道进行全面展开的论述并作了总结，以论证首章所提出的“道不可离”的基本原则。全章阐述了修身、齐家、治国、平天下乃至如何治学等诸多问题，内容极其丰富。

首先，在政治原则方面，以“人存政举”为宗旨而提出了“为政在人，取人以身，修身以道，修道以仁”的基本纲领，又进而论证了仁、义、礼三者之间的关系，并特别强调了修身和知人任贤的重要性，其中“修身以道，修道以仁”即相当于《大学》中的“正心”；其次，在处理人际关系方面，提出了君臣、父子、夫妇、兄弟、朋友之所谓“五达道”，并进而认为“五达道”又必须具有智、仁、勇“三达德”才能实行，这是论述了修身的具体内容；其三，在平治天下国家的具体措施方面，提出了修身、尊贤、亲亲、敬大臣、体群臣、子庶民、来百工、柔远人、怀诸侯等九大纲要，谓之“九经”，并详加论述，其中修身、尊贤是根本，亲亲是齐家之道，敬大臣、体群臣、子庶民、来百工是治国之道，柔远人、怀诸侯是平天下之道，可见“九经”即相当于《大学》的修身、齐家、治国、平天下诸项内容；其四，在知行观上提出了博学、审问、慎思、明辨、笃行五项内容，其中前四项是求知方式，相当于《大学》中的格物、致知两项内容，而“笃行”则概括了修身至平天下的各项实践内容；最后，把全章所述的一切内容都归结到一个“诚”字上，于是又从而引出了以下各章的论题。

本章既是对以上各章的总结，又是以下各章的开端，乃是全书的枢纽。

哀公问政①。子曰：“文武之政②，布在方策③。其人存④，则其政举⑤；其人亡，则其政息⑥。人道敏政⑦，地道敏树⑧。夫政也者⑨，蒲卢也⑩。故为政在人，取人以身，修身以道，修道以仁⑪。

“仁者，人也⑫，亲亲为大⑬；义者⑭，宜也⑮，尊贤为大。亲亲之杀⑯，尊贤之等，礼所生也。（在下位不获乎上，民不可得而治矣⑰。）故君子不可以不修身；思修身，不可以不事亲；思事亲，不可以不知人；思知人，不可以不知天⑱。

【注释】

①哀公：春秋末期鲁国国君，姓姬名蒋，曾任用孔子为司寇和代理宰相，在位凡二十七年，卒谥“哀”。政：指治理国家的行政措施。

②文武之政：指周文王和周武王所制定的政治制度和治国措施。

③布：散布，流传；这里是记载的意思。方策：古代书写用的木板叫

“方”，竹片叫“简”，把竹简编起来叫“策”，后来即用“方策”作为典籍的代称，亦作“方册”。

④其人：指能够努力实行“文武之政”的贤人。

⑤举：举起，这里是善政得以实行的意思。

⑥息：熄灭，消失，这里是政治不修的意思。

⑦人道：即治人之道，管理人的办法。敏政：努力从事政治，搞好政事。敏，奋勉，努力从事。

⑧地道：这里指经营土地的办法。敏树：努力从事土地经营，搞好种植。树，种植的意思。

⑨夫(fú)：句首语气助词。

⑩蒲卢：即芦苇，因其容易成活而且生长迅速，所以用来比喻贤人为政容易取得成效。

⑪仁：在儒家学说中有广狭二义：从狭义讲，就是爱人之心；从广义讲，则是各种德目之总称，是儒家思想体系的最高范畴。这里系指广义之“仁”而言。朱子曾把“仁”定义为“爱之理”。

⑫人：这里是指为人之道而言。

⑬亲亲：第一个“亲”字用作动词，即“亲爱”的意思；第二个“亲”字是名词，指亲族。

⑭义：儒家学说的重要道德范畴，指言行合乎事理之宜。

⑮宜：适宜，合适，合理。

⑯杀(shài)：降等，这里指亲族按血缘的远近而由亲及疏的等差。

⑰“在下位不获乎上”二句：这两句应在下面，这里误重。

⑱天：这里指天理，也就是自然的发展规律。

【译文】

鲁哀公向孔子谘询关于治理国家的道理。孔子回答说：“文王、武王制定的政治制度和推行的行政教化，都记载在木板和竹简等典籍上。有圣明的君主和贤能的臣子在位，这些政教就能得以实行；没有圣明的君主和贤能的臣子在位，这些政教就会被废弃。圣君贤臣治理百姓的道理就在于努力搞好政事，就像经营土地的道理就在于努力搞好种植一样。圣君贤臣推行政治教化最容易见成效，犹如栽培芦苇一样容易成长。所以，国君想要治理好国家，关键在于有贤人的辅佐；想要得到贤人的辅佐，首先必须修养好自身的品德；想要修养好自身的品德，就在于要遵循中庸之道；想要准确地把握中庸之道，就在于是否理解仁的道理。

“所谓仁，就是做人的道理，而亲爱自己的亲族就是做人的头等大事；所谓义，就是做事要合宜得当，而尊敬贤能是做事的头等大事。亲爱亲族要有远近亲疏的差别，尊敬贤能要有德才高下的等次，于是，礼就由此而产生了。所以说，要想成为有道德的君子，不可以不修养自身的品德；想要修养自身的品德，就不可以不尽心地侍奉父母；想要尽心地侍奉父母，就不能不了解人情；想要了解人情，就不能不知晓天道。

“天下之达道五①，所以行之者三，曰：君臣也，父子也，夫妇也，昆弟也②，朋友之交也，五者天下之达道也；知、仁、勇三者③，天下之达德也；所以行之者一也④。

“或生而知之⑤，或学而知之，或困而知之⑥，及其知之，一也；或安而行之，或利而行之，或勉强而行之，及其成功，一也。

（子曰⑦：）“好学近乎知⑧，力行近乎仁，知耻近乎勇。知斯三者⑨，则知所以修身；知所以修身，则知所以治人；知所以治人，则知所以治天下国家矣。

【注释】

①达道：天下古今所必须共同遵循的普遍道理。

②昆弟：兄弟。

③知(zhì)：通“智”，兼指知识和智慧。勇：指实践道德的勇气和毅力。

④一：指下文所说的“诚”而言；但据王引之《经义述闻》，认为这个“一”字是后人误增的。

⑤或：指有的人。

⑥困而知之：遇到困惑，然后通过学习思考，才懂得道理。

⑦子曰：朱子认为“子曰”二字是衍文。

⑧知：同“智”。

⑨斯：此，这个。

【译文】

“普天下之人所应共同遵循的大道有五条，而用以实现这五条大道的基本品德有三项。这就是：君臣之道、父子之道、夫妇之道、兄弟之道以及朋友的交往之道，这五条，是普天下之人所应共同遵循的大道；智慧、仁爱、勇敢，这三项是普天下之人所应具备的基本品德；而所以能够保证这三项基本品德的前提则只有一个(就是下文所说的‘诚’)。

“有的人天生就知道这些道理，有的人通过学习知道了这些道理，有的人则是遇到困惑之后，经过磨难才知道这些道理，(虽然他们懂得这些道理的先天条件和后天环境不一样，)当他们最终知道这些道理的时候，其结果则是一样的了。有的人心安理得地去实行大道，有的人贪图利益才去实行大道，还有的人则是勉强地去实行大道，(虽然他们的动机不一样，)当他们都成功的时候，其结果则是一样的了。

“爱好学习，就接近智慧了；努力行善，就接近仁爱了；懂得耻辱，就接近勇敢了。知道了这三点，也就知道了应该如何修养自身的品德；知道了如何修养自身的品德，也就知道了如何去引导他人；知道了如何引导他人，也就知道如何治理天下国家了。

“凡为天下国家有九经[①]，曰：修身也，尊贤也，亲亲也，敬大臣也，体群臣也[②]，子庶民也[③]，来百工也[④]，柔远人也[⑤]，怀诸侯也[⑥]。

“修身则道立，尊贤则不惑，亲亲则诸父昆弟不怨[⑦]，敬大臣则不眩[⑧]，体群臣则士之报礼重[⑨]，子庶民则百姓劝[⑩]，来百工则财用足，柔远人则四方归之，怀诸侯则天下畏之[⑪]。

“齐明盛服[⑫]，非礼不动，所以修身也；去谗远色[⑬]，贱货而贵德，所以劝贤也；尊其位，重其禄，同其好恶，所以劝亲亲也；官盛任使[⑭]，所以劝大臣也；忠信重禄，所以劝士也；时使薄敛[⑮]，所以劝百姓也；日省月试[⑯]，既禀称事[⑰]，所以劝百工也；送往迎来，嘉善而矜不能[⑱]，所以柔远人也；继绝世[⑲]，举废国[⑳]，治乱持危[㉑]，朝聘以时[㉒]，厚往而薄来，所以怀诸侯也。

“凡为天下国家有九经，所以行之者一也[㉓]。

【注释】

①九经：九条常规或大纲。经，原意为织布时拴在机上的直纱，即纺织物的纵线，引申为思想行动的原则和标准。

②体：体察，体谅。群臣：指一般的官员。

③子庶民：像爱护子女那样爱护老百姓。子，这里用作动词。庶民，平民，普通老百姓。

④来：同“徕(lái)”，招徕，慰劳。百工：各种从事制造的工匠。

⑤柔远人：安抚来自边远地区的人和不同民族的人。柔，怀柔，安抚。

⑥怀诸侯：这里指对诸侯不可采取强硬手段，而要妥加安抚。怀，安抚。

⑦诸父：伯父和叔父的统称。

⑧眩(xuàn)：本义为眼花，引申为迷惑、糊涂。

⑨士：春秋末期，“士”用于知识分子的通称。

⑩百姓:春秋以前,只有贵族才有姓,故当时的百姓指贵族阶层,所以这句中的“百姓”与“庶民”是有区别的(战国以后,社会阶层发生急剧分化,“百姓”才逐渐成为一般民众的通称)。劝:勉励,这里指受到勉励的意思。

⑪畏:敬服。

⑫齐(zhāi)明:斋戒沐浴,使身心洁净。齐,通“斋”,即斋戒的意思。明,洁净。盛服:华美整齐的礼服。

⑬谗(chán):挑拨是非,在别人面前说某人的坏话。

⑭官盛任使:有众多的属官足供差遣任用。

⑮时使:适时役使,指应在农闲时才使百姓服劳役,避免耽误农时。薄敛(liǎn):减轻赋税。

⑯日省(xǐng)月试:要经常检查考核。省,检查,察看。试,考核,测试。

⑰既廪称(chèn)事:发给的薪水粮食要与其工作业绩相符。既廪,即“饩廪”,“饩”是赠送食物之意,“廪”是粮仓,这里指代粮食。称,适合、相符的意思。

⑱嘉:奖赏。矜(jīn):怜悯,同情。

⑲继绝世:让已经中断俸禄的世家继续享受俸禄。

⑳举:举起,这里是恢复的意思。废国:已经被废灭的国家。

㉑治乱持危:平定祸乱,扶持危局。

㉒朝聘以时:即严格按照周礼规定的时间向天子恭行朝聘之礼。朝,诸侯直接朝见天子。聘,诸侯派卿大夫去向天子进贡。按《礼记·王制》:“诸侯之于天子也,比年(每年)一小聘,三年一大聘,五年一朝。”

㉓一:一条,这里指的是下文所说的“诚”。

【译文】

“凡是治理天下国家,有九条大纲。这就是:一要修养自身品德,二要尊重贤人，三要亲爱亲人，四要敬重大臣，五要体恤群臣，六要爱民如子，七要招徕各类工匠，八要优待远方来人，九要安抚诸侯。

“修养自身品德，就能树立起道德楷模；尊重贤人，就不至于被某些假象所迷惑；亲爱亲人，则父母、叔伯、兄弟都不会产生怨恨；敬重大臣，则治理国事就不至于糊涂；体恤群臣，则受惠的人士都会以重礼回报；爱民如子，则百姓都会受到鼓励；招徕各种工匠，则财货器用就会充足；优待远方来的人，则四方就会归顺；安抚诸侯，则天下就会敬服。

“清心寡欲，衣冠端庄整齐，不合乎礼的事不做，以此来修养自身的品德；摒弃谗佞，远离美色，轻视财货而注重道德，以此来鼓励人们去做贤人；尊重亲人的爵位，加重亲人的俸禄，与亲人的爱憎保持一致，以此来鼓励人们亲爱亲人；为大臣多设置属官，足以供他任用差遣，以此来鼓励大臣；待以忠诚信实，给予丰厚的俸禄，以此来鼓励士人；在农闲之时才使服劳役，并减轻他们的赋敛，以此来鼓励老百姓；经常检查考核，给予与工作业绩相当的报酬，以此来鼓励各类工匠；盛情接待，热情相送，嘉奖有善行的人，同情能力差的人，以此来优待远方的来人；延续业已中断的世家，复兴行将倾颓的国家，帮助他们整治混乱，扶持危局，定期接受诸侯的朝见和聘问，用厚礼相赠而薄收贡物，以此来安抚诸侯。

“大凡治理天下国家，虽然有以上九条纲要，而用来实行这些纲要的前提却只有一个(这就是下文所说的“诚”)。

“凡事豫则立[①]，不豫则废。言前定则不跲[②]，事前定则不困，行前定则不疚[③]，道前定则不穷。

“在下位不获乎上[④]，民不可得而治矣；获乎上有道[⑤]，不信乎朋友，不获乎上矣；信乎朋友有道，不顺乎亲[⑥]，不信乎朋友矣；顺乎亲有道，反诸身不诚[⑦]，不顺乎亲矣；诚身有道，不明乎善，不诚乎身矣。

“诚者[8]，天之道也；诚之者[9]，人之道也。诚者[10]，不勉而中[11]，不思而得，从容中道，圣人也；诚之者[12]，择善而固执之者也。

“博学之，审问之[13]，慎思之，明辨之，笃行之[14]。有弗学[15]，学之弗能，弗措也[16]；有弗问，问之弗知，弗措也；有弗思，思之弗得，弗措也；有弗辨，辨之弗明，弗措也；有弗行，行之弗笃，弗措也。人一能之，己百之；人十能之，己千之。果能此道矣，虽愚必明，虽柔必强。”

【注释】

①豫：通“预”，预先有准备。

②跲(jiá)：本义为绊倒，这里引申为说话受阻不流畅。

③疚(jiù)：对于自己所犯过失，从内心深处感到惭愧。

④获：获得，这里指获得信任。上：指居于上位的君主和大臣们。

⑤道：道理，方法。

⑥不顺乎亲：不能使父母亲顺适称心。

⑦诚：儒家学说的哲学和伦理学范畴。《中庸》认为“诚”是一种真诚笃实的道德信念，是实行智、仁、勇等一切德目的基础。

⑧诚者：指天然赋予的真诚。这里的“者”是语气词，表示停顿。

⑨诚之者：使之达到诚的地步，指通过努力修养才达到的真诚。“者”字用法同上。

⑩诚者：诚的人，指天生就具有诚的品德之人，与前面的“诚者”所指不同；前面的“诚者”系指道而言，这里的“诚者”系指人而言。

⑪中(zhòng)：意为符合。

⑫诚之者：诚之的人，指努力修养诚的品德之人，与前面的“诚之者”所指不同；前面的“诚之者”系指道而言，这里的“诚之者”系

指人而言。

⑬审:详细、慎重。

⑭笃行:切实地履行。笃,意为切实。

⑮弗:不。

⑯弗措:不停,不放弃。措,停下,搁置。

【译文】

“凡是办理事情,能预先作好准备,就能取得成功;没有预先准备,就有可能失败。例如:说话预先考虑好,就不会语塞不畅;做事预先计划好,就不会遭遇困难;修养德行预先立有主张,就不会引起悔恨和愧疚;推行学说预先定有目标,就会无所不通而不至于陷入困境。

“处于下级的地位,如果不能获得上司的信任,百姓是不可能治理好的;想要获得上司的信任是有方法的,(即首先要取得朋友的信任,)如果连朋友的信任都得不到,那就不能取得上司的信任了;想要获得朋友的信任是有方法的,(即首先要做到能使父母亲顺适称心,)如果连使父母亲顺适称心都做不到,那就不能获得朋友的信任了;要想做到能使父母亲顺适称心是有方法的,(即反求于自身要有真诚,)如果反求于自身而缺乏真诚,那就不可能使父母亲顺心了;使自身做到真诚也是有方法的,(即首先要明白什么是善,)如果不明白什么是善,那就不能使自身做到真诚了。

“真诚,是天然具有的品德;使自己达到真诚,是人为努力所得的品德。天然具有真诚的人,不必勉为其难就能符合道德规范,不必苦心思虑就能适得事理之宜,能够从容不迫、自然而然地遵循中庸之道,这样的人就是圣人;要使自己达到真诚的人,就必须选择至善的道德,并能坚守不渝地达到真诚之境。

“广泛地学习,审慎地询问,慎重地思考,明确地辨析,切实地履行。除非不学习,学习了没有学会就决不放弃;除非不询问,询问了没有理解就决不放弃;除非不思考,思考了没有获得结果就决不放弃;除非不辨析，辨析了没有彻底明白就决不放弃；除非不履行，履行了没有切实做到就决不放弃。别人用一分功夫能做到的，自己就下一百分的功夫；别人用十分功夫能做到的，自己就下一千分的功夫。如果真能用这样的毅力追求中庸之道，那么即使是愚笨的人，也一定会变得聪明起来；即使是懦弱的人，也一定会变得刚强起来。”

第二十一章

【题解】

本章承上章天道、人道之意而立言，阐述“诚”与“明”的关系。

天性由诚自然而明，是圣人；通过后天的学习，由明而达到诚，是贤人。两者虽不同，其功用则是相通的。由本身的真诚而明白事物的道理，这是天性使然，所以叫做“性”；由明白事物的道理而逐渐做到真诚，这是后天学习、教育的结果，所以叫做“教”。不管是先天的“诚”，还是后天的“诚”，只要做到了“诚”，就能够通晓事物的道理；通晓了事物的道理，就能更好地做到“诚”。所以，对于一个人来说，真诚是人的最基本的优秀品质，其他一切优秀品质都建立在真诚的基础之上。

这章以下至二十六章，都是反复推明此章之意，以阐明“诚”的含意，强调“诚”的重要。

自诚明①，谓之性；自明诚②，谓之教③。诚则明矣，明则诚矣。

【注释】

①自诚明：由心诚而自然明白事理。自，由，从。明，明白，清楚；这里指明白什么是“善”。

②自明诚：由明白事理然后达到心诚。

③教：教化。

【译文】

由天然具有真诚之心而自然明白什么是善，并能自觉立于至善之境的，叫做圣人的天性；由后天的修养才明白什么是善，然后能以真诚之心追求至善之境的，这是贤人通过努力的结果，叫做人为的教化。天然具有真诚之心，自然就明白什么是善；若能明白了什么是善，也就可以达到具有真诚之心。

第二十二章

【题解】

本章是对上章“自诚明”的说明，来阐明天道的意义。

天性至诚乃圣人之道，由于本身具有很高的天分，所以在德行上也能显现出很高的修养，能够充分展示真诚的本性，作为民众的表率，起到很好的带头作用，民众也能在其影响下逐步形成真诚的优秀品质，最后还可以赞天地之化育，与天地并列为三。这样的人，他的功绩是伟大的，足可以与天地同寿，与日月同光。

全章连续五个排比句，层层深入，从个人的至诚，一直推论到与天地并列为三。诚是出发点，从“尽人之性”到“尽物之性”，直到“化育万物”，充分强调个人的主观能动性，发扬个人的主观精神力量，以创造物质世界，驾驭物质世界，极言至诚之功效。

唯天下至诚[①]，为能尽其性[②]。能尽其性，则能尽人之性；能尽人之性，则能尽物之性；能尽物之性，则可以赞天地之化育[③]；可以赞天地之化育，则可以与天地参矣[④]。

【注释】

①唯：只有。至诚：最诚的人，指“自诚明”者，即圣人。

②尽：充分发挥，尽量发挥，兼有认识与实行的意义。

③赞：帮助，协助。

④参（sān）：通“叁”，这里指圣人与天、地并列为三。

【译文】

只有天下最为真诚的圣人，才能充分发挥自己固有的本性。能够充分发挥自己固有的本性，就能充分调动一切人所固有的本性；能够充分调动一切人所固有的本性，就能充分领会万物所固有的本性；能够充分领会万物所固有的本性，就可以协助天地造化养育万物；可以协助天地造化养育万物，则至诚的功效就可以与天地并列为三了。

第二十三章

【题解】

本章是对第二十一章“自明诚”的进一步说明，来阐明人道的意义，亦即阐述贤人自明诚的功夫。即使不能成为圣人，也要努力做一个通过后天学习而获得真诚品质的贤人。贤人虽然不能像圣人那样全部做到真诚，但可以在某一方面能够做得尽善尽美，并由此而推至其他方面。贤人的真诚，同样能够化育万民。与圣人相比，尽管在程度上或有差距，但从教化万民的总方向而言，其功业与圣人是完全一致的。

其次致曲①，曲能有诚。诚则形②，形则著③，著则明，明则动④，动则变⑤，变则化⑥。唯天下至诚为能化。

【注释】

①其次：指次于天赋至诚之圣人的贤人，即通过后天修养达到至诚的“自明诚”的贤人。致曲：致力于某一方面，从某一方面进行推究。致，推致，致力于。曲，局部，一个方面。

②形：显露，表现于外。

③著：显著。

④动：感动。

⑤变：改变。

⑥化：感化。

【译文】

那些仅次于“至诚”的贤人，则从一些局部的细小方面下功夫进行推究；能够从局部的细小方面一一加以推究，也能达到真诚的境界。内心达到了真诚，就会从形象上表现出来；在形象上表现出来了，就会渐渐显著；显著了，就会日益彰明而有光辉；彰明而有光辉了，就能感动人心乃至万物；人心感动了，就可以使人们改过自新而变革其品德；人们的品德改变了，就能使之感化而达到至善之境。只有天下至诚的人，才可以化育万物而使之达到至善之境。

第二十四章

【题解】

本章申明第二十一章“诚则明”之意而言天道。前面几章所讲的“诚则明”是指全体,这章讲“诚则明”则专从祸福上着眼,阐述至诚之道如神灵般见微知著、预知祸福的功效。国家兴亡,必然会先有预兆出现,人的自身也是这样。要认识这些先兆,需要人的洞察力,需要人努力修养自己诚实的品性,并多方面获得知识,只有这样,才能洞悉万事万物的规律,对将来多一份预见性,从而更好地把握纷纭复杂的世界。人如果不能尽到诚心,就不能明万物之理,也就无法掌握客观事物的发展规律;只有至诚的人,才能洞悉一切,不必借助智术,就可以未卜先知。可见祸福将至,必然可以前知,这正如前面所讲到的,“凡事豫则立,不豫则废”,其道理是一样的。

至诚之道,可以前知[①]。国家将兴,必有祯祥[②];国家将亡,必有妖孽[③]。见乎蓍龟[④],动乎四体[⑤]。祸福将至,善,必先知之;不善,必先知之。故至诚如神[⑥]。

【注释】

①前知:预知未来。

②祯祥:吉祥的征兆。

③妖孽:草木之怪称妖,虫豸之怪称孽,常用来泛指怪异邪恶的现象;这里指祸患的征兆。

④蓍(shī)龟:是指用蓍草和龟甲做成的占卜用品。在古代社会,占卜是人们预测祸福凶吉的一种迷信方式。蓍,一种多年生草本

植物，因其寿命较长，被古人视为神物，用其茎进行占卜，叫做筮。龟，一种水中爬行动物，因其寿命较长，也被古人视为神物，用其甲进行占卜。

⑤动乎四体：表现在人们的动作威仪之中。四体，四肢，泛指身体。

⑥如神：如神灵那样灵验微妙，无法用言语形容。

【译文】

达到最高真诚之道的人，可以预知未来。当国家将要兴盛的时候，一定会有祯祥这种吉利的预兆；当国家将要衰亡的时候，一定会有妖孽这种祸患的预兆。这种预示吉凶的征兆，可以从蓍草和龟甲的占卜方式之中表现出来，也可以从人们的动作威仪之中体现出来。当灾祸与福祉将要来临的时候，如果是好事情，一定可以预先知道；如果是坏事情，也一定可以预先知道。所以，达到最高真诚境界的人，犹如神明一般灵验。

第二十五章

【题解】

本章仍上承第二十一章“自明诚”之意而言人道，继续阐发“诚”的微言大义，阐述诚是君子的本性，君子不仅“自成”，还应推及他人乃至万物。

真诚是事物的本性，世间事物发展规律是自己客观存在的。没有本性，就不成其为万事万物。所以，诚贯穿于万事万物的始终，“不诚无物”，诚是无处不在的。凡是有一定学识与道德修养的人，无不以真诚的品性为宝贵。但是，仅用诚来成就自己是不够的，我们不仅要做到自己真诚，还要努力帮助他人做到真诚，并进而成就万事万物使之各遂其生，各得其所。只有世界上所有的人都以真诚为宝贵，我们的生活才能变得真正的美好。诚是人性中所固有的品德，也是“仁”、“智”以及其他一切德目得以成立的基础。所以，“诚”又是把外在的事物与人的内在的德性相结合的基本原则，因而是一种随时随处适宜的普遍道德。

诚者，自成也①；而道，自道也②。诚者③，物之终始，不诚无物。是故君子诚之为贵。诚者，非自成己而已也④，所以成物也。成己，仁也；成物，知也。性之德也，合外内之道也⑤。故时措之宜也⑥。

【注释】

①自成：自我成全，自我完善。

②自道（dǎo）：自我引导。道，通“导”，引导。

③诚：这里的“诚”是从哲学意义上说，系指贯穿于一切事物之中的实理。

④成己：让自己有所成就。

⑤合外内之道也：“外”指外在的事物；“内”指内心的德性。这句是说，诚是把外在的事物与内在的德性合而为一的基本原则。

⑥措：措置，实行。宜：适宜，合理。

【译文】

所谓真诚，是用以自我完善的基础；而所谓中庸之道，则是用以引导自己的准则。真诚，贯穿于一切事物的始终；没有真诚，也就没有万事万物。所以，君子以达到真诚为最宝贵。真诚，并非只是达到自我完善就可以罢休的，而且还要用来成就万事万物。达到自我完善，是仁德的实现；成就万事万物，是智慧的体现。真诚是人性当中固有的品德，是把外在的事物和内在的德性融合为一的基本原则。因此,随时加以运用都无不适宜。

第二十六章

【题解】

本章继续阐述"至诚"之意义及功效,鼓励人们不断地追求至诚,与天道相配合。儒家一贯主张"天人合一",人与自然界的和谐相处,就可以对自然界的变化发展起到相应的协助推动作用。天人之间所普遍遵循的原则,可以用一个"诚"字来概括。"诚"是万事万物的本质属性,而人生的过程,就是不断加强自身修养的过程,也就是对真诚不断追求的过程。因此,生命不息,真诚不已。人类若能够做到真诚,就具备天一样广博、地一样深厚、山一样高大、水一样悠远的品性。这种品性,能承载万物、覆盖万物、生长万物,是一种伟大的品质。所以说,圣人的"至诚无息"之道,能够载物、覆物、成物,故可以配天、配地,于是就能够主宰天地万物。

故至诚无息①。不息则久,久则征②,征则悠远,悠远则博厚③,博厚则高明④。

博厚,所以载物也⑤;高明,所以覆物也⑥;悠久,所以成物也⑦。博厚配地,高明配天,悠久无疆⑧。如此者,不见而章⑨,不动而变,无为而成。

天地之道,可一言而尽也⑩:其为物不贰⑪,则其生物不测[12]。天地之道：博也，厚也，高也，明也，悠也，久也。

今夫天[13]，斯昭昭之多[14]，及其无穷也，日月星辰系焉，万物覆焉；今夫地，一撮土之多，及其广厚，载华岳而不重[15]，振河海而不泄[16]，万物载焉；今夫山，一卷石之多[17]，及其广大，草木生之，禽兽居之，宝藏兴焉；今夫水，一勺之多，及其不测，鼋鼍、鲛龙、鱼鳖生焉[18]，货财殖焉[19]。

《诗》云[20]："维天之命，於穆不已[21]！"盖曰天之所以为天也[22]。"於乎不显[23]，文王之德之纯[24]！"盖曰文王之所以为文也，纯亦不已。

【注释】

①无息：没有间断。息，停息，中止。

②征：验证，显露，指表现于外的征象。

③博厚：广博深厚。

④高明：高大光明。

⑤载物：承载万事万物。

⑥覆物：覆盖、涵盖万事万物。

⑦成物：成就万事万物。

⑧无疆：无边无际，没有穷尽，引申为永世长存。

⑨见(xiàn)：通"现"，表现。章：通"彰"，明显，显著。

⑩一言：一个字，这里说的是"诚"字。

⑪不贰：指专诚如一，没有二心。贰，即"二"。

⑫不测：不可测量，无法估计。

⑬今夫(fú)：句首语气词，表示提示。

⑭斯昭昭之多：这是由众多小亮光聚集而成的。斯，此。昭昭，光明的样子。

⑮华岳：即在陕西省境内的西岳华山，是“五岳”之一。

⑯振：接纳，汇聚。

⑰一卷石：如拳头般大的一小块石头。卷，通“拳”。

⑱鼋（yuán）：如乌龟一类的水生爬行动物，背甲近圆形，暗绿色，俗称团鱼。鼍（tuó）：扬子鳄，是鳄鱼的一种。鲛（jiāo）：鲨鱼。鳖（biē）：甲鱼。

⑲殖：增殖的意思。

⑳《诗》：以下的诗引自《诗经·周颂·维天之命》篇；下文所引的诗亦出此篇。

㉑於（wū）：句首语气词，用于表示感叹之句。穆：深远的意思。

㉒盖：句首语气词，用于发语句。

㉓於乎（wūhū）：同“呜呼”，感叹词。不（pī）：意为“岂不”；一说，不通“丕”，大的意思。显：显著，光明。

㉔纯：纯洁无暇。

【译文】

由此可见，最高境界的真诚是永远不会停息的。永不停息，就会持久运行；能持久运行，就会有所效验；有所效验，就会悠久而长远；悠久长远了，就能广博而深厚；广博深厚了，就能高大而光明。

广博而深厚，是用以承载万物的；高大而光明，是用以涵盖万物的；悠久而长远，是用以成就万物的。广博而深厚，可以与地相匹配；高大而光明，可以与天相匹配；悠久而长远，则一如天地那样无边无际永世长存。达到这样的境界，不必表现就能自然彰明，无所行动就会自然变化，无所作为就可以自然成就万物。

天地之间的道理，可以用一个字来概括尽，那就是一个“诚”字而已。意思是说，因为它本身就专一不二，所以它所化生出的万物多得不可揣测。因此，天地之间的道理，就在于广博、深厚、高大、光明、悠远、长久。

比如这个天，从它的微小处看，不过是几颗星星的光亮所组成；但若从它无穷无尽的全体而言，那太阳、月亮、星辰都悬挂在它的上面，世上的万物都被它覆盖着。又比如这个地，从它的微小处看，不过是一小撮泥土那么多；但若从它无限广阔深厚的全体而言，它负载着西岳华山而不觉得沉重，汇聚着江河湖海而不见有水泄漏，世上的万物都被它承载着。再比如那个山，从它的微小处看，不过只是拳头大那么一小块石头；但若从它广阔高大的全体而言，草木花卉在那里生长，飞禽走兽在那里居住，金银宝藏从那里开发出来。还有那个水，从它的微小处看，不过只有一小勺那么多，但若从它深不可测的全体而言，鼋鼍、鲛龙、鱼鳖都在那里生存，各种物产财货也从那里增殖出来。

《诗经·周颂·维天之命》篇说："上天的道理啊，深远得没有止境！"这大概就是说天之所以成为天的道理吧。同一篇诗中还说："啊，岂不显著光明！周文王的道德是那么纯洁无暇！"这大概就是说，周文王之所以被尊谥为"文"，就在于他的德行无比纯粹而又常行不息。

第二十七章

【题解】

本章从人道的角度盛情地赞颂圣人之道的伟大，说明了圣人之道必待贤人而后行的道理，并说明贤人、君子应当怎样修养自己的知识与德性，和应当抱怎样的处世之道才能既全道又全自身。

圣人之所以伟大，就在于能够从容把握中庸之道，充分运用中庸之道来处理纷纭复杂的万事万物。天地间的礼仪、法则，都是由这样的伟人来制定和推行的。没有优秀品德的伟人，再好的道德原则、法律法规都不能得以实现。而中庸之道的本体,在于道德与知识的统一,宏观与微观的统一,高深和平凡的统一,继承与创新的统一,内在的道德素质与外在的举止礼仪的统一。无论是道德与知识的关系、宏观与微观的关系、高明与平凡的关系、继承与创新的关系、内在素质与外在礼仪的关系乃至内圣与外王的关系,都应各方并重,使之相反相成而适得其宜。所以无论处于任何境地,只要遵循中庸之道而行,自然能应付裕如。

这章以下的几章书,都是综论诚与中庸之道的体用以及功效,以臻乎天道人道的最高境界。

大哉,圣人之道①!洋洋乎②,发育万物,峻极于天③。优优大哉④!礼仪三百⑤,威仪三千⑥,待其人而后行⑦。故曰:苟不至德⑧,至道不凝焉⑨。故君子尊德性而道问学⑩,致广大而尽精微,极高明而道中庸,温故而知新⑪,敦厚以崇礼⑫。是故居上不骄,为下不倍⑬。国有道,其言足以兴;国无道,其默足以容⑭。《诗》曰⑮:“既明且哲⑯,以保其身。”其此之谓与⑰!

【注释】

①圣人之道:即后面的“至道”,也就是至诚之道和中庸之道。

②洋洋乎:浩浩荡荡,广大、丰富、充沛的样子。

③峻:高大挺拔。

④优优:宽裕充足的样子。

⑤礼仪:又称经礼,指礼的大纲,是古代礼制中的主要规则,即《周礼》所载的典章制度之属。

⑥威仪:礼的细目,是古代礼制中的日常礼节,即《仪礼》所载的行为规范及冠、婚、丧、祭等仪节之属。据传,西周时制定有礼仪三

百六十项，威仪三千多条，故一般说“礼仪三百，威仪三千”。

⑦其人：一定的、适当的人，指后面所说的有“至德”的人。

⑧苟：如果，假如。

⑨凝：凝聚，集中。

⑩道：这里是讲求、致力于的意思。

⑪故：旧有的、已经掌握了的知识。新：新的、尚未掌握的知识。

⑫敦厚：朴实忠厚。崇：推崇，崇尚。

⑬倍：同“背”，违背。

⑭默：沉默。容：为避免遭受祸端的容身之处。

⑮《诗》：以下的诗引自《诗经·大雅·烝民》篇。

⑯哲：智慧。

⑰其：表示推测的语气词，大概，恐怕。与：通“欤”，表示疑问的语气词。

【译文】

真是伟大啊，圣人的道理！它浩浩荡荡充满天地之间，生成万物并使之充分地发育成长，极其崇高而上达于天。真是宽裕丰富而广大啊，礼的大纲有三百多项，礼的细目有三千多条，必须要等待圣贤之人出现，然后才能加以实行。所以说：如果不是具有至高德行的人，至高的大道也就不会凝聚在他的身上。所以君子既要尊崇天赋的固有德性，又要致力于好问勤学；既要达到道的宽广博大的宏观境界，又要穷尽道的精微细致的微观境界；既要追求极其高明深奥的道理，然而又必须符合适得事理之宜的平凡的道理；随时温习已经掌握了的知识，并由此进而获取新的知识；应以忠厚朴实的本质为基础，然后又崇尚礼仪来加以修养。因此，君子身居上位而不骄傲，身居下位而无所违背。国家政治清明的时候，他能出谋划策足以使国家兴盛；国家政治昏乱的时候，他能沉默不语足以容身自保。《诗经·大雅·烝民》篇说：“既通达道理，又很有智慧，就能保全自身。”大概说的就是这个意思吧！

第二十八章

【题解】

本章阐述圣王遵循中庸之道以制作礼乐、法度的原则。主要提出了两条准则:其一是制作礼乐的人,必须同时具备天子之位和圣人之德两个条件;其二是制作礼乐必须适应时代的发展。

因为制作礼乐者必须同时具备天子之位和圣人之德两个条件,所以虽有天子之位而无圣人之德或者虽有圣人之德而无天子之位的人都不够制作礼乐的资格。如果虽有天子之位而无圣人之德的人制作礼乐,那就无异于"愚而好自用",例如夏桀、商纣那样擅改祖宗法度,必将导致亡国之祸;如果虽有圣人之德而无天子之位的人擅自制作礼乐,那就无异于"贱而好自专",所以即使如孔子之至圣,也只能遵照周礼而行,不敢制作礼乐。

因为礼乐制度必须适应时代的发展,所以,"生乎今之世"之人不能去恢复业已过时的"古之道",而是应该生于今世,即从今世之礼。如果有人妄图恢复不合时宜的古道,那就必定要导致灾祸。对此,乃引用孔子的话来说明他的做法:孔子把夏、商之礼只当作学术研究的对象进行探讨,而自己在实际生活中所遵守的则是当代的周礼。孔子的这种做法是完全符合中庸之道的"时中"原则的,因而也是正确的。

子曰:"愚而好自用①,贱而好自专②,生乎今之世,反古之道③,如此者,烖及其身者也④。"

非天子,不议礼⑤,不制度⑥,不考文⑦。今天下车同轨[8]，书同文[9]，行同伦[10]。虽有其位，苟无其德，不敢作礼乐焉；虽有其德，苟无其位，亦不敢作礼乐焉。

子曰："吾说夏礼[11]，杞不足征也[12]；吾学殷礼[13]，有宋存焉[14]；吾学周礼[15]，今用之，吾从周。"

【注释】

①自用：指人刚愎自用，全凭主观意愿行事。

②自专：独断专横。

③反：通"返"，恢复。道：这里系指礼乐制度而言。

④烖(zāi)：同"灾"，灾祸。

⑤议礼：议定礼制。

⑥制度：创制法度。

⑦考文：考订文字，这里含有以政府命令加以考定公布之意。

⑧车同轨：车子两轮间的距离有同一标准。轨，车辙。

⑨书同文：书写的文字相同。

⑩行同伦：行为遵守共同的伦理道德规范。伦，人的秩序。

⑪夏：朝代名。相传大禹受虞舜让禅而建立夏朝，其子启继父为君，成为中国古代第一个家天下的国家政权，传十七君，凡四百余年，为商汤所推翻。

⑫杞(qǐ)：古代国名，在今河南杞县一带，相传周初武王封夏禹后裔于杞。征：验征，证明。

⑬殷：朝代名。由成汤推翻夏朝而建立商朝，成为中国古代第二个家天下的国家政权，至盘庚迁都于殷(今河南安阳)，故又称"殷"，历史上通称"商"或"殷"，亦称"殷商"，传三十一君，凡六百余年，被周武王所推翻。

⑭宋：古代国名，在今河南商丘一带，周初武王封商汤后裔于宋。存：保存，这里的意思是保存了一些。

⑮周：朝代名。自周武王灭商，在镐（今陕西西安）建立周朝，到周幽王被杀止，历史上称为西周；自周平王迁都洛阳后，到被秦所灭止，历史上称为东周。共传三十七君，凡八百余年。

【译文】

孔子说："愚笨而又喜欢刚愎自用，卑贱而又喜欢独断专行，生活在今天这个时代，却偏要去恢复古代的礼仪制度，像这样的人，灾祸一定会降临到他的身上。"

如果不在天子之位，就无权议定礼乐，无权创制法度，无权考定文字。现在普天之下车轨的标准相同，书写的文字相同，伦理道德的准则相同。即使有天子的地位，倘若没有圣人的品德，是不敢制礼作乐的；即使有圣人的品德，倘若没有天子的地位，也是不敢制礼作乐的。

孔子说："我能说出夏代的礼乐制度，但是在夏代的后裔杞国那里已找不到充分的验证；我学习殷代的礼乐制度，在殷代的后裔宋国那里还保存了一些，可供考证；我学习周代的礼乐制度，当今社会正在实行着，所以我主张遵从周代的礼乐制度。"

第二十九章

【题解】

本章阐述君主实行中庸之道，应从议定礼乐、创制法度及考订文字三件大事入手，修身律己，为人民作榜样。

作为最高统治者，有三种重要的事情要做，即"议礼、制度、考文"。所有的政策、措施都要信而有征，就是要取信于民，真正能够代表老百姓的利益，要得到理论上和实践上的验证。只有取信于民，代表老百姓的利益，才能得到最广泛的支持和拥护；只有得到理论和实践的验证，才能有充分可行的依据。最高统治者既是政策、措施的制定者，也是道德规范的实行者，他的一言一行、一举一动，都是国家形象的代表，都能成为世世代代的法度、准则。当然，这些要求对于专制统治者来说，只能是美好的愿望。只有在高度文明的今天，领导者才真正能够代表先进生产力的发展要求，代表最广泛的人民群众的利益，代表先进文化前进的方向。

王天下有三重焉①，其寡过矣乎②！上焉者③，虽善无征④，无征不信，不信民弗从；下焉者⑤，虽善不尊⑥，不尊不信，不信民弗从。故君子之道，本诸身⑦，征诸庶民，考诸三王而不缪⑧，建诸天地而不悖⑨，质诸鬼神而无疑⑩，百世以俟圣人而不惑⑪。

质诸鬼神而无疑，知天也；百世以俟圣人而不惑，知人也。是故君子动而世为天下道，行而世为天下法，言而世为天下则⑫。远之则有望⑬，近之则不厌。

《诗》曰⑭："在彼无恶⑮，在此无射⑯。庶几夙夜⑰，以永终誉⑱。"君子未有不如此而蚤有誉于天下者也⑲。

【注释】

①王（wàng）：这里用作动词，指称王于天下，统治天下。三重：三件很重要的事情，这里指上一章里所讲的议礼、制度、考文。

②寡过：减少过错。寡，少。

③上焉者：指前代（即夏、商时代）圣王所制定的礼乐制度。

④善：完善，美好。征：验证。

⑤下焉者：指虽有圣人之德但不在天子之位者（如孔子）所提出的

政治主张。

⑥不尊:没有尊贵的地位。

⑦诸:“之于”二字的合音。

⑧三王:这里指夏、商、周三代的开国君主夏禹、商汤、周文王和周武王。缪(miù):通“谬”,错误。

⑨建:建立,创建。悖(bèi):违背。

⑩质诸鬼神:通过卜筮的方式来征询鬼神的意见。质,质证,证实。

⑪俟(sì):等待。

⑫则:法则,准则,原则。

⑬望:仰慕,景仰。

⑭《诗》:以下的诗引自《诗经·周颂·振鹭》篇。《振鹭》是写周王欢迎夏、商二王的后代杞、宋二国前来周朝助祭之诗。

⑮恶(wù):憎恶,怨恨。

⑯射(yì):讨厌,厌恶;《诗经》原文作“斁”。

⑰庶几:将近,几乎,差不多。夙夜:从早晨到晚上。夙,早。

⑱终誉:将美好的声誉保持到底。

⑲蚤(zǎo):通“早”。

【译文】

想要称王统治天下,有三件很重要的事要做,(那就是议定礼乐、创制法度、考订文字,做好了这三件重要的事情,)大概就可以减少过失了吧!前代圣王所制定的礼制虽然美好,但因年代久远,已经得不到验证;没有验证,就不能使人相信;不能使人相信,民众就不会服从。不在天子之位的圣人,他所主张的礼乐制度虽然尽善尽美,但他却没有尊贵的地位;没有尊贵的地位,就不能使人信任;不能使人信任,民众就不会服从。所以,君子治理天下的道理,最根本的是要先从自身做起,在老百姓中取得验证确认,再用夏、商、周三代的礼乐制度加以考查而没有什么差错,把它在天地之间加以实施而没有违背客观规律,卜筮质证于鬼神而没有什么疑问，等到百世以后再有圣人出现也不会对此感到迷惑。

质证于鬼神而没有疑问，这表明懂得了天道；等到百世以后再有圣人出现也不会对此感到迷惑，这表明懂得了人道。因此，君子的举动世世代代成为天下人的法则，他的行为世世代代成为天下人的楷模，他的言论世世代代成为天下人的准则。离他远的人怀有仰慕之心，离他近的人毫无厌倦之意。

《诗经·周颂·振鹭》篇说："（杞、宋二国作为夏、商二王的后代，）在其本国没有人憎恶，在周朝这里也没有人讨厌。几乎从早到晚勤于政事，用以永远保持美好的名誉。"君子没有不这样做而能早年就有美名远播天下的。

第三十章

【题解】

本章歌颂孔子所推崇的中庸之道，远宗尧舜，近法文武，并能根据天地之间一切事物的客观规律而揭示其本质，故而可以与天地并立，可以化育万物。

孔子之所以伟大，就在于他能积极向一些典范圣王学习。他在继承了自尧舜以至周代的优秀文化传统的基础上，又能进而根据自然规律和社会规律的原理进行分析综合，创建了以"仁"为宗旨、以"中庸"为方法的博大精深的儒家学说，使之能以"和而不同"的原则包容宇宙之间的一切事物和道理。这就像天地那样广大，可以包容万物；又像四时、日月那样有条不紊，按照一定的规律而不停运行；在天地之间，万物可以同时生长而不相害，不同的观点可以同时并行而互不冲突；各具特色的“小德”包涵在兼容并蓄的“大德”之中，就像部分包涵在整体之中那样协调和谐，这才显示了如同天地一样的宽宏博大气象，乃成为中华民族历代所遵循的指导思想。并能身体力行，为人表率，从而又使自己成为万世学习和敬仰的楷模，代表了中华传统文化的民族精神。《中庸》一书，为我们树立了一个具体的学习榜样。

仲尼祖述尧、舜①，宪章文、武②；上律天时③，下袭水土④。辟如天地之无不持载⑤，无不覆帱⑥；辟如四时之错行⑦，如日月之代明⑧。万物并育而不相害，道并行而不相悖。小德川流⑨，大德敦化⑩。此天地之所以为大也。

【注释】

①祖述：宗奉前人之道并加以传述。尧舜：即唐尧和虞舜，他们是我国远古时代的两个帝王，儒家推崇为最早的“圣人”。

②宪章：效法，表章。

③律：遵循。

④袭：因袭，符合。

⑤辟：同“譬”，比如。下同。持载：扶持承载。

⑥帱（dào）：覆盖的意思。

⑦错行：交替运行。

⑧代明：轮流照耀。代，更迭，轮流。明，这里是照耀的意思。

⑨川流：如河水一样长流不息。

⑩敦化：敦厚而变化无穷。敦，敦厚，厚实。

【译文】

孔子宗奉唐尧、虞舜的传统并加以阐述，效法周文王、周武王的礼制并加以宏扬，上能遵循天时运行的规律，下能依据水土地理的环境。他的德就像天地那样，没有什么不能承载，没有什么不能覆盖；又好比春夏秋冬四季的交替运行，如同太阳、月亮的更迭照耀。万物在天地之间共同生长发育而不相妨害，大道在宇宙之中各自遵循规律而互不冲突。小德像河水那样长流不息，大德厚实地化育万物伟力无穷。这就是天地之所以伟大的原因吧。

第三十一章

【题解】

本章和下章均是称颂至圣、至诚的人之所以伟大，从而为人类树立起学习的楷模。

本章承上章的“小德川流”而言，称颂天下至圣的人天生具有聪明睿知、宽裕温柔、发强刚毅、斋庄中正和文理密察等品性，所以他能为人表率，能包容万物，能决断大事，能受人尊敬，能区别是非。他所具备的道德，像天地和深渊那样广博深厚，在任何时候、任何地方都能表现出来。他的表现、他的言论、他的行为都受到人们的信服和欢迎。因此，他美好的名声不仅在中原地区广为流传，而且播及边远的少数民族地区并传遍四方，天下所有的民众都尊重他，亲近他，所以说他德配天地。全章意在希望人们能够接受圣人的教化，并且加强个人自身的道德修养，努力塑造有理想、有道德的崇高人格。

唯天下至圣①，为能聪明睿知②，足以有临也③；宽裕温柔④，足以有容也⑤；发强刚毅⑥，足以有执也⑦；齐庄中正⑧，足以有敬也；文理密察，足以有别也。

溥博渊泉[9]，而时出之。溥博如天，渊泉如渊。见而民莫不敬[10]，言而民莫不信，行而民莫不说[11]。是以声名洋溢乎中国[12]，施及蛮貊[13]。舟车所至，人力所通，天之所覆，地之所载，日月所照，霜露所队[14]，凡有血气者[15]，莫不尊亲，故曰配天[16]。

【注释】

①至圣：无论在道德和智慧上都已达到最高境界的圣人。

②睿知(ruìzhì)：通达明智，才识深远。

③临：居高临下，有治理人民的意思。

④宽裕：指胸怀宽广豁达。

⑤容：包容。

⑥发强：奋发图强。

⑦有执：有决断，有操守，能够执掌天下大事。

⑧齐(zhāi)：斋戒，恭敬。庄：严肃，庄重。

⑨溥(pǔ)：普遍，辽阔。博：广大。

⑩见(xiàn)：同“现”，显现，表现于外。

⑪说(yuè)：同“悦”，喜悦。

⑫洋溢：充满，广泛传播。中国：我国古代汉族居住在中原地区，自称为中国。

⑬施(yì)：延伸，播扬。蛮貊(mò)：南蛮北貊，这里泛指边远之地的少数民族。

⑭队(zhuì)：通“坠”，降落。

⑮有血气者：这里指具有血性和刚正之气的人。

⑯配天：与天相匹配。

【译文】

唯有天下最伟大的圣人，才能够既聪慧明哲，又深远通达，其天赋足以上居君位而下治民众；才能够既宽厚优裕，又温和柔顺，其仁足以包容天下万物；才能够奋发图强，又刚勇坚毅，其义足以裁决天下大事；才能够既恭敬端庄，又保持中正，其礼足以获得他人的尊敬；才能够文章条理分明，思想缜密明察，其智足以辨别是非邪正。

伟大的圣人，其道德周遍广大而又精微深远，犹如深渊的泉水不断涌出，任何时候都可以表现出来。它周遍广大好像那无际的蓝天，精微深远好像那幽邃的深渊。他表现在仪表上，人们没有不表示敬佩的；他表现在言论上，人们没有不表示信服的；他表现在行为上，人们没有不表示欢欣的。因此，他的美好声名广泛传扬在中国，并且波及到四境之外的少数民族部落。总之，凡是船和车所能够到达的地方，人力所能够通行的地方，苍天所能够覆盖的地方，大地所能够承载的地方，日月所照耀的地方，霜露所降落的地方，凡是有血脉气息的人，没有人不尊敬他，亲近他。所以说，圣人的道德可以与天相匹配。

第三十二章

【题解】

前章承第三十章的“小德川流”而言至圣之德，故本章承“大德敦化”而言至诚之道，就是从总体上阐述至诚之道的本质及功用来赞美至诚圣人的伟大。朱子认为：“至诚之道，非至圣不能知；至圣之德，非至诚不能为。”故而这两章的内容实可以互相发明。

所谓至诚之道的本质在于极诚无妄而纯出于自然，而其功用则体现为治国之大经，立身之大本，化育之大理。因为至诚的人能掌握天下的至道，对于各种伦理，都能发挥到极致，足以作为天下人与后世人的法则；他凭着至道，可以建立天下的大根本，把所有伦理道德都能不含私欲地运用和发挥出来，可以统驭千变万化的道理；而于天地的化育之道，也能以极诚无妄的德性加以领会，无不融会贯通。所以至诚不息才是一切的根本，而不是凭借着其他事物的存在。于是，又进而赞美了至诚君子的仁、深、大。至诚君子之所以能治理天下，靠的是胸中厚积的诚意。故用“肫肫”“渊渊”“浩浩”三个形容词描绘“诚”的恳至、渊深、广大的特征。所以说，只有至诚通神的圣人，才能通晓天地至道。

唯天下至诚，为能经纶天下之大经①，立天下之大本②，知天地之化育。夫焉有所倚③？肫肫其仁④，渊渊其渊⑤，浩浩其天⑥！苟不固聪明圣知达天德者⑦，其孰能知之⑧？

【注释】

①经纶：本义为纺织前整理丝缕，引申为规划、治理。大经：这里指平治天下的大纲大法。

②大本：根本的原则。

③夫（fú）：起首语助词。焉：哪里，文言疑问词。倚：倚傍，依靠。

④肫肫（zhūn）：同“忳忳”，诚恳的样子。

⑤渊渊：水深不可测，引申为深远之意。

⑥浩浩：广阔无际的样子。

⑦固：实在。天德：天然赋予的美德。

⑧孰：谁，文言疑问代词。

【译文】

天下只有达到真诚的最高境界的圣人，才能够创制治理天下的根本大法，树立天下的根本大德，通晓天地化育万物的道理。这除了诚，还有什么需要倚傍的呢？多么诚恳纯粹啊他的仁爱之心！多么深邃渊博啊他的聪明才智！多么浩瀚广大啊他那体察万物的天性！如果不是实在具有聪明智慧通达天赋美德的人，那么还有谁能够懂得天地的真诚之道呢？

第三十三章

【题解】

本章是全书的总结，广泛引《诗》以总论中庸之道，大致可分四层意思。

第一层阐述中庸之道的特质和前景，以及入德之本。先引《硕人》之诗，以阐明中庸之道含而不露的性质；继而将君子之道与小人之道进行对比，以论证中庸之道蕴藏深厚，故能日益彰显；然后揭示中庸之道所蕴含的妙理，并指出其入门功夫在于自身的修养。

第二层论述慎独存养是君子修德的基本功夫，以呼应首章所提出的“慎独”之义。先引《正月》之诗以论证君子修德，重在慎独；然后又引《抑》之诗以说明君子的慎独功夫，即使在别人不易察见之处，也不敢有所疏忽，生怕愧对神明，这在于随时都应存有恭敬、诚信之心。

第三层阐述君子修身的政治效验。先引《烈祖》之诗，说明君子不必借助刑赏，自然得到民众畏服，以论证君子无言而人自化之意；次引《烈文》之诗，说明天子应持诚笃恭敬之德以身作则，为诸侯所取法，自能达到平治天下之效。

第四层极力赞美中庸之道以结束全书。先引《皇矣》之诗和孔子的评论，论证以德化民是为政之本；次引《烝民》之诗说明以德化民之易，然犹未足以形容中庸之道的妙处；最后引《文王》之诗说明中庸之道的功用在于无声无息之中化育万物，这才是作为至德的中庸之道的最高境界。

《诗》曰[①]："衣锦尚䌹[②]。"恶其文之著也[③]。故君子之道，闇然而日章[④]；小人之道，的然而日亡[⑤]。君子之道，淡而不厌，简而文，温而理，知远之近[⑥]，知风之自[⑦]，知微之显，可与入德矣。

《诗》云[⑧]："潜虽伏矣，亦孔之昭[⑨]！"故君子内省不疚，无恶于志。君子之所不可及者，其唯人之所不见乎！《诗》云[⑩]："相在尔室[⑪]，尚不愧于屋漏[⑫]。"故君子不动而敬，不言而信。

《诗》曰[⑬]："奏假无言[⑭]，时靡有争[⑮]。"是故君子不赏而民劝，不怒而民威于鈇钺[⑯]。《诗》曰[⑰]："不显惟德[⑱]，百辟其刑之[⑲]。"是故君子笃恭而天下平。

《诗》云[⑳]："予怀明德[㉑]，不大声以色[㉒]。"子曰："声色之于以化民[㉓]，末也[㉔]。"《诗》曰[㉕]："德輶如毛[㉖]。"毛犹有伦[㉗]。"上天之载[㉘]，无声无臭[㉙]。"至矣！

【注释】

①《诗》：以下的诗引自《诗经·卫风·硕人》篇。

②衣锦尚䌹(jiǒng)：穿着锦绣衣裳，外加粗麻制成的罩衣。衣，这里用作动词，穿的意思。锦，有彩色花纹的丝织品。尚，加在上面。䌹，麻纱布做成的罩衣。尚䌹，《诗经》原文作"䌹衣"。

③恶(wù)：讨厌。文：花纹、文采。著：显著，明显。

④闇(àn)然：这里是隐藏不露的意思。章：同"彰"，彰明，明显。

⑤的(dí)然:这里是鲜明、表露出来的意思。

⑥之:与,和。

⑦风:风气。自:从,由,指所来自的地方。

⑧《诗》:以下的诗引自《诗经·小雅·正月》篇。

⑨孔:很,甚。昭:明显,彰明;《诗经》原文作“炤(zhào)”。

⑩《诗》:以下的诗引自《诗经·大雅·抑》篇。

⑪相:看,注视。尔:你,文言代词。

⑫屋漏:意为屋内亮光漏照之处,系指在室内西北角的阴暗隐蔽之处,不易被人看见。

⑬《诗》:以下的诗引自《诗经·商颂·烈祖》篇。

⑭奏假(gé):祷告而感格于神明。假,同“格”。

⑮靡(mǐ):没有。

⑯铁钺(fūyuè):这两种本系古代杀人用的工具,这里引申为刑法的意思。铁,同“斧”,斧子。钺,大斧子。

⑰《诗》:以下的诗引自《诗经·周颂·烈文》篇。

⑱不(pī):同“丕”,大。

⑲百辟:诸侯。辟,国君。刑:同“型”,用作动词,效法。

⑳《诗》:以下的诗引自《诗经·大雅·皇矣》篇。

㉑予:我,这里是上帝的自称。

㉒以:与、和的意思。

㉓化:教化,训导。

㉔末:树梢,引申为非根本的、比较次要的东西。

㉕《诗》:以下的诗引自《诗经·大雅·烝民》篇。

㉖𬨎(yóu):古代一种轻便的车子,这里引申为轻的意思。

㉗毛犹有伦:意为毛虽轻,但还有东西可以和它比较。伦,类,比较。

㉘载:通“栽”,这里是培植生长的意思。

㉙臭(xiù):气味。这两句诗引自《诗经·大雅·文王》篇。

【译文】

《诗经·卫风·硕人》篇说:“内穿锦绣之衣,外加粗麻罩衣。”这是因为嫌锦衣的彩色花纹太显眼了。所以君子所奉行的大道,虽然外表看起来不很明显,(但由于有内在的蕴藏,)所以会一天天地显现出来;而小人所迷恋的小道,虽然外表看起来很风光,(但由于没有内在的蕴含,)所以会一天天地消亡下去。君子所奉行的大道,恬淡自然而不会使人厌烦,形式简约而内蕴文采,温雅和顺而具有条理;懂得远是由近开始的道理,懂得教化别人必须从自身做起的道理,懂得隐微的开端一定会获得显著后果的道理,这样,就可以进入圣人的道德境界了。

《诗经·小雅·正月》篇说:“鱼儿在水中虽然潜伏得很深,但还是可以看得很清楚的。”所以君子经常自我反省而无所愧疚,无所不满足于心志。君子为一般人所不可企及之处,大概就在于即使在别人看不见的地方他也能严格要求自己吧。《诗经·大雅·抑》篇说:“看你独自一人居于室中的时候,也能够心地光明,无愧于屋子阴暗处的神明。”所以,君子在没有行动之时,本来就时刻怀有办事恭敬之心;在没有言谈之时,本来就时刻怀有待人诚信之心。

《诗经·商颂·烈祖》篇说:“默默无言地祷告,感格于神明,当时人们肃穆安静,没有争执。”因此,君子不用奖赏,老百姓自然会受到鼓励;不用发怒,老百姓自然会比看见刑具还要敬畏。《诗经·周颂·烈文》篇说:“(天子)充分地发扬那美好的德性,诸侯百官自然都会效法他。”所以,君子能够做到敦厚恭敬,天下国家自然就会太平。

《诗经·大雅·皇矣》篇说:“我怀念着你光明的德行,因为你从来不用大声号令和严厉气势来治理民众。”孔子评论说:“用号令和气势来教化民众,只是抓住旁枝末节(而没有抓住根本)。”《诗经·大雅·烝民》篇说:“用德行感化人民,轻而易举如同毫毛。”其实,毫毛虽轻,还是有形迹可以与之类比。至于《诗经·大雅·文王》篇说:“上天生长化育万物,既没有声音又没有气味。”这真是达到了最高的境界!

中华经典名著
全本全注全译丛书
（已出书目）

周易
尚书
诗经
周礼
仪礼
礼记
左传
韩诗外传
春秋公羊传
春秋穀梁传
孝经·忠经
论语·大学·中庸
尔雅
孟子
春秋繁露
说文解字
释名
国语
晏子春秋
穆天子传
战国策
史记
吴越春秋
越绝书
华阳国志
水经注
洛阳伽蓝记
大唐西域记
史通
贞观政要
营造法式
东京梦华录
唐才子传
大明律
廉吏传
徐霞客游记

读通鉴论
宋论
文史通义
鬻子·计倪子·於陵子
老子
道德经
帛书老子
鹖冠子
黄帝四经·关尹子·尸子
孙子兵法
墨子
管子
孔子家语
曾子·子思子·孔丛子
吴子·司马法
商君书
慎子·太白阴经
列子
鬼谷子
庄子
公孙龙子(外三种)
荀子
六韬
吕氏春秋
韩非子
山海经
黄帝内经
素书
新书
淮南子
九章算术(附海岛算经)
新序
说苑
列仙传
盐铁论
法言
方言
白虎通义
论衡
潜夫论
政论·昌言
风俗通义
申鉴·中论
太平经
伤寒论
周易参同契
人物志
博物志
抱朴子内篇
抱朴子外篇
西京杂记
神仙传

搜神记
拾遗记
世说新语
弘明集
齐民要术
刘子
颜氏家训
中说
群书治要
帝范・臣轨・庭训格言
坛经
大慈恩寺三藏法师传
长短经
蒙求·童蒙须知
茶经・续茶经
玄怪录・续玄怪录
酉阳杂俎
历代名画记
唐摭言
化书・无能子
梦溪笔谈
东坡志林
唐语林
北山酒经(外二种)
折狱龟鉴
容斋随笔
近思录
洗冤集录
传习录
焚书
菜根谭
增广贤文
呻吟语
了凡四训
龙文鞭影
长物志
智囊全集
天工开物
溪山琴况・琴声十六法
温疫论
明夷待访录・破邪论
潜书
陶庵梦忆
西湖梦寻
虞初新志
幼学琼林
笠翁对韵
声律启蒙
老老恒言
随园食单
阅微草堂笔记
格言联璧

曾国藩家书

曾国藩家训

劝学篇

楚辞

文心雕龙

文选

玉台新咏

二十四诗品·续诗品

词品

闲情偶寄

古文观止

聊斋志异

唐宋八大家文钞

浮生六记

三字经·百家姓·千字文·弟子规·千家诗

经史百家杂钞